W0054231

Schach

Schach

Grundzüge · Taktik · Partien

herausgegeben von Siegfried Schwarz
überarbeitet von Jörg Hickl

Inhaltsverzeichnis

Endspiele für den fortgeschrittenen Anfänger __ 57

Ein Kapitel Eröffnungslehre __ 73

Verzeichnis der wichtigsten Schacheröffnungen __ 90

Die Legende vom Weizenkorn

Aus alten arabischen Quellen stammt die Legende vom Weizenkorn. Danach hat ein brahmanischer Weiser das Schachspiel für einen indischen König erfunden. Es sollte nicht nur seiner Zerstreuung, sondern auch der Belehrung dienen: In seinem Reich soll der König mit seinem Volk – Bauern und Figuren – eine Einheit bilden. Der König nahm das Spiel erfreut entgegen und bot dem Weisen an, dass er seine Belohnung selbst wählen möge. Der Wunsch des Brahmanen schien bescheiden: auf das 1. Feld des Schachbretts ein Weizenkorn, auf das 2. Feld zwei, auf das 3. vier, auf das 4. acht und so weiter – also auf jedes Feld immer die doppelte Anzahl Körner des vorherigen Feldes. Der König war fast ungehalten über den so bescheiden erscheinenden Lohn, ließ den Weisen aber gewähren. Als die Beamten und Ratgeber des Hofes nach vielen Stunden die Summe der Weizenkörner errechnet hatten, mussten sie erschreckt erkennen, dass so viel Weizen nicht aufzutreiben war.

Die Summe der Weizenkörner lautete:
18 446 744 073 709 551 615.

Eine unglaubliche Zahl, sie beginnt mit achtzehn Trillionen. Die Weizenernte der gesamten Erde würde nicht ausreichen, um die 64 Felder des Schachbretts nach der Formel 2^{64} minus 1 mit Weizen zu bedecken. Man könnte die Oberfläche der Erdkugel 9 mm hoch mit dieser Menge Weizenkörner bestreuen. Überliefert ist allerdings nicht, ob diese, letztendlich maßlose Forderung den Wesir den Kopf kostete.

Hier die ersten und letzten Reihen der mathematischen Formel:

$2^1 = 2, 2^2 = 4, 2^3 = 8, 2^4 = 16, 2^5 = 32.$
$2^{61} = 2\ 305\ 843\ 009\ 213\ 693\ 952,$
$2^{62} = 4\ 611\ 686\ 018\ 427\ 387\ 904,$
$2^{63} = 9\ 223\ 372\ 036\ 854\ 775\ 808,$
$2^{64} = 18\ 446\ 744\ 073\ 709\ 551\ 616, 2^{64}-1 = 18\ 446\ 744\ 073\ 709\ 551\ 615.$.

Die Zahl heißt in Ziffern gesprochen:
18 Trillionen 446 Billiarden 744 Billionen 73 Milliarden 709 Millionen 551 Tausend 615.

Was zu einer Schachpartie benötigt wird

Beim Schach bekämpfen sich auf dem Schachbrett zwei Spieler, die zwei gleich starke Heere führen: Weiß und Schwarz. Man braucht also einen Gegner, um eine Partie Schach spielen zu können. Zum Nachspielen einer Partie genügt ein Schachbrett mit Figuren; so kann jedermann anhand der Notation einer Partie allein diese, sei es zur Unterhaltung, Belehrung oder zum Kunstgenuss, nachspielen.

Die zwei Parteien auf dem Schachbrett bezeichnet man allgemein mit »Weiß« und mit »Schwarz«, auch wenn die betreffenden Schachfiguren gelegentlich andere Farben aufweisen sollten; so gibt es kunstvolle Schachfiguren, die in Rot/Weiß oder anderen Farben gehalten sind.

Man benötigt zum Spielen einer Partie Schach also einen Partner oder Gegner, ein Schachbrett und Schachfiguren.

Das Schachbrett ist heute in vielen Fällen nicht mehr aus Holz, sondern aus praktischen Gründen aus Kunststoff oder Linoleum. In den Schachvereinen werden die Plastikunterlagen bevorzugt, die an den Rändern mit Buchstaben und Zahlen versehen sind.

Die 64 Flächen des Schachbretts sind in helle und dunkle Felder eingeteilt. Das

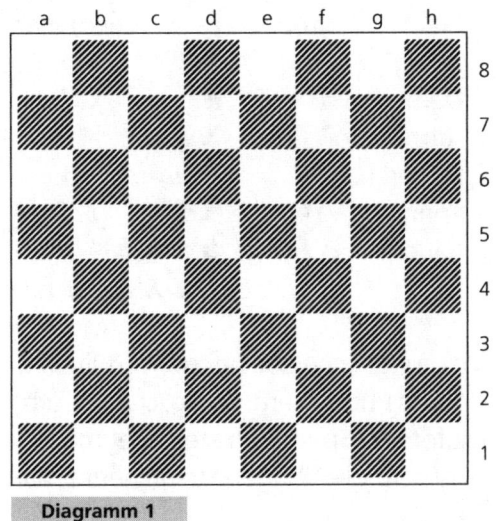

Diagramm 1

hat nichts mit »Weiß« oder »Schwarz« zu tun; die Unterteilung der 64 Felder in Hell und Dunkel dient zur besseren Unterscheidung der einzelnen Züge, ermöglicht also eine bessere Übersicht.

Das Schachbrett wird so zwischen die beiden Spieler gelegt, dass sich zur Linken jedes Spielers ein dunkles Eckfeld befindet. Das Brett ist falsch aufgelegt, wenn links ein helles Eckfeld liegt.

Sind auf dem Schachbrett oder der Unterlage Buchstaben und Ziffern angebracht, sollten ungeübte Spieler darauf achten, dass die Zahlenreihe bei Weiß mit 1 beginnt und auf der gegenüberliegenden Reihe mit 8 endet. Das linke Eckfeld bei Weiß trägt also die Bezeichnung a1, das ist die Kombination von Zahl und Ziffer, die sich auf diesem Feld kreuzen, bei Schwarz ist es h8.

Ist das Schachbrett richtig aufgelegt, wenden wir uns den zweimal 16 Steinen zu. Jede Seite besitzt die gleiche Anzahl Steine:

	Symbol		Notation
1 König	♚	♛	K
1 Dame	♕	♛	D
2 Türme	♖ ♖	♜ ♜	T
2 Läufer	♗ ♗	♝ ♝	L
2 Springer	♘ ♘	♞ ♞	S
8 Bauern	♙♙♙♙ ♟♟♟♟		ohne
	♙♙♙♙ ♟♟♟♟		Zeichen

Man unterscheidet bei den 16 Steinen Figuren und Bauern. König, Dame, Turm, Läufer und Springer bezeichnet man als »Figuren«, die übrigen Steine nennt man Bauern.

Die Grundstellung

Bevor die beiden Spieler ihre Figuren (hier als Sammelbezeichnung für Figuren und Bauern, im Schachjargon üblicher als Steine) auf dem Brett aufstellen, wird bestimmt, wer Weiß und wer Schwarz spielen soll. Die übliche Methode der Farbwahl besteht darin, dass ein Spieler einen weißen und einen schwarzen Bauern jeweils in eine Hand nimmt, diese hinter dem Rücken hält und den Gegner wählen lässt: »Links oder rechts?« Hat der Gegner die Wahl getroffen, müssen beide Hände offen

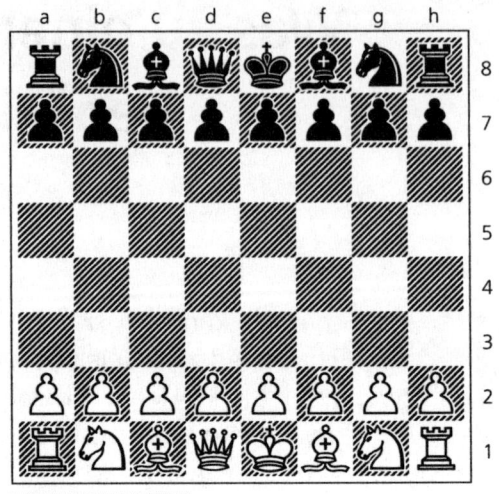

Diagramm 2

Stellung vor dem ersten Zug

vorgezeigt werden. Es soll schon vorgekommen sein, dass ein Spieler zwei schwarze Bauern genommen hat...!

Die einzelnen Figuren stehen sich also genau gegenüber! Von links nach rechts sind das Turm, Springer, Läufer, Dame, König, Läufer, Springer und Turm. Auf der 1. und 8. Reihe stehen immer die Figuren, auf der 2. und 7. Reihe werden die Bauern aufgestellt.

Ebenso wie es eine Faustregel für die richtige Aufstellung des Schachbretts gibt, existiert auch eine Hilfsregel für die richtige Aufstellung von König und Dame – den beiden Figuren, die sich in manchen Figurensätzen sehr ähnlich sehen und auch während des Spiels aufgrund von Schnelligkeit beim Ziehen oder bei ungeübten Spielern oft verwechselt werden. Diese Regel lautet: *Weiße Dame = weißes Feld; schwarze Dame = schwarzes Feld.* Geht die Gleichung nicht auf, liegt das Brett falsch und wir haben links ein helles und nicht ein dunkles Feld. Die Damen stehen immer in der »d-Linie«, das ist die Linie von d1 bis d8; die weiße Dame steht auf d1, die schwarze gegenüber auf d8. Wenn während einer Partie festgestellt wird, dass die Anfangsstellung der Steine nicht richtig war, wird die Partie annulliert und eine neue Partie gespielt.

Ist das Brett falsch aufgelegt worden, wird die erreichte Stellung auf ein richtig liegendes Brett übertragen und kann dann fortgesetzt werden.

Wer beginnt das Spiel?

Den ersten Zug führt Weiß aus. Danach ist Schwarz mit dem »Gegenzug« an der Reihe. Weiß macht nun seinen zweiten Zug, dann Schwarz und im Folgenden geht es immer abwechselnd. Zu einem kompletten Zug gehören immer der weiße und der schwarze Zug. Betrachtet man nur den Zug einer Partei, so spricht man von einem Halbzug.

Das Spiel mit den weißen Figuren, der »Anzug«, bedeutet unter guten Spielern einen Vorteil. Vor allem auf psychologischer Ebene spielt der Anzugsvorteil eine wichtige Rolle. Das geht sogar so weit, dass einige Spieler in der Weltspitze mit Schwarz immer mit einem Remis zufrieden sind, und nur mit Weiß versuchen, die Partie zu gewinnen. Deshalb wird ja auch ausgelost, wer Weiß und wer Schwarz bekommt. Da Weiß den ersten Zug machen darf, kann er eher die Eröffnung, die Partieanlage und die spätere Richtung der Partie bestimmen. Bei schwächeren Spielern spielt es dagegen keine Rolle, welcher der beiden Spieler Weiß bekommt.

Das Ziel der Schachpartie

Wie bei jedem Spiel wollen natürlich auch beim Schach beide Spieler gewinnen. Um zu gewinnen, muss man den gegnerischen König matt setzen (oder den Gegner zur Aufgabe bewegen). »Matt« stammt aus dem Persischen und bedeutet »Tod«, »Schach« ist ebenfalls persisch und bedeutet »König«. Daher heißt »Schachmatt«: »Der König ist tot!«

Es ist das Ziel der Schachpartie, den feindlichen König matt zu setzen, so dass dieser keinen Zug mehr machen kann und auf dem Schachbrett »gefangen« ist. Der von den feindlichen Figuren gefangen gesetzte König wird nicht geschlagen. Kann der König, wenn er umzingelt und von einer gegnerischen Figur angegriffen ist, nicht mehr auf ein unbedrohtes Feld ziehen, ist er matt. Während ansonsten im Schach alle feindlichen Figuren geschlagen werden können, wird ein König nie geschlagen, sondern nur matt gesetzt. Damit ist die Partie beendet.

Um den Begriff »Matt« zu erläutern, muss man natürlich zuerst wissen, wie die Figuren ziehen.

Die Grundregeln des Spiels

Der König

Der König ist beim Schach die zentrale Figur. Dementsprechend ist er in jedem Figurensatz auch die größte Figur, zumeist mit einem Kreuz auf der Spitze. In Diagrammen verwendet man als Symbol eine Königskrone.

Der König kann auf jedes benachbarte Feld ziehen. Damit beherrscht er auf dem leeren Brett, nicht durch eine Randstellung eingeschränkt, acht Felder. Er kann also auf jedes dieser freien Felder in seinem nächsten Zug ziehen. Als ganz wichtige Einschränkung gilt jedoch: Der König darf nie ein Feld, das von einer gegnerischen Figur kontrolliert wird, betreten. Er stünde dadurch im »Schach«.

Bevor wir den Begriff des Schachgebotes kennenlernen, sehen wir uns die Zugmöglichkeiten der Dame an.

Die Dame

Nach dem König ist sie die zweitgrößte Figur. Sie wird in Diagrammen durch die Krone einer Königin dargestellt.

Die Dame zieht in gerader und schräger (im Schach als diagonal bezeichneter) Richtung auf ein beliebiges Feld. In Diagramm 4 hat sie 27 verschiedene Zugmöglichkeiten. Stellen wir die Dame z. B. auf das Feld a1, so fällt auf, dass sie von dort nur noch auf 21 Felder ziehen kann. Es wird deutlich, dass die Figuren in

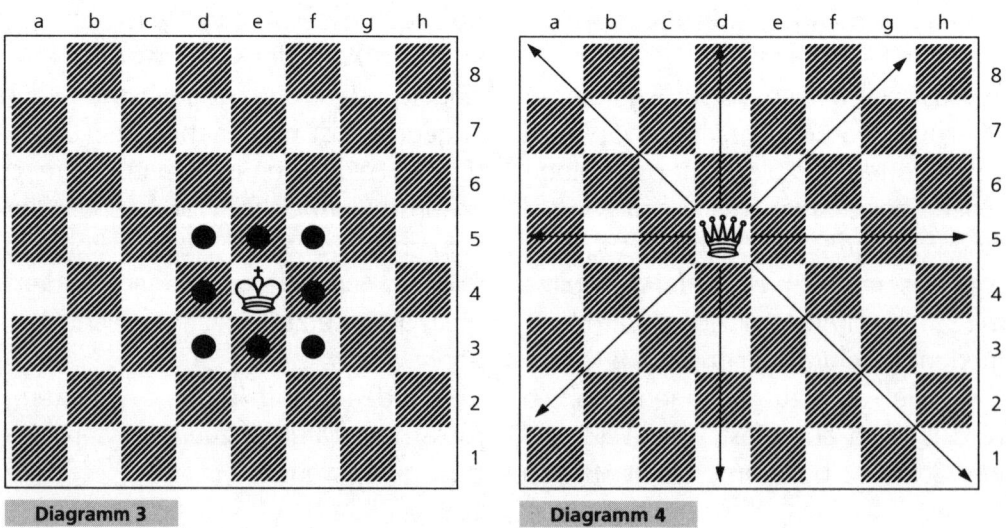

Diagramm 3   **Diagramm 4**

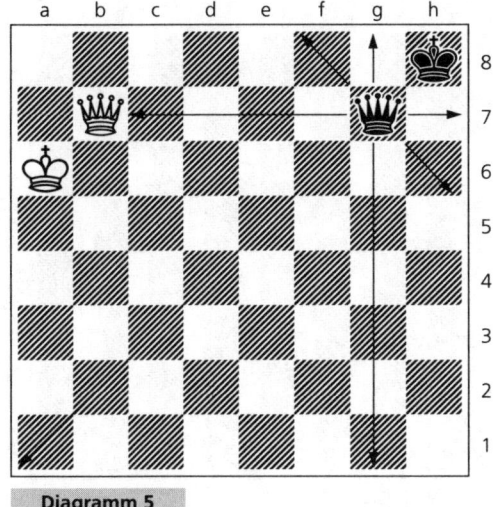

Diagramm 5

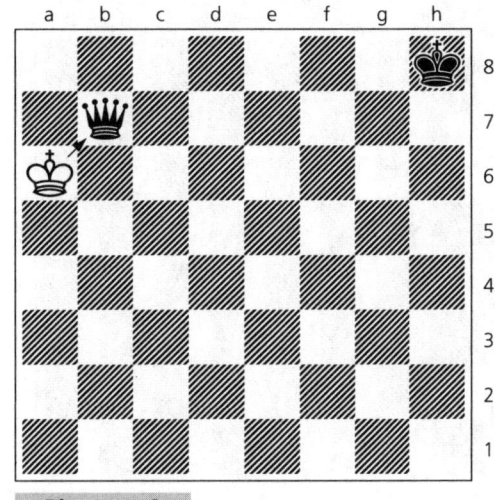

Diagramm 6

Der weiße König steht im Schach

der Mitte des Brettes, dem so genannten Zentrum, die größte Wirkung entfalten.

Schwarz am Zug hat in Diagramm 5 mehrere Möglichkeiten, er kann sich für einen Damen- oder Königszug entscheiden. Die Dame kann auf jedes der markierten Felder ziehen oder die weiße Dame auf dem Feld b7 (kurz: b7) schlagen.

Das Schlagen würde hier folgendermaßen vonstatten gehen: Die schwarze Dame wird vom Spieler auf b7 gesetzt und die weiße Dame vom Brett entfernt. Letztere ist geschlagen und spielt nicht mehr mit. (Das Schlagen der Figuren ist jedoch beim Schach im Gegensatz zu »Dame« keineswegs Pflicht.)

Ausgehend von Diagramm 5 könnten folgende Züge ablaufen: Die schwarze Dame zieht von g7 nach b7 und schlägt dort die weiße mit »Schach«. Der schwarze Zug ist beendet, nun zieht Weiß.

Natürlich nimmt der weiße König die Dame weg, indem er nach b7 zieht und sie schlägt. Mit diesen beiden Zügen wurde ein Abtausch getätigt – die Damen wurden getauscht. Zurück bleiben nur noch die beiden Könige, die sich gegenseitig nichts mehr anhaben können. Wir haben einen Fall von Unentschieden, ein »Remis«.

Schach dem König

In Diagramm 7 bedroht die weiße Dame auf e8 den schwarzen König auf a8, sie bietet »Schach«. Ein bedrohter König muss darauf sofort reagieren, das Schachgebot muss abgewehrt werden. Im vorliegenden Fall geht das auf mehrere Arten:

– Der König zieht aus dem Wirkungskreis der weißen Dame heraus nach a7 oder b7.

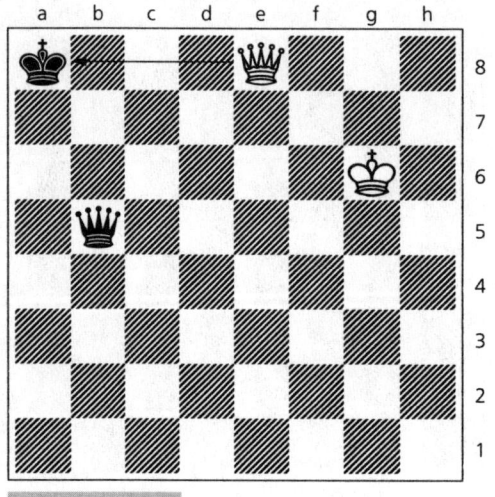

Diagramm 7

Wie wehrt Schwarz das Schach ab?

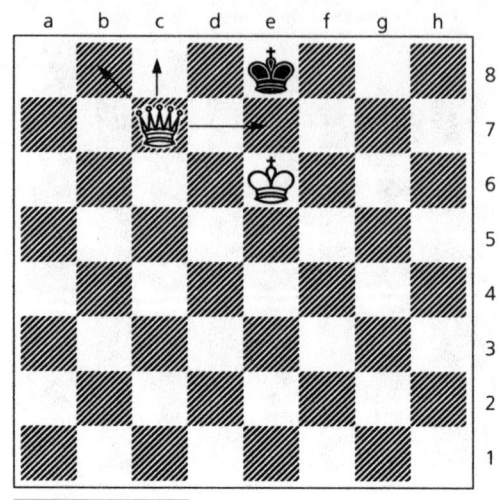

Diagramm 8

Weiß kann matt setzen

- Die schwarze Dame stellt sich auf b8 zwischen den bedrohten König und die Schach bietende Figur.
- Schwarz schlägt mit seiner Dame die Schach bietende Figur.

Was ist Matt?

Ein Spieler ist matt gesetzt, wenn seinem König Schach geboten wird und dieser kein freies Feld mehr betreten oder das Schach auf eine andere Weise abwehren kann.

Dame und König können gegen einen allein stehenden König das Matt leicht erzwingen. Zuvor muss jedoch der gegnerische Monarch an den Brettrand (oder noch besser in eine Ecke) gedrängt und ihm somit jegliche Fluchtmöglichkeit genommen werden. Eine solche Situation haben wir in Diagramm 8 vor uns: Die weiße Dame kann im nächsten

Zug matt setzen, entweder auf dem Feld e7 oder auch auf b8 oder c8. Zieht die Dame nach e7, kann sie nicht geschlagen werden, da sie vom eigenen König geschützt wird. Der Fachausdruck dafür heißt »gedeckt«.

Das Schlagen einer Figur

Das Schlagen einer Figur geschieht dadurch, dass man seine eigene Figur auf das Feld der gegnerischen (gemäß der folgenden Zugregeln) setzt und diese dann vom Brett entfernt. Grundsätzlich gilt, dass alle Figuren, mit Ausnahme der Bauern, so schlagen, wie sie auch ziehen. Allerdings gibt es einige Regeln, die beim Ziehen und Schlagen beachtet werden müssen:

1. Es darf nicht über eigene oder feindliche Figuren hinweggesprungen werden (die Ausnahme bildet der Springer).
2. Eigene Figuren dürfen nicht geschlagen werden. Das wäre ja auch sinnlos, denn der Gegner soll ja materiell geschwächt werden. Also ist man logischerweise bestrebt, so viele gegnerische Figuren wie möglich zu schlagen.
3. Das Schlagen geschieht freiwillig und ist keine Pflicht.

Die Türme

In der Grundstellung stehen die vier Türme in den Ecken des Schachbrettes. Sie sehen aus wie die Eckpfeiler einer Burg. Die Gangart des Turmes ist sehr einprägsam, denn er zieht nur geradeaus auf den Waagerechten und Senkrechten. Er kann so viele Felder weit zie-

hen wie er freie Bahn hat. Steht ein feindlicher Stein im Weg, so kann er diesen schlagen oder auch davor haltmachen. Dame und Türme bezeichnet man aufgrund ihrer hohen Bedeutung und Wertigkeit als Schwerfiguren. Ihr Einsatz erfolgt am wirkungsvollsten auf offenen Linien aus dem Hintergrund, ähnlich wie schwere Waffen in einem Krieg aus der Ferne eingesetzt werden. Läufer und Springer dagegen sind die Leichtfiguren (ab und zu werden sie auch als Offiziere bezeichnet). Sie sind eher für den Nahkampf geeignet.

Hier einige Beispiele für das Schlagen von Dame und Turm:

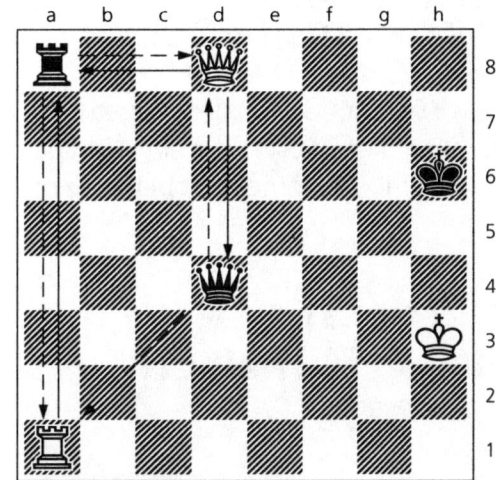

Diagramm 10

Entsprechend der eingezeichneten Pfeile bestehen in Diagramm 10 für Weiß 3 und für Schwarz 4 Schlagmöglichkeiten. Dabei wird auch die Überlegenheit der Dame gegenüber dem Turm deutlich, da sie sich zusätzlich auch diagonal bewegen kann.

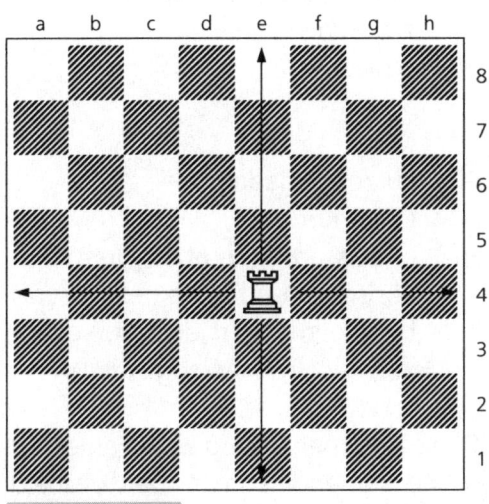

Diagramm 9

Eine Übungsaufgabe:

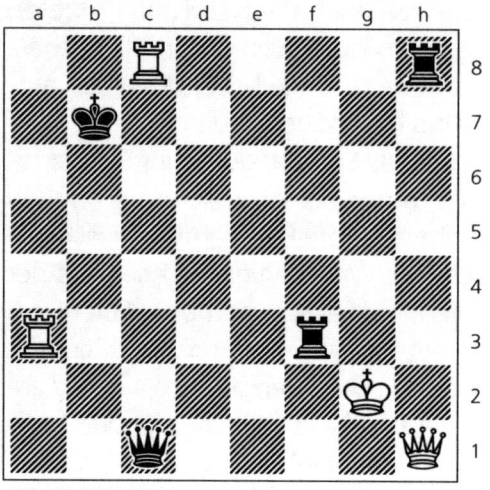

Diagramm 11

Was kann hier alles schlagen und geschlagen werden?
(Auflösung in Diagramm 12)

Bevor wir zur Gangart der übrigen Figuren kommen, wollen wir ein wichtiges Kapitel für den Lernenden behandeln:

Die Notation – das Aufschreiben der Züge

Wir wissen bereits, dass jedes Feld des Schachbretts eine Bezeichnung hat. Diese ergibt sich aus der Kombination von Buchstabe und Zahl. Ferner besitzt jeder Stein eine Bezeichnung gemäß seinem Anfangsbuchstaben. Also K für König, D für Dame und so weiter. Ausnahme: Bei Bauernzügen verzichten wir auf den Anfangsbuchstaben.

Um später die Partie rekonstruieren zu können, ist es natürlich auch sinnvoll zu wissen, von wo die Figur kam und auf welches Feld sie gezogen wurde. Das Zeichen für »zieht nach« ist -, das Zeichen für »schlägt« ist x.

Vor jeden Zug wird beim Aufschreiben einer Partie oder Zugfolge eine Ziffer gesetzt, die aussagt, der wievielte Zug es ist. Beim ersten Zug wird vor den zu ziehenden Stein die 1 gesetzt, dann folgen Anfangsbuchstabe der Figur und Feld, dann »–« und die Bezeichnung des neuen Feldes.

Die Waagerechten des Brettes (1-8) bezeichnen die Schachspieler als Reihen, die Senkrechten (a–h) als Linien. So bezeichnet man z. B. die Reihe, auf der die weißen Bauern in der Grundstellung stehen, als 2. Reihe und die Linie, auf der sich die Könige (ebenfalls in der Grundstellung) gegenüberstehen, als e-Linie.

Hier ein Überblick der Zeichen, die bei der Notation verwendet werden:
- zieht nach,
x schlägt,
† Schach,
†† Matt,
0-0 kurze Rochade,
0-0-0 lange Rochade,
e.p. en passant, kommt aus dem Französischen und bedeutet »im Vorbeigehen« (wird deshalb vereinzelt auch mit i.V. abgekürzt).

Für die Kommentierung einer Partie gibt es eine Unmenge von Zeichen. Deshalb hier nur eine kleine Auswahl:

! guter Zug,

? schlechter Zug,

!!/?? sehr guter/schlechter Zug,

= Ausgleich, das heißt, keine der Parteien steht besser,

± Weiß hat klaren Vorteil,

∓ Schwarz hat klaren Vorteil.

Auflösung der Übungsaufgabe von Diagramm 11:

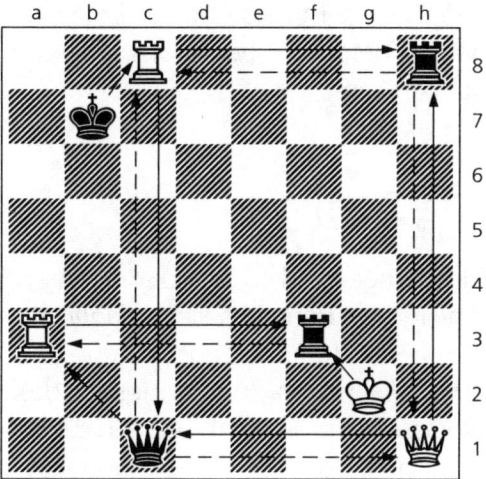

Diagramm 12

Spielen wir der Reihe nach alle Schlagmöglichkeiten durch.

Der weiße König kann den neben ihm stehenden Turm schlagen (Kg2xf3); die weiße Dame kann entweder die schwarze Dame schlagen (Dh1xc1) oder auch den schwarzen Turm auf dem Eckfeld (Dh1xh8); der weiße Turm am linken Brettrand kann einen der schwarzen Türme schlagen (Ta3xf3); der weiße Turm auf der 8. Reihe kann entweder die schwarze Dame (Tc8xc1) oder den schwarzen Turm in der Ecke nehmen (Tc8xh8).

Für die Schlagfälle der weißen Türme mit den schwarzen Türmen kann man auch sagen: Es ist ein Abtausch. Ein Abtausch ist das gegenseitige Nehmen oder Schlagen von gleichwertigen Steinen wie Dame gegen Dame, Turm gegen Turm, Bauer gegen Bauer und so fort.

Nun zu den schwarzen Schlagmöglichkeiten:

Der König kann den weißen Turm schlagen (Kb7xc8); die schwarze Dame kann die gegnerische Dame auf h1 schlagen (Dc1xh1) oder einen Turm auf c8 oder a3 nehmen; der schwarze Turm neben dem weißen König hat nur eine Möglichkeit: Tf3xa3. Dem anderen schwarzen Turm auf h8 stehen zwei Möglichkeiten zur Verfügung: Er kann entweder die Dame auf h1 oder den Turm auf c8 schlagen.

Die Läufer

Die Läufer schießen wie Pfeile über das Brett, sie bewegen sich auf Schrägen, den so genannten Diagonalen. Jede Partei besitzt jeweils einen Läufer auf einem dunklen und einem hellen Feld. Man spricht von schwarzfeldrigen und weißfeldrigen Läufern.

Das Symbol des Läufers ist in der Regel die Mitra, eine Bischofsmütze; im Englischen heißt der Läufer daher auch »Bishop«.

Wie das nachfolgende Diagramm zeigt, entfalten auch die Läufer im Zentrum ihre größte Wirkung.

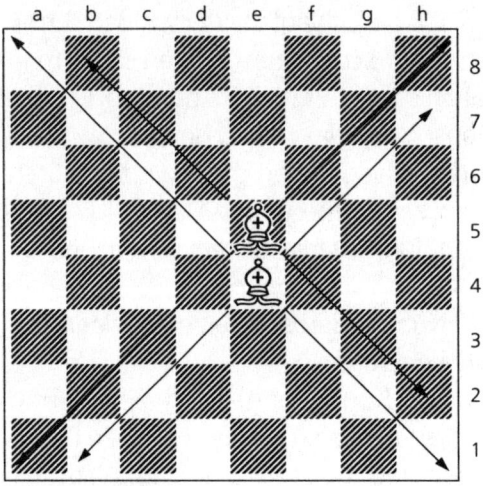

Diagramm 13

Schwarz:
- Dd8xf6
- Dd8xa5
- Ta1xa4
- Lc3xa5
- Lc3xf6

Wie wir wissen ist Dd8xh8 keine Möglichkeit, da der König nie geschlagen werden darf. Da der weiße König auf h8 im Schach steht, muss Weiß ihn zunächst daraus befreien, ehe er ans Schlagen denken kann.

Übungsaufgabe 2

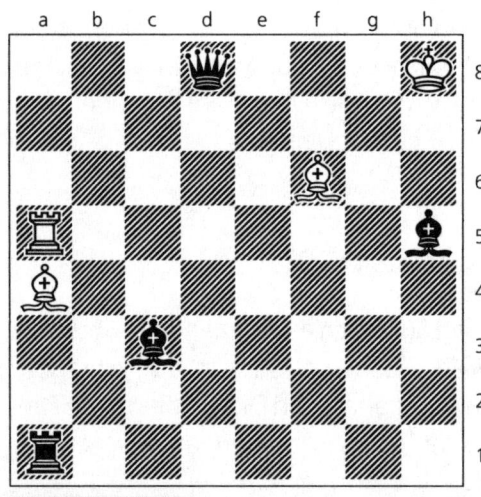

Diagramm 14

Notieren Sie bitte alle Schlagmöglichkeiten in vollständiger Notation!

Auflösung:
Weiß:
- Ta5xh5
- Lf6xd8
- Lf6xc3

Die Springer

Die Springer sind im Schach die farbigsten Figuren, denn nur die Springer dürfen sowohl fremde als auch eigene Figuren überspringen. Zu beachten ist, dass sie die übersprungenen Felder nicht beherrschen, sondern nur die von ihren Ausgangsfeldern anvisierten Zielfelder.

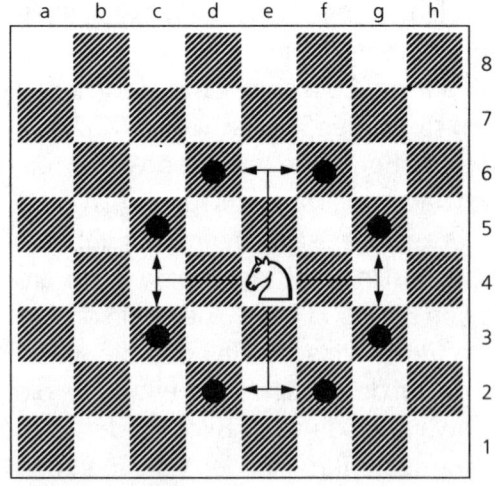

Diagramm 15

Der Springer kann von der Brettmitte aus acht Felder bestreichen. Seine möglichen Zugarten sind
– 2 Felder nach links (oder rechts) und eins nach vorne (oder hinten) oder
– 2 Felder nach vorne (oder hinten) und eins nach links (oder rechts).

Dabei sollte man an folgende Merkregel denken:
Zieht ein Springer von einem dunklen Feld aus, so wird er auf einem hellen landen. Startet er von einem hellen, so landet er auf einem dunklen.

Wegen dieser leicht unübersichtlichen Gangart eignen sich Springer hervorragend dazu, Verwirrung in den feindlichen Reihen auszulösen. Besonders ungeübte Spieler sehen selten voraus, wo sie eine Springergabel vernichtend treffen kann. Keine Figur ist annähernd so geeignet, derartige Doppel- bzw. Mehrfachangriffe auszuführen.

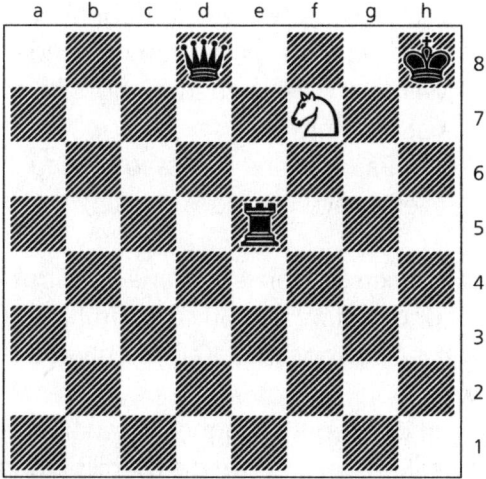

Das bekannteste Beispiel einer Springergabel ist das »Familienschach«.
Der kleine Springer in Diagramm 16 hat sich in das feindliche Lager eingeschlichen und bietet dem schwarzen Monarchen Schach. Gleichzeitig greift er auch noch Dame und Turm, also die komplette »Familie« der schweren Figuren an. Das Schachgebot muss von Schwarz durch einen Königszug abgewendet werden und im nächsten Zug schlägt nun der muntere Reiter wahlweise die schwarze Dame oder den Turm.

Da der Springer aber neben dem König die »kurzschrittigste« Figur auf dem Brett ist, fällt es besonders nachteilig auf, wenn er am Rand platziert wird. Ganz besonders deutlich wird es dann bei einer Eckstellung:

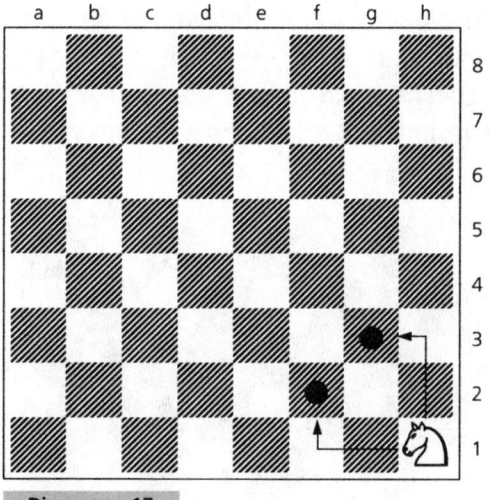

Diagramm 17

Im Gegensatz zu dem zentral platzierten Springer in Diagramm 15 beherrscht unser Eckspringer nur noch armselige zwei Felder.

Die Bauern

Die Bauern haben im Schach die geringste Bedeutung – oft sehr zu Unrecht. Zwar sind sie nur das Fußvolk unter den Figuren, doch trägt jeder Bauer den Marschallstab im Tornister. Erreicht er die letzte Reihe, kann er in eine beliebige Figur derselben Partei umgewandelt werden! Viele Partien, vor allem bei guten Spielern, werden entschieden durch das materielle Übergewicht eines einzigen Bauern. Wird die letzte Reihe erreicht, erfolgt die Umwandlung zumeist in eine Dame. Dame und König allein sind aber imstande, den gegnerischen König matt zu setzen. Im Allgemeinen erzwingt die Dame auch den Gewinn gegen einen feindlichen Turm oder andere Figuren.

Aus der Grundstellung darf ein Bauer ein oder zwei Felder weit ziehen, frei nach dem Willen des Spielers. Von da ab aber nur noch um je ein Feld weiter. Nicht gestattet ist es, mit zwei Bauern gleich-

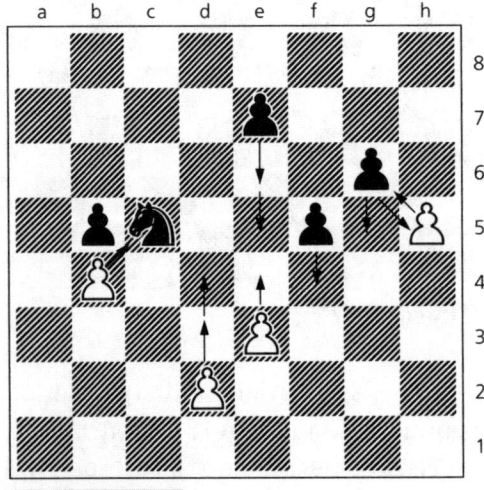

Diagramm 18

zeitig zu ziehen, auch nicht in der Eröffnung.

Die Bauern ziehen nur geradeaus und zwar nur dann, wenn sie freie Bahn haben. Im Gegensatz dazu schlagen sie diagonal (schräg in das nächste Feld hinein). Diagramm 18 zeigt die möglichen Züge und Schlagfälle der Bauern. Der Bauer auf b4 kann nicht weiterziehen, da ihm der schwarze Bauer b5 im Weg steht. Diese beiden Bauern sind vorerst blockiert (jedoch kann der weiße Bauer b4 durch Schlagen des Springers c5 vorankommen).

Folgende wesentliche Punkte unterscheiden die Bauern von den anderen Figuren:

1. Bauern ziehen nur vorwärts. Sie können *niemals* rückwärts gehen. Deshalb gilt es, sich jeden Bauernzug vorher genauestens zu überlegen.
2. Der Bauer schlägt anders als er zieht. Er zieht geradeaus, schlägt jedoch diagonal.
3. Erreicht ein Bauer die letzte Reihe, so muss er sofort in eine beliebige Figur der eigenen Partei umgewandelt werden. Einen neuen König gibt es natürlich nicht.
4. Der Bauer kann *en passant* schlagen (siehe nachfolgendes Kapitel).

Die Bauern geben jeder Partie die Struktur und bestimmen, oft schon frühzeitig, wie sich der weitere Kampf entwickeln wird.

In der Regel genügen auf jeder Seite zwei Bauernzüge, um die Mobilisierung der übrigen Streitkräfte zu ermöglichen.

En passant – das Schlagen »im Vorbeigehen«

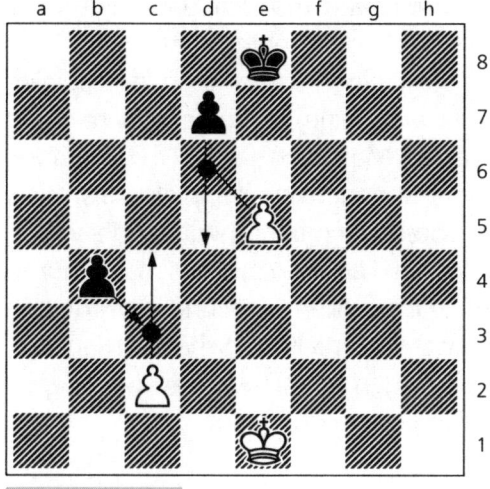

Diagramm 19

Die Grundregeln für das Schlagen *en passant:*

1. Am *en passant*-Schlagen sind grundsätzlich nur Bauern beteiligt.
2. Der Bauer, der so geschlagen werden soll, muss aus der Grundstellung den Doppelschritt ausgeführt haben.
3. Die Bauern müssen in nebeneinander liegenden Reihen stehen.
4. Der um zwei Felder vorgerückte Bauer wird so geschlagen, als habe er nur einen Schritt gemacht.
5. Das Schlagen muss sofort erfolgen. Einen Zug später erlischt dieses Recht.

Ein Test zum Schlagen *en passant:* Welche Schlagmöglichkeiten gibt es?

Angenommen, in Diagramm 19 würde der weiße Bauer einen Schritt nach vorne ziehen (1. c2-c3), so könnte ihn der schwarze Bauer von b4 schlagen (1. ... b4xc3). Zieht der Bauer aber gleich zwei Felder vor, also 1. c2-c4, wie ist die Lage dann? (Übrigens, die drei Punkte vor b4xc3 im oben stehenden Beispiel bedeuten lediglich, dass der weiße Zug schon geschehen ist, es sich also um einen schwarzen Zug handelt.)

Für diesen Fall wurde die Regel des *en passant* (französisch: im Vorbeigehen) eingeführt. Dadurch ist es möglich, dass der weiße Bauer dennoch geschlagen werden kann. Er wird dann so behandelt, als ob er nur ein Feld weit (1. c2-c3) gezogen wäre. Schwarz setzt seinen b-Bauern nach c3 und nimmt den weißen c-Bauern vom Brett. Die Notation dafür würde lauten: 1. c2-c4 b4xc3 e.p.

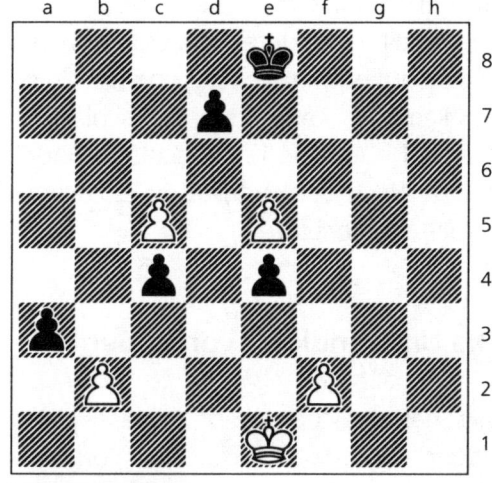

Diagramm 20

1. Wenn Weiß b2-b4 zieht?
2. Wenn Weiß b2-b3 zieht?
3. Wenn Schwarz d7-d5 zieht?
4. Wenn Schwarz d7-d6 zieht?
5. Wenn Schwarz e4-e3 zieht und Weiß darauf mit f2-f4 antwortet?

Viele Schachspieler weisen Lücken in der Regelkenntnis des *en passant*-Schlagens auf. Deshalb sind auch einige Fälle eingebaut, wie nicht geschlagen werden darf.

Die Antworten:

1. Schwarz darf mit c4xb3 e.p. schlagen. Schwarz darf aber nicht nachträglich mit a3xb2 schlagen, natürlich auch nicht mit a3xb3. Wir erinnern uns: Die beiden Bauern müssen zum Schlagen e.p. nebeneinander stehen.

2. Schwarz kann normal schlagen mit c4xb3 oder auf das Schlagen überhaupt verzichten, denn Schlagen ist im Schach nicht Pflicht!

3. Weiß kann sowohl e5xd6 e.p., als auch c5xd6 e.p. schlagen.

4. Weiß besitzt dieselben Schlagmöglichkeiten wie unter 3., allerdings diesmal auf normalem Weg und nicht e.p.

5. Niemand kann danach schlagen. Weiß hätte mit f2xe3 schlagen dürfen. Nach dem Vorbeizug erlöschen alle Schlagrechte!

Die Umwandlung von Bauern

Wir haben schon gehört, dass jeder Bauer den Marschallstab im Tornister trägt. Jeder Bauer kann, wenn er die letzte Reihe erreicht, in eine Dame, einen Turm, Läufer oder Springer der eigenen Partei umgewandelt werden. Das bedeutet natürlich einen meist entscheidenden Materialzuwachs der betreffenden Seite. Daher wird ein Bauer auch meist in die stärkste Figur, die Dame, um-

gewandelt. Es spielt dabei keine Rolle, ob die Dame aus der Anfangsstellung noch auf dem Brett ist oder nicht! Es ist also durchaus möglich, dass eine Seite mit zwei oder mehr Damen spielt.

Statt einer Dame kann der Spieler aber auch eine beliebige andere Figur wählen. Man kann sowohl mit drei oder mehr Springern weiterspielen als auch mit drei oder mehr schwarz- oder weißfeldrigen Läufern. Aber das macht nur in Ausnahmefällen Sinn und kommt ansonsten allenfalls in Scherzpartien, die man gegen sehr schwache oder unterlegene Gegner spielt, vor.

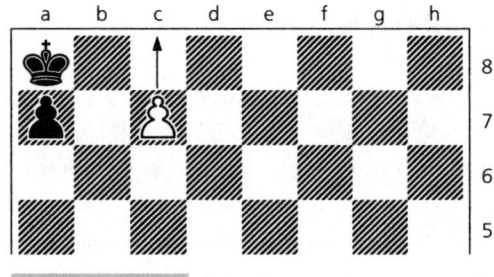

Diagramm 21

Weiß am Zug spielt 1. c7-c8D††

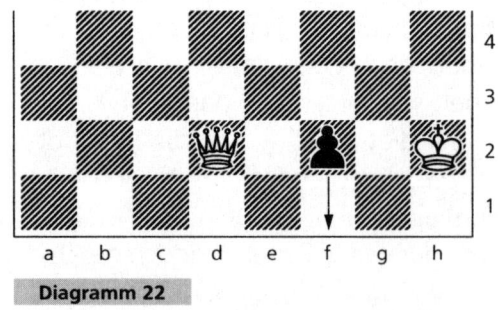

Diagramm 22

Der Bauer betritt das Umwandlungsfeld c8, der Spieler sagt »Dame!« und kann gleichzeitig noch hinzufügen: »Matt!«

Diagramm 22: Schwarz am Zuge könnte f2-f1D spielen. Sicherlich ein guter Zug, denn man erhält ja eine neue Dame. Doch liegt hier einer der wenigen Sonderfälle vor, in denen es noch besser geht: f2-f1St!. Der Spieler sagt also nicht »Dame«, wenn er mit dem Bauern das Umwandlungsfeld betritt, sondern zur Überraschung des Gegners »Springer«. Der Springer gibt Schach und bedroht zugleich die weiße Dame. Eine Variante des bereits bekannten »Familienschachs«.

Bei der Umwandlung setzt der Spieler an die Stelle des Bauern die von ihm gewünschte Figur und sagt laut deren Bezeichnung. Anstelle einer nicht vorhandenen zweiten Dame wird ein Turm auf den Kopf gestellt; das gilt üblicherweise als Notbehelf.

In Diagramm 23 hat Schwarz mit zwei Bauern die vorletzte Reihe des Gegners erreicht und würde sich verständlicherweise gerne eine neue Dame

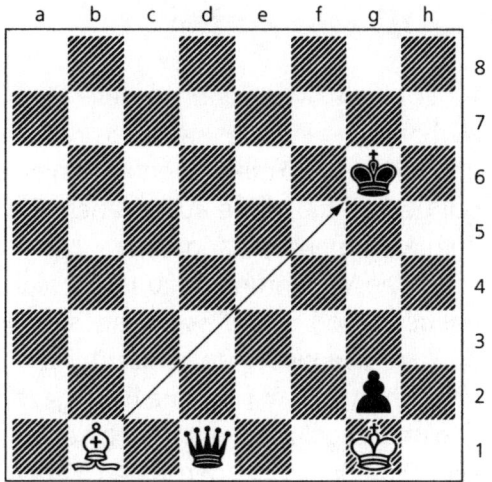

Diagramm 24

Stellung nach 1. ... c2xd1D†

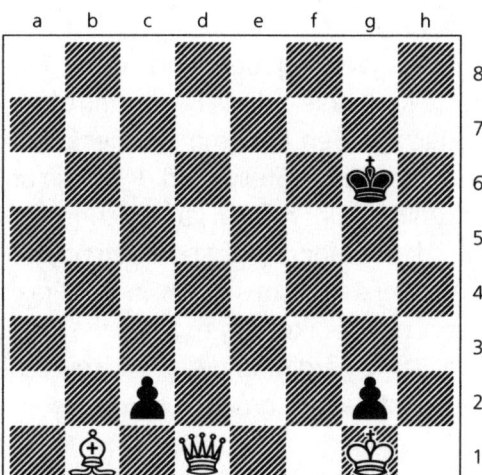

Diagramm 23

holen. Der Bauer g2 ist blockiert (zugunfähig), also bleibt nur der Bauer auf c2. Dieser könnte den weißen Läufer schlagen und sich verwandeln. Andere Zugmöglichkeiten stehen ihm nicht zur Verfügung. Aber weshalb darf Schwarz nicht auch die weiße Dame nehmen oder c2-c1D spielen?

Dies scheitert an den Regeln, weil danach der schwarze König im Schach stehen würde (vgl. Diagramm 24).

Der König darf nicht von der eigenen Partei ins Schach gesetzt werden. Das heißt in diesem Fall: Das Öffnen der Läuferdiagonale b1-h7 setzt damit unerlaubterweise den König auf g6 ins Schach. Regelwidrige Züge müssen zurückgenommen werden, und es muss stattdessen ein regulärer Zug gemacht werden.

Damit ist es an der Zeit, eine weitere wichtige Schachregel kennen zu lernen:

Berührt – geführt!

Schach läuft, wie jeder andere Sport auch, nach genau festgelegten Regeln ab. So muss ein Spieler, wenn er eine Figur berührt hat, diese auch ziehen. Das Zurücknehmen von Zügen ist nicht erlaubt. Die Verführung dazu ist für viele natürlich groß. Zumal wenn sie sehen, dass sie soeben einen schlechten Zug gemacht haben. Wenn eine Figur gezogen und losgelassen wurde, gilt der Zug als ausgeführt. Eine der ersten Regeln heißt daher für die Schachspieler: »Berührt – geführt!«

Es ist etwas anderes, wenn man einen Lernenden Züge ausführen und zurücknehmen lässt. Sowie aber die erste Partie gespielt wird, sollte man sich an die Regeln halten. Es ist nicht fair, einen Schritt zu korrigieren, um einen vermeintlich besseren zu machen und den Gegner letztlich zu besiegen. Eine Konzession vom Gegner zu erbitten, um ihn hinterher matt zu setzen, widerspricht nicht nur den Regeln, sondern im Grunde auch dem sportlichen Empfinden.

Im Turnier gibt es genaue Regeln dafür, was zu geschehen hat, wenn zum Beispiel versehentlich eine gegnerische Figur oder eventuell eine eigene, die nicht ziehen kann, berührt wurde. Zum Beispiel müsste in Diagramm 24 Schwarz den Zug c2xd1D zurücknehmen und mit der berührten Figur einen legalen Zug ausführen; c2xb1D wäre dann die einzig in Frage kommende Alternative.

Welchen Wert haben die Figuren?

Der Wertvergleich der einzelnen Figuren ist für den Spieler sehr wichtig, denn er muss wissen, ob sich ein Tausch für ihn lohnt. Dabei betrachten wir zunächst nur die materielle Seite und nicht die positionelle. Denn was letztere anbelangt, kommt es im Schach vor, dass zum Beispiel die gewaltige Dame gegen nur einen einzigen Bauern hergegeben, geopfert wird, um den feindlichen König matt zu setzen.

Wertvergleich:

♛ = ♜ ♜   ♛ = ♜ ♜ ♝ ♟
♛ = ♝ ♝ ♞ oder ♝ ♞ ♞
♛ = ♟ ♟ ♟ ♟ ♟ ♟ ♟ ♟
♜ = ♝ ♟ ♟ oder ♞ ♟ ♟
♜ ♟ ♟ = ♝ ♞ oder ♞ ♞ oder ♝ ♝

Der Wertunterschied zwischen Turm und Läufer oder Springer wird als »Qualität« bezeichnet.

Alle Wertangaben sind relativ. Eine feste Regel, die auf alle Fälle zutrifft, kann es nicht geben. Es kommt immer auf die entsprechende Stellung in der Partie an. Im Allgemeinen kann man sich jedoch an den obigen Angaben orientieren; selbstverständlich wird es in der Praxis wohl nicht vorkommen, dass eine Partei die Dame hergibt und dafür ausgerechnet acht Bauern erhält.

Als ungefähr gleichwertig gelten:

♝ = ♞   ♝ oder ♞ = ♟ ♟ ♟

Eine Leichtfigur wird also drei Bauern gleichgesetzt. Meist ist aber eine Figur im Mittelspiel stärker, während die Bauern – möglichst nebeneinander stehend, also »verbunden« – im Endspiel die besseren Chancen bieten. Sie können sich bekanntlich in eine Dame verwandeln.

Die Wirkung der Figuren oder was beim Schlagen beachtet werden muss

Wie die Figuren gegenseitig wirken und schlagen können (beziehungsweise nicht können), ist im vorliegenden Beispiel (Diagramm 25) schon fast eine Lektion für den fortgeschrittenen Anfänger.

Der Läufer auf g2 wirkt nur bis nach b7 zum schwarzen Springer, er bedroht nur indirekt den in der Ecke stehenden König. Weiß am Zug könnte aber keinesfalls den Springer schlagen, weil der Läufer durch den Turm auf a2 »gefesselt« ist. Würde er ziehen, stünde sein König im Schach des Ta2 – also ein irregulärer Zug.

Der weiße König seinerseits ist weder vom Ta2 noch von der Dh8 bedroht, da die Wirkungslinien dieser Figuren durch dazwischen stehende Steine begrenzt werden. Wie wir wissen, darf nur der Springer Figuren überspringen. Und wegen dieser Regel steht auch der schwarze König im Schach durch den Springer auf c7.

Zwei Möglichkeiten stehen Schwarz zur Abwehr des Schachgebotes zur Verfügung: Entweder der König weicht aus (Ka8–a7) oder der Schach bietende Springer wird vom Läufer geschlagen (Lb8xc7).

Mit einer kleinen Veränderung können wir eine Mattstellung aufbauen:

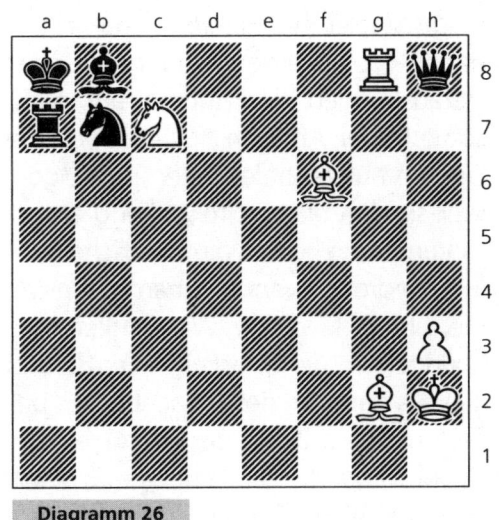

Diagramm 26

Schwarz ist matt

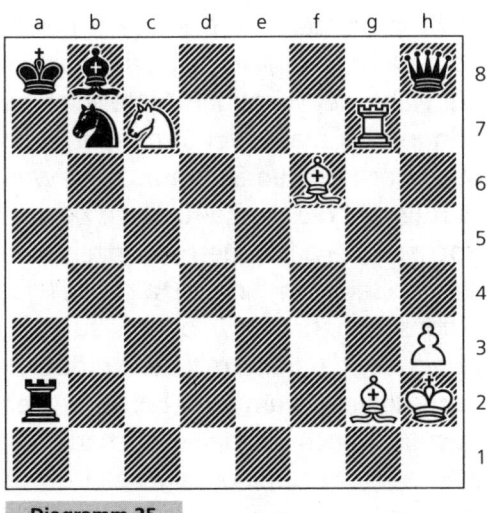

Diagramm 25

Jetzt ist der Läufer auf b8 vom Tg8 gefesselt – gefesselt an seinen König. Er kann also nicht ziehen. Das Feld a7, vorher ein Fluchtfeld für den schwarzen Monarchen, ist jetzt vom eigenen Turm blockiert. Die zwei weißen Läufer tragen zum Mattbild nichts bei, sie könnten ebenso gut fehlen. Man beachte aber einen wichtigen Umstand: Obwohl der weiße Springer vom schwarzen Läufer gefesselt ist, bietet er Schach! Schwarz darf nicht argumentieren: Schlägt der Springer meinen König, so kann ich mich ja auch an seinem bedienen! Abgesehen davon, dass der König nicht geschlagen werden darf, beinhaltet diese Argumentation einen weiteren Denkfehler: Weiß setzte matt, Schwarz ist »tot« und die Partie aus, es gibt keinen weiteren Zug.

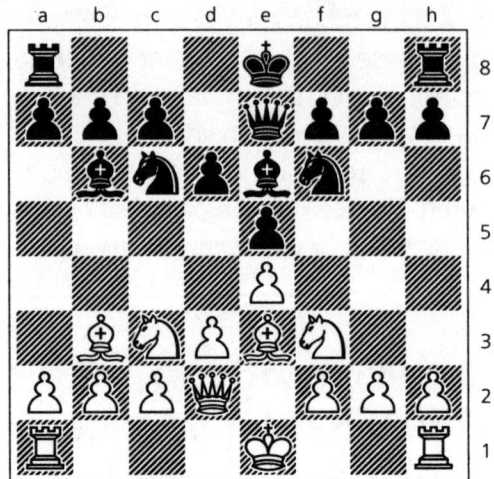

Diagramm 27

Die Rochade

Wir haben eine Stellung vor uns, in der beide Spieler ihre Figuren »entwickelt« haben – so heißt der Fachbegriff für das Herausbringen der Figuren auf wirksame Felder. Am günstigsten ist es, die Figuren auf zentrale Felder zu bringen, weil sie dort die größte Wirkung entfalten und am ehesten die feindliche Stellung bedrohen können (man vergleiche die unterschiedliche Wirksamkeit des Springers in den Diagrammen 15 und 17). Als Zentrum des Schachbrettes bezeichnet man die Felder e4, d4, e5, d5. Die umliegenden 12 Felder (c–f3, c6 bis f6, c4, c5, f4 und f5) werden als erweitertes Zentrum bezeichnet.

Der Spieler muss jedoch nicht nur auf seinen Angriff bedacht sein, sondern ebenso auf die Sicherung der eigenen Stellung, vor allem auf die Sicherheit des Königs. Aus diesem Grund ist jedem Spieler einmal im Laufe der Partie ein Doppelzug, die Rochade, erlaubt. Es handelt sich dabei um einen Zug von König und Turm, die ungefähr die Plätze wechseln. Der Sinn dieses Manövers besteht darin, den König in die sicherere Eckstellung und gleichzeitig den Turm in die Nähe der wichtigen Mittellinien zu bringen. Da man zwei Türme hat, kann auch nach beiden Seiten rochiert werden. Es gibt die »lange« und die »kurze« Rochade. Bei der langen, vereinzelt auch als »große« bezeichneten Rochade (Notationszeichen 0-0-0) begibt sich der König auf die Seite mit dem größeren Zwischenraum zum Turm. Bei der kurzen Rochade, auch als kleine Rochade bezeichnet (das Notationszeichen ist 0-0), wechselt der König auf die kürzere Seite.

Wie wird rochiert?

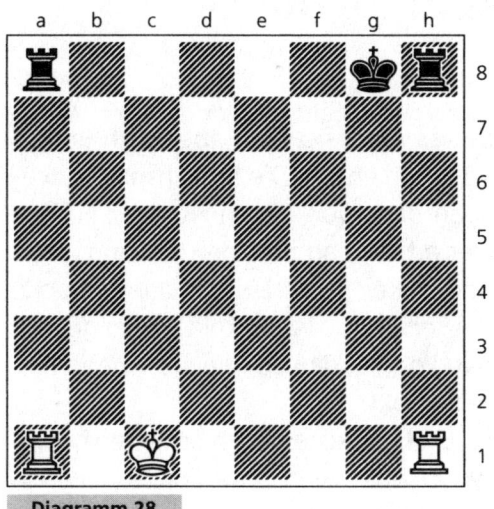

Diagramm 28

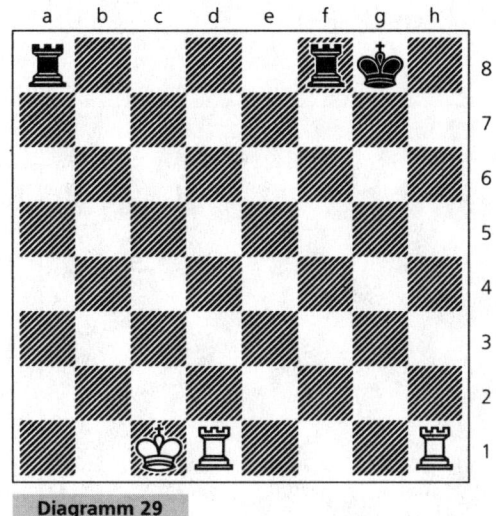

Diagramm 29

Weiß hat lang, Schwarz kurz rochiert

Dazu die kompliziert klingende Regel des Weltschachbundes:

»Der König verlässt sein ursprüngliches Feld, um auf derselben Reihe eines der beiden nächsten Felder gleicher Farbe zu besetzen; sodann zieht der Turm, zu dem sich der König hinbewegt hat, über den König hinweg auf dasjenige Feld, das dieser soeben überschritten hat.«

In Kurzfassung: Der König bewegt sich 2 Felder nach rechts oder links (Diagramm 28) und wird dann vom nächststehenden Turm übersprungen (Diagramm 29).

Für die Rochade gelten allerdings noch eine Reihe von Sonderregeln. Doch nicht erschrecken: Für den Anfänger ist diese Unzahl von Regeln zunächst wohl noch verwirrend, doch hat man erst einmal begonnen zu spielen, so gehen sie ganz schnell in Fleisch und Blut über.

Wann und unter welchen Voraussetzungen ist die Rochade erlaubt?
1. Der König darf noch nicht gezogen worden sein.
2. Der Turm, mit dem rochiert werden soll, darf ebenfalls noch nicht bewegt worden sein.
3. Die Felder zwischen König und Turm dürfen nicht von einer Figur, egal welcher Farbe, besetzt sein.
4. Die Felder, die der König bei der Rochade überschreitet, dürfen nicht von feindlichen Figuren beherrscht sein. Der Turm hingegen kann solche Felder überschreiten (kann bei der langen Rochade vorkommen, Felder b1 oder b8).
5. Wenn dem König Schach geboten wird, darf in diesem Augenblick nicht rochiert werden. Erst wenn das Schachgebot erfolgreich abgewehrt wurde, darf sich der König in der Ecke verstecken.

Ein Rochade-Test:

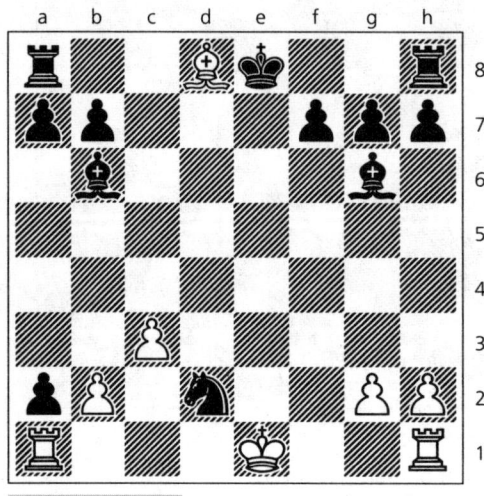

Diagramm 30

Welche Rochade ist erlaubt?

Weiß darf aus zwei Gründen nicht kurz rochieren. Erstens, weil der König das vom Springer beherrschte Feld f1 überqueren müsste und zweitens, weil er auf seinem neuen Standfeld g1 im Schachgebot des Läufers stehen würde.

Überraschenderweise darf er jedoch lang rochieren! Der schwarze Bauer a2 beherrscht zwar das Feld b1, doch wird das Feld ja nur vom Turm und nicht vom König überschritten. Auch der Springer d2 und der Läufer g6 stehen der Reise zum Damenflügel nicht im Wege – wieder überschreitet nur der Turm den von den Figuren kontrollierten Bereich. (Nebenbei gesagt wäre 0-0-0 ein furchtbar schlechter Zug. Schwarz könnte dann mit Sd2-b3†† matt setzen!)

Schwarz darf natürlich kurz rochieren, jedoch nicht lang, weil dabei eine feindliche Figur im Wege steht.

Das Patt und das Remis

Eine Partie kann gewonnen oder verloren werden, sie kann aber auch unentschieden enden. Die Schachspieler sprechen dann von einem »Remis«. Im Turnier erhält man für einen Gewinn einen und für eine Niederlage keinen Punkt. Bei Remis, also wenn kein Spieler gewinnen konnte, gibt es für jeden einen halben Punkt.

Ein klassisches Unentschieden haben wir vor uns, wenn beide Spieler nur noch den blanken König auf dem Brett haben. Es gibt aber noch eine andere Form des Remis, nämlich das Patt. Patt ist eingetreten, wenn eine Partei keinen Zug mehr

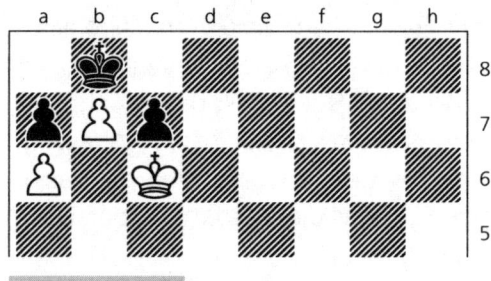

Diagramm 31

Schwarz am Zug ist patt

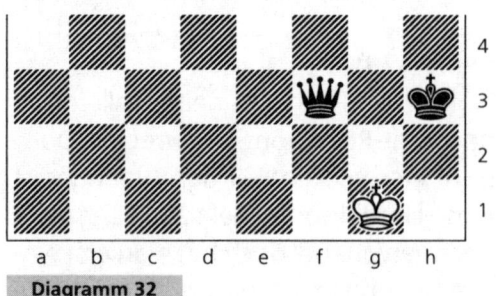

Diagramm 32

Weiß am Zug ist patt

ausführen kann, ohne dass seinem König Schach geboten würde.

In Diagramm 31 kann Schwarz am Zug weder mit seinem König, noch mit seinen beiden Bauern ziehen. Schwarz ist daher patt!

In Diagramm 32 ist Weiß ebenfalls zugunfähig und steht nicht im Schach – patt. Der letzte (schlechte!) schwarze Zug könnte Kg4-h3?? gewesen sein. Richtig dagegen war 1. ... Df3-e2. Danach kann Weiß nicht mehr patt gesetzt werden. Der König muss immer zwischen g1 und h1 hin- und herpendeln. Schwarz kann nun gemütlich den König bringen: 2. Kg1-h1 Kg4-h3 oder g3, gefolgt von Dg2†† im nächsten Zug.

Das Patt dient oft als letzte Rettung aus verzweifelter Lage und nicht immer sieht der Gegner diesen Ausgang voraus. Es gibt aber auch Pattschlüsse, die sich natürlich entwickeln, vor allem im Endspiel.

In Diagramm 33a kann Weiß trotz seines Bauern auf der 7. Reihe die Umwandlung nicht erzwingen, wenn er am Zug ist! Nach 1. Kc6-b6 wäre Schwarz patt (vgl. Diagramm 33b) und nach jedem anderen Zug verliert Weiß den Bauern b7. In beiden Fällen ist der Ausgang der Partie remis. Ganz anders liegt der Fall jedoch, wenn Schwarz am Zug ist: 1. ... Kb8-a7 2. Kc6-c7 Ka7-a6 3. b7-b8D und Weiß setzt in wenigen Zügen matt!

In Diagramm 34a könnte Schwarz mit dem »Standardzug« f2-f1D eine große Dummheit begehen – Weiß wäre patt! Statt des nahen Sieges nur ein klägliches Remis. Richtig ist dagegen in dieser Position die Verwandlung des Bauern

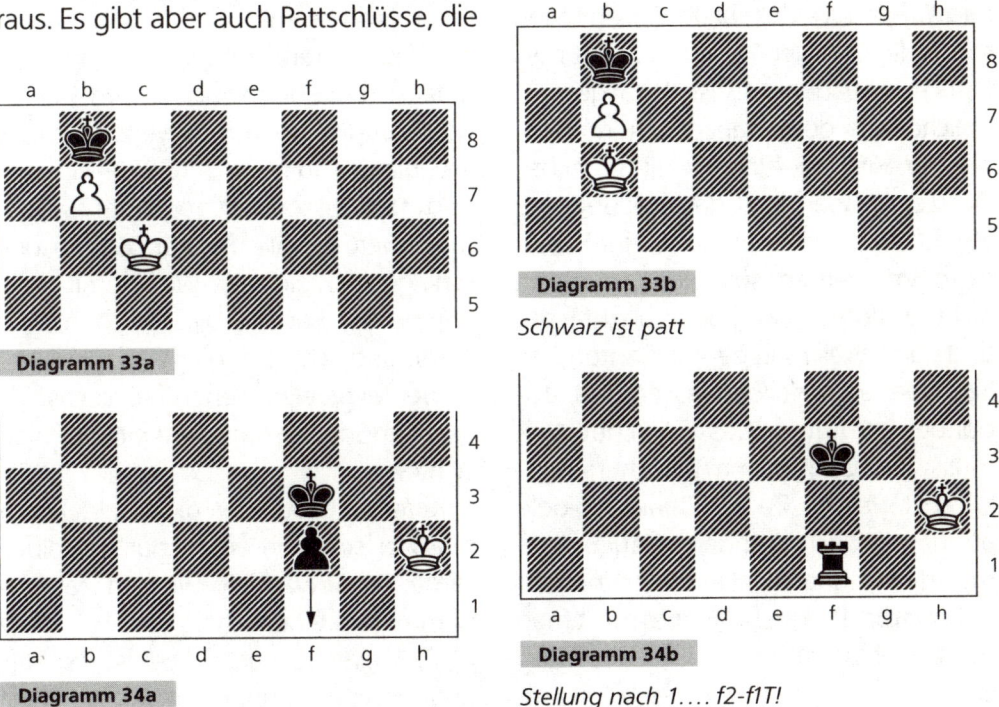

Diagramm 33a

Diagramm 33b

Schwarz ist patt

Diagramm 34a

Diagramm 34b

Stellung nach 1. ... f2-f1T!

in den eindeutig schwächeren Turm (Diagramm 34b).

Weiß wird im nächsten Zug matt: 2. Kh2-h3. Nun ist das entscheidende Feld frei und es folgt 2. ... Tf1-h1††.

»J'adoube!« oder das Zurechtrücken von Figuren

Die Regel »Berührt – geführt!« ist bereits bekannt: Eine berührte Figur muss gezogen werden und ein ausgeführter Zug darf nicht zurückgenommen werden. Nun kommt es allerdings vor, dass man durch Unachtsamkeit einmal eine Figur umstößt oder sie auch einfach nur zurechtrücken möchte, weil sie nicht genau auf dem Feld steht. In diesen Fällen sagt der Spieler zuvor »J'adoube!« (sprich: »schadub«). Es ist der allgemein übliche, aus dem Französischen stammende Ausdruck für »Ich stelle zurecht«. Der Gegner weiß jetzt, dass der berührte Stein (oder auch mehrere Steine) nicht gezogen werden soll. Es ist natürlich nicht gestattet, eine Figur anzufassen und dann, weil man den geplanten Zug als Fehler erkennt, loszulassen und »J'adoube« zu rufen. Das Zurechtrücken muss dem Gegner immer vorher angekündigt werden. Zu den Benimmregeln auf dem Schachbrett gehört auch, dass man den Gegner nicht in seiner Konzentration stört. Das heißt Figuren rückt man nur zurecht, wenn man selbst am Zug ist!

Zusammenfassung der elementaren Spielregeln

Schach wird zu zweit gespielt. Ein Spieler erhält die weißen, sein Gegner die schwarzen Steine. Es wird auf einem Brett von 64 Feldern gespielt, die abwechselnd hell und dunkel sind. Das Brett wird so aufgelegt, dass in der linken Ecke ein dunkles Feld liegt. Man spricht bei den Waagerechten von 1–8 von Reihen und bei den Senkrechten von a–h von Linien. Weiß führt den ersten Zug aus.

Jede Seite hat zu Beginn 16 Steine (Figuren): einen König, eine Dame, zwei Türme, zwei Läufer, zwei Springer und acht Bauern. Die Grundstellung sehen wir in Diagramm 2.

Wer während des Spiels eine Figur anfasst, muss diese auch ziehen. Die Regel »Berührt – geführt« ist verbindlich. Ein irregulärer Zug muss zurückgenommen und stattdessen ein regulärer ausgeführt werden. Alle Figuren ziehen und schlagen in gleicher Weise, mit Ausnahme der Bauern. Diese ziehen nach vorne und schlagen diagonal.

Beide Spieler ziehen abwechselnd und kein Spieler kann auf seinen Zug verzichten.

Erreicht ein Bauer die letzte Reihe, muss er sofort in eine Figur derselben Farbe umgewandelt werden (ausgenommen in einen König).

Ziel einer Schachpartie ist es, den gegnerischen König anzugreifen und matt zu setzen. Der König wird nicht geschlagen, sondern nur gefangen genommen. Das Matt kann auf verschiedene Arten erreicht werden: Entweder durch direkten Angriff, so dass der feindliche König dem Ansturm erliegt, oder indirekt durch materielle Schwächung der Gegenseite, so dass am Schluss durch die materielle Überlegenheit das Matt erzwungen werden kann.

Wenn der König von einer feindlichen Figur bedroht ist, steht er im »Schach«. Der Spieler muss das Schachgebot sofort abwehren – auch das kann auf verschiedene Weise geschehen: Entweder zieht der König auf ein unbedrohtes Feld oder die Schach bietende Figur wird geschlagen oder – als dritte Möglichkeit – es wird durch Dazwischensetzen einer Figur die Wirkungslinie der Schach bietenden Figur verkürzt. Kann ein Schachgebot nicht mehr abgewehrt werden,

ist der König matt. Die Partie ist damit verloren und der Gegner hat gewonnen. Kann eine Seite jedoch nicht mehr ziehen, obwohl der eigene König nicht im Schach steht, so ist er »patt« und die Partie endet remis.

Der König darf niemals in den Schlagbereich einer feindlichen Figur ziehen, er kann sich keinem Schachgebot aussetzen.

Eine Partie ist remis,
– wenn nur noch die beiden Könige auf dem Brett stehen,
– wenn mit vorhandenen Kräften das Matt nicht mehr erzwungen werden kann,
– durch freie Vereinbarung der beiden Spieler,
– durch Patt.

Weitere Remisregeln werden wir später kennenlernen.

Wie sieht Matt aus?

Bei den folgenden Beispielen handelt es sich immer um die Schlussabschnitte einer Partie. Wir müssen uns denken, dass die fehlenden Figuren und Bauern vorher getauscht und geschlagen worden sind oder einfach für die Mattbilder keine Rolle spielen.

All diese Stellungen können natürlich mit weißen oder schwarzen Steinen vorkommen. Es geht hier darum, mit den einfachen Mattmöglichkeiten vertraut zu werden.

Es gibt zahlreiche Mattstellungen, die typisch sind und immer wieder in der Praxis vorkommen. Hier eine Auswahl typischer Mattstellungen:

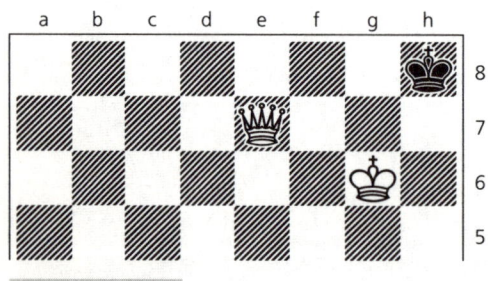

Diagramm 35

Diese Art des Mattsetzens mit König und Dame ist uns bereits aus den Diagrammen 8 und 32 bekannt. Weiß kann hier auf fünf verschiedene Arten die Partie beenden.
Welche?

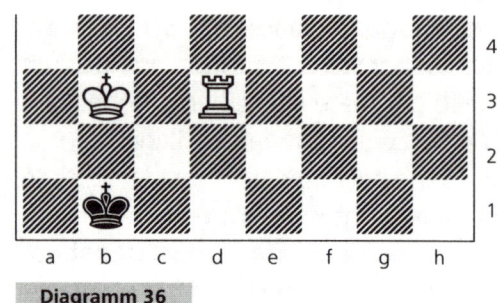

Diagramm 36

In Diagramm 36 kann der Turm in einem Zug matt setzen: Td3-d1††.

Das Grundlinienmatt

Weiß setzt in 2 Zügen matt. 1. Td2-d8†. Der König besitzt kein Fluchtfeld, in der Schachsprache sagt man auch, er hat

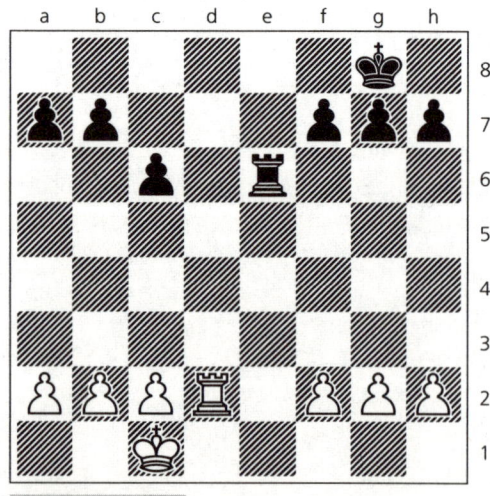

Diagramm 37

kein »Luftloch«. Nur der Turm kann noch einen Zug lang das Matt hinauszögern durch 1. ... Te6-e8. Aber nun wird er mit gleichzeitigem Matt geschlagen: 2. Td8xe8††. Schwarz hingegen könnte nicht matt setzen, wenn er am Zug wäre: 1. ... Te6-e1† könnte Weiß mit dem Dazwischensetzen des Turmes, der dann vom König gedeckt wird, parieren.

Weiß kann in Diagramm 38 zwar mit 1. Td1-d8† oder auch mit 1. Dc6-a8/c8† auf der achten Reihe Schach geben, doch bannt Schwarz die Gefahr durch das Dazwischensetzen des Turmes 1. ... Te7-e8 oder auch des Springers 1. ... Sf6-e8.

Schwarz kann in 3 Zügen das Matt erreichen, indem er seine Dame gegen den weißen Turm opfert. 1. ... De5-e1† 2. Td1xe1 Te7xe1††. Dame und Läufer des Weißen können nichts zur Rettung des bedrängten Monarchen beisteuern.

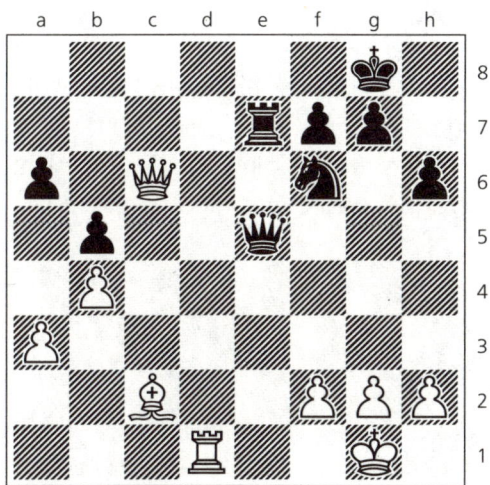

Diagramm 38

Kann Weiß am Zug ein Matt auf der 8. Reihe erzielen? Kann Schwarz am Zug matt setzen?

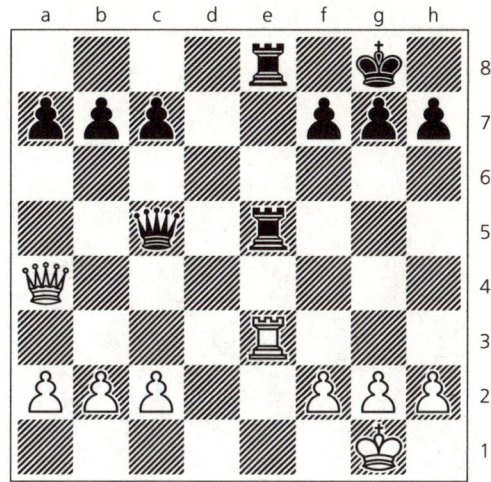

Diagramm 39

Wie rettet Weiß die Lage?

Dem Weißen fehlt ein »Luftloch«. Er hätte vorher einen der Bauern vor dem König nach vorne ziehen müssen (z.B. h2-h3).

Weiß liegt in Diagramm 39 mit einem Turm im Hintertreffen, doch man muss annehmen, er hat sich in der Vorausberechnung diese Situation so zurechtgelegt. Zwar kann Weiß nicht matt setzen, aber er erzwingt den völligen materiellen und positionellen Gleichstand: 1. Da4xe8† Te5xe8 2. Te3xe8†.

Ist Schwarz etwa matt auf der Grundreihe? Nein, wieder rettet das Dazwischensetzen einer Figur die Lage: 2. ...Dc5-f8 und nach 3. Te8xf8† sollte die Partie wohl remis ausgehen.

Wie wir hier deutlich sehen, kann die Wirkung einzelner Figuren über andere hinweggehen (der Einfluss des Turmes Te3 reicht bis e8!).

Elementare Mattstellungen

Matt in einem Zug

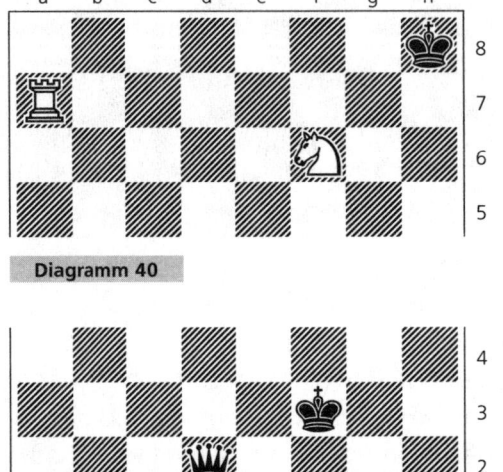

Diagramm 40

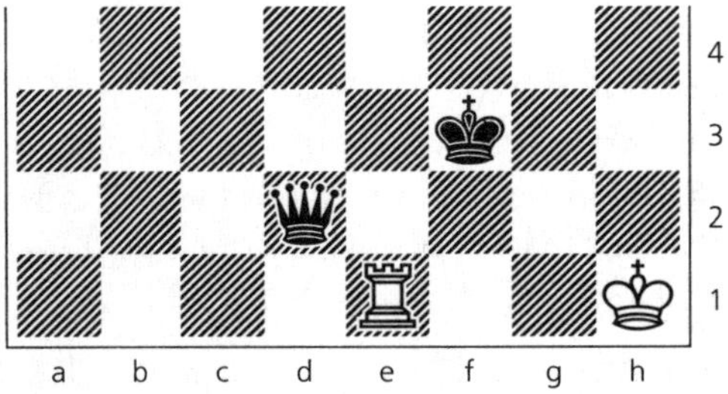

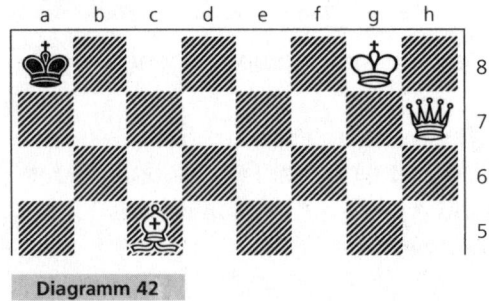

Diagramm 41

Weiß setzt mit Ta7-h7†† matt (Diagramm 40) und Schwarz mit Dd2-g2†† (Diagramm 41). Überflüssig wäre es hier in dieser Stellung zuerst den Turm auf e1 zu schlagen.

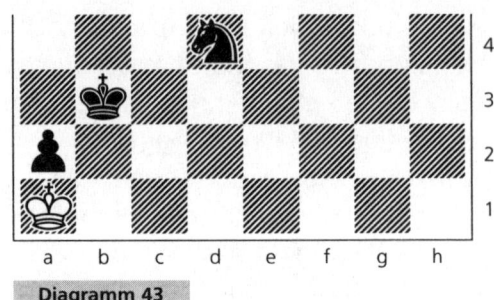

Diagramm 43

Schwarz setzt matt: Sd4-c2††

Etwas mehr Nachdenken erfordern die beiden nächsten Stellungen.

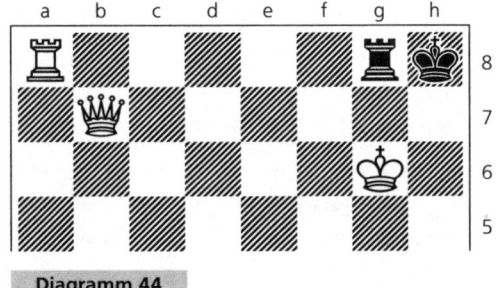

Diagramm 44

Weiß am Zug

Der weiße König ist in Diagramm 44 dem Schachgebot des gegnerischen Turms ausgesetzt. Trotzdem kann Weiß matt setzen mit Db7-g7††! Der schwarze Turm kann die Dame nicht schlagen, weil er vom Ta8 gefesselt ist!

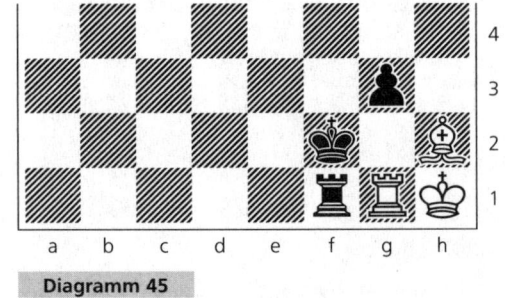

Diagramm 42

Weiß setzt matt: Dh7-a7††

Diagramm 45

Schwarz am Zug

Zu Diagramm 45: Verfehlt wäre Tf1xg1†, weil Weiß mit dem Läufer zurückschlagen könnte. Das verbleibende Endspiel König und Läufer gegen König und Bauer bliebe remis. Richtig ist g3-g2††. Das kleine Bäuerlein gibt Matt. Der weiße Turm kann aufgrund der Fesselung den Bauern nicht schlagen.

Die Könige stehen am Rand:

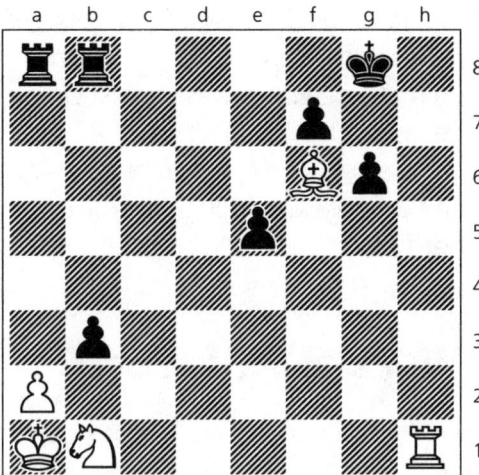

Diagramm 46

Weiß oder Schwarz setzt matt

Im Gegensatz zum künstlichen Problemschach, also Schachaufgaben, wird das Matt aus einer Partie heraus zumeist nur dann erzielt, wenn es gelungen ist, den feindlichen König an den Rand oder in die Ecke zu drängen. Haben in der Partie beide Seiten die Aufstellung ihrer Könige durch eine Rochade festgelegt, richten sich die Angriffspläne oftmals gegen die in den Ecken gut geschützten Könige. Häufig ergibt sich dabei ein Wettlauf mit der Zeit.

In Diagramm 46 kann Weiß mit Th1-h8 matt setzen. Der Turm stützt sich auf die Deckung durch seinen Läufer.

Schwarz am Zug hat dagegen mehr Auswahl: Sowohl Ta8xa2 als auch b3-b2 setzen matt.

Das »erstickte Matt«

Das Bild zeigt das so genannte »erstickte Matt«, das schon der spanische Meister Lucena im Jahre 1497 in seinem Schachbuch veröffentlichte. Die dazu führende Zugfolge werden wir später sehen (vgl. S. 154), hier haben wir nur das Ende vor uns.

Bei sonst leerem Brett können König und Läufer oder König und Springer gegen den einzelnen König nicht mehr gewinnen, also das Matt nicht erzwingen. Wenn der König jedoch von den eigenen Figuren behindert wird, gibt es durchaus

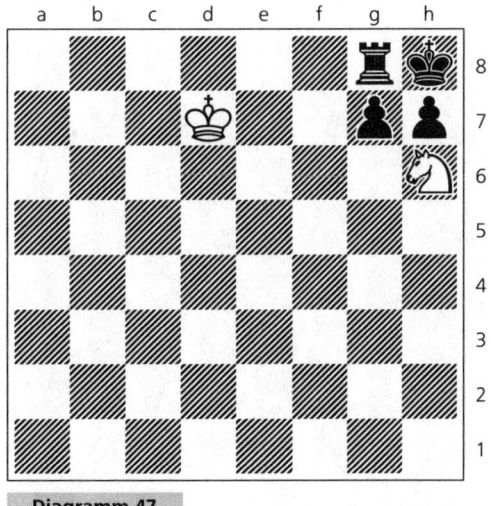

Diagramm 47

Weiß setzt matt mit Sh6-f7††

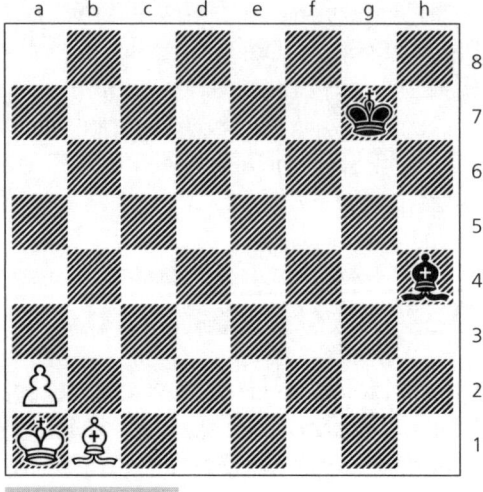

Diagramm 48

Matt auf der Diagonale

noch Mattstellungen, wie zum Beispiel in Diagramm 46 (oder auch in dem vorhergehenden Diagramm) zu sehen ist: Lh4-f6.

Hier noch eine elementare Mattwendung:

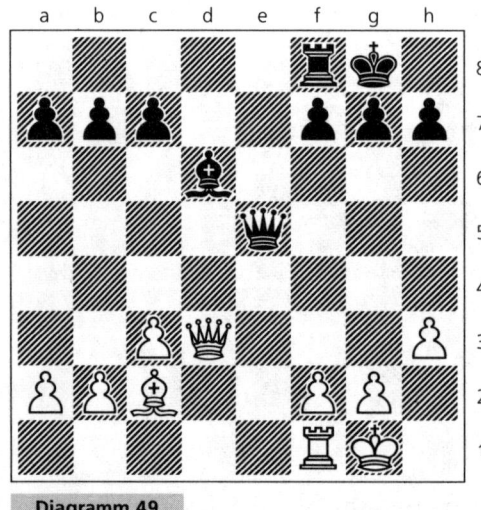

Diagramm 49

Wer am Zug ist, setzt matt!

Weiß setzt matt mit Dd3xh7, wobei sich die Dame auf den langen Arm des Läufers stützt. Der Turm verstellt dem König das Fluchtfeld f8.

Ein ähnliches Mattbild kann Schwarz mit De5-h2 erreichen. Bei ungeübten Spielern tritt oft der Fall ein, dass sie nur die eigenen Pläne verfolgen und nicht die Drohungen des Gegners beachten. So könnte Diagramm 49 durchaus aus einer richtigen Partie stammen: Schwarz hat gerade die Dame nach e5 gezogen und geplant, den Gegner im nächsten Zug matt zu setzen. Was folgt ist ein bitteres Erwachen. Er hätte sich zunächst wohl besser um die Sicherheit des eigenen Königs gekümmert (etwa mit g7-g6 oder f7-f5).

Über das Aufgeben

Eine Partie unter guten Spielern dauert durchschnittlich 30 bis 40 Züge. Es ist allgemein üblich, dass eine Partie, in welcher der Verlust nicht mehr zu verhindern ist, aufgegeben wird. Die Partie ist damit sofort beendet und für den Spieler, dessen Gegner erklärt, dass er aufgibt, gewonnen. Den technischen Vorgang des Mattsetzens mit König und Dame gegen König schenken sich bereits Durchschnittsspieler. Natürlich hat es in der Praxis, auch unter Meistern, schon so manche Panne in klarer Gewinnstellung gegeben, begründet durch menschliche Unzulänglichkeit oder »Schachblindheit«. Doch im Allgemeinen geben Meister eine Partie unter sich bereits auf, wenn eine Stellung wie zum Beispiel im folgenden Diagramm vorkommt:

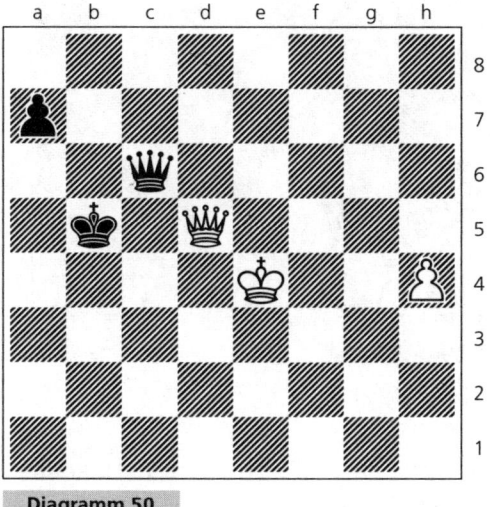

Diagramm 50

Schwarz am Zug gibt auf

Materiell steht es vollkommen gleich, ein Umstand aber verbürgt Weiß den Sieg: Er hat den Damentausch erzwungen und danach entscheidet der weiter vorgerückte h-Bauer: **1. ... Dc6xd5** (auch nach Dc6-c5 entscheidet Weiß das Bauernwettrennen für sich, da die schwarze Dame dem Abtausch noch nicht entkommen kann) **2. Ke4xd5 a7-a5 3. h4-h5 a5-a4 4. h5-h6 a4-a3 5. h6-h7 a3-a2 6. h7-h8D.** Weiß erhält eine neue Dame und kontrolliert gleichzeitig das Einzugsfeld des schwarzen Bauern. Der Rest ist einfach, z. B. **6. ... Kb5-b4 7. Dh8-b2 Kb4-a4 8. Kd5-c4** (noch besser als Db2xa2) und Matt im nächsten Zug.

Freilich wird in der Praxis auch von Fortgeschrittenen noch manche klare Gewinnstellung vergeben. Der polni-

sche Großmeister Tartakower spielte daher stets bis zum Matt. Seine Devise: »Man gibt Briefe und Pakete auf, aber keine Schachpartien!«

Wenn man eine Partie aufgeben muss, hat man verschiedene Möglichkeiten, es zu tun – je nach Geschmack, Temperament und Stil! Eine Zusammenstellung boten die Meister Kmoch und Reinfeldt in Engelhardts Schach-Taschenjahrbuch aus dem Jahr 1958. Obwohl dies schon fast 40 Jahre her ist, sind dieselben Typen auch heute noch überall anzutreffen.

Sir George Thomas:
Fast glücklich zu nennendes Lächeln, herzliches Händeschütteln mit dem Gewinner.

Dr. Max Euwe:
Gleich bleibende Freundlichkeit.

A. Rubinstein:
Gleich bleibende unerschütterliche Ruhe.

A. Nimzowitsch:
»Ausgerechnet gegen diesen Idioten muss ich verlieren!«

D. Janowski:
Er bezeichnete den Gegner als den größten Patzer der Schachgeschichte und machte dem Turnierkomitee heftige Vorwürfe, Leute zum Turnier eingeladen zu haben, »deren klägliches Spiel einen wirklichen Meister krank machen muss«.

J.R. Capablanca:
Nahm den Ausdruck eines Millionärs an, der einem Bettler ein Geldstück reicht.

E. Grünfeld:
Stellte die Uhr ab und verließ den Kampfplatz, ohne den Gegner auch nur eines Blickes zu würdigen.

Dr. A. Aljechin:
Stellte er bei Wiederaufnahme einer abgebrochenen Partie fest, dass der Gegner den Gewinnzug abgegeben hatte, ergriff er seinen König und warf ihn quer durch den Turniersaal.

Dr. S. Tartakower:
Pflegte überhaupt nicht aufzugeben, sondern sich lieber matt setzen zu lassen, denn er war Urheber der beherzigenswerten Worte: »Durch Aufgeben wurde noch keine Partie gewonnen!«

Leider sind dies zum Teil recht exzentrische Beispiele aus der Vergangenheit. In der modernen Turnierpraxis pflegt man in der Regel mit Händeschütteln die Partie aufzugeben und seinen Unmut nicht am Gegner auszulassen. Auch gibt man in völlig hoffnungslosen Stellungen auf, ohne sich das Matt im Detail zeigen zu lassen.

Das Schäfermatt

Immer und überall, wo Schach gespielt wird, stößt der Lernende auf das »Schäfermatt«. Woher der Name stammt, ist unbekannt – in anderen Ländern hat man dafür andere Bezeichnungen.

Das Schäfermatt ergibt sich nach folgenden Zügen: **1. e2-e4 e7-e5 2. Lf1-c4 d7-d6 3. Dd1-f3 Sb8-c6?? 4. Df3xf7††.**

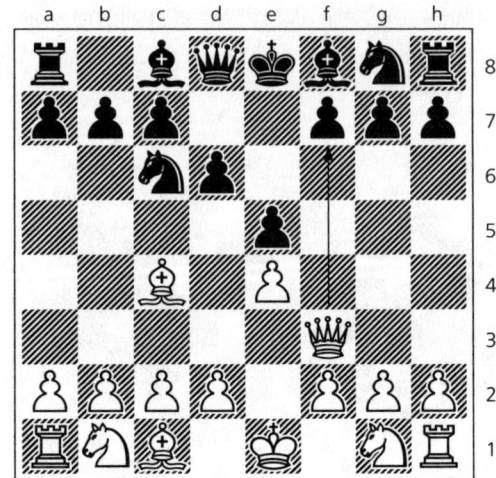

Diagramm 51

Weiß am Zug

Schwarz hat die Drohung nicht beachtet, die Weiß mit seinem dritten Zug heraufbeschwor und wurde umgehend dafür bestraft. Dabei gab es mehrere gute Züge, um die Katastrophe rechtzeitig abzuwenden:

– 3. ... Sg8-f6 und 3. ... Lc8-e6 verkürzen die Wirkungslinien der weißen Figuren und entwickeln gleichzeitig die eigenen Figuren.
– 3. ... Dd8-f6 bietet Damentausch an.
– 3. ... Dd8-e7 oder d7 wäre weniger gut, da dadurch die Läuferentwicklung behindert wird.
– 3. ... Sg8-h6 deckt zwar f7, ist aber aus prinzipiellen Gesichtspunkten (Springer am Rand) zu verwerfen. Der Springer steht auf f6 viel besser.

Trotz dieser schnellen Gewinnmöglichkeit ist 3. Dd1-f3 kein guter Zug. In der Praxis wird man damit kaum einen Gegner matt setzen können.

Das Narrenmatt

Wie sieht es aus, wenn eine Seite so schlecht wie möglich spielen möchte? Das widerspricht selbstverständlich nicht nur dem gesunden Menschenverstand, sondern auch dem Wesen des Kampfes. Ein Spieler kämpft ja um den Sieg und nicht darum, so rasch wie möglich zu verlieren. Deshalb bezeichnet man das folgende Kurzmatt, das schnellste mögliche Matt, auch als »Narrenmatt«: **1. f2-f3? e7-e5 2. g2-g4?? Dd8-h4††.**

Das Abzugsschach

Eine starke Waffe im Schach ist das »Abzugsschach«. Dabei wird durch den Wegzug einer Figur die Wirkungslinie einer anderen verlängert. Die abziehende Figur richtet damit zumeist verheerenden Schaden an. Hier ein Beispiel aus der »Russischen Verteidigung«: **1. e2-e4 e7-e5 2. Sg1-f3 Sg8-f6 3. Sf3xe5 Sf6xe4?**

Richtig ist 3. ... d7-d6 und erst nach dem Rückzug des weißen Springers kann der Bauer gefahrlos geschlagen werden. **4. Dd1-e2 Se4-f6?? 5. Se5-c6†**

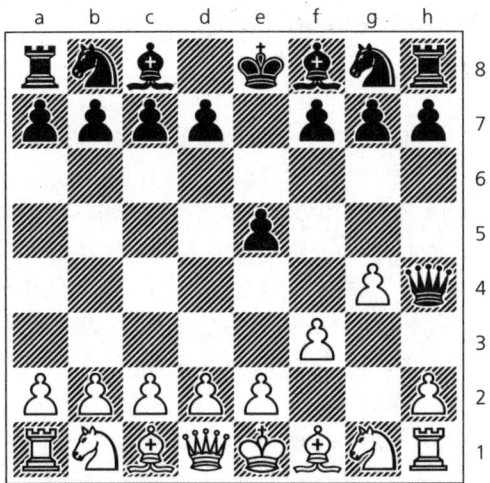

Diagramm 52

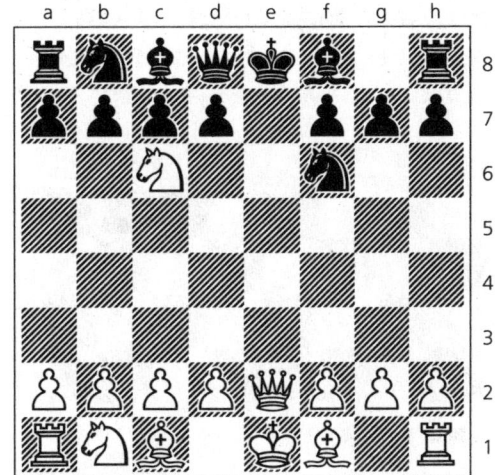

Diagramm 53

Ein Matt im zweiten Zug also! Der negative Rekord für Weiß.

Will man das Narrenmatt mit Schwarz produzieren, so dauert es einen Zug länger. **1. e2-e4 f7-f6? 2. d2-d4 g7-g5?? 3. Dd1-h5††.** Der Grund: Weiß zieht zuerst und kann deshalb auch einen Fehler zuerst begehen; bei Schwarz im »Nachzug« dauert es einen Zug länger.

Durch den Wegzug des Springers gibt die weiße Dame Schach. Schwarz kann auf e7 eine Figur dazwischensetzen, entweder die Dame oder den Läufer. Es bleibt sich aber gleich, denn der weiße Springer schlägt auf jeden Fall im nächsten Zug die Dame.

Da die Dame denselben Wert wie drei Figuren besitzt, hat Weiß einen riesigen Materialvorteil bei ansonsten gleicher Stellung erzielt. Der Vorteil ist sogar so groß, dass auch weniger geübte Spieler die Partie für Weiß zum Gewinn führen können. Unter gleich starken Spielern wird eine Partie nach einem solchen Unfall sogar gleich aufgegeben. Eine erweiterte Form des Abzugsschachs ist das Doppelschach.

Das Doppelschach

Es kann vorkommen, dass zwei Figuren gleichzeitig Schach bieten. Man spricht dann vom Doppelschach. Wie das folgende Beispiel zeigt, ist es noch viel gefährlicher als das Abzugsschach.

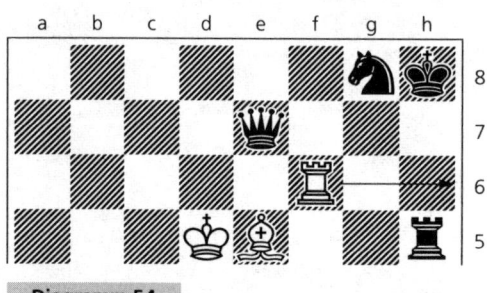

Diagramm 54

Der weiße Turm in Diagramm 54 zieht nach h6, wodurch der Läufer e5 demaskiert wird und Schach bietet. Das wäre im Grunde genommen kein Problem, denn der Läufer kann ja sowohl mit der Dame als auch mit dem Turm geschlagen werden, doch der abgezogene Turm bietet ja plötzlich auch Schach. Zwei Schach bietende Figuren kann man aber nicht gleichzeitig entfernen, deshalb muss bei einem Doppelschach im-

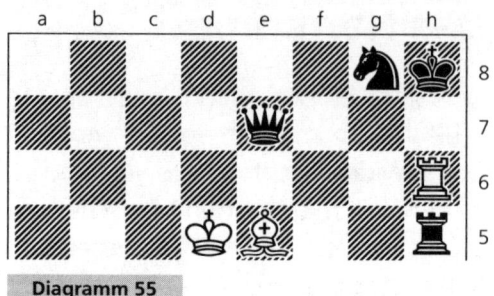

Diagramm 55

mer der König ziehen. Dies ist im vorliegenden Diagramm 55 leider nicht möglich, der Sg8 verstellt das Fluchtfeld – Schwarz ist matt!

Dame gewonnen – König verloren

1975 forderten in einer Bar der Barkeeper und einige Gäste einen Meister zu einer Partie heraus. Was geschah, ist der typische Ablauf, wenn Meister und Dilettant aufeinandertreffen. Die Partie wurde unter dem Namen »Der Barkeeper und der Meister« bekannt.

Weiß: Barkeeper und Gäste
Schwarz: der Meister
1. e2-e4 e7-e5 2. d2-d4 e5xd4 3. Dd1xd4 Sb8-c6 4. Dd4-d1 Sg8-f6 5. f2-f3?

Der erste Fehler. Durch den Aufzug des f-Bauern wird es luftig um den weißen König. Richtig wäre die Entwicklung einer Figur mittels Sb1-c3 gewesen.

5. ... Lf8-c5 6. Sg1-e2 0-0 7. Lc1-g5? Sf6xe4!

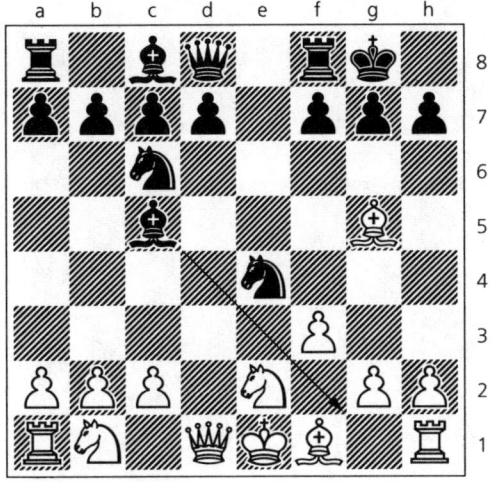

Diagramm 56

»Ein Versehen« – denken die Gäste. »Da wird aber rasch zugegriffen und dem Meister die Dame herausgeschlagen.« Optimisten!

8. Lg5xd8?? Lc5-f2††

Das Schach der Amateure und Anfänger enthält viele derartige Fehlzüge. Obwohl die Lockspeise, die Schwarz angeboten hat, dem Gegner verdächtig erscheinen müsste, beweist die Praxis die Richtigkeit dieser Taktik. Es lohnt sich, dem Gegner Fallen zu stellen, Köder auszuwerfen, mögen sie noch so primitiv sein. Der Mensch ist seiner Natur nach materialistisch veranlagt und der unerfahrene Schachspieler greift begierig nach dem Köder. Erst zu spät erkennt er dann, dass er in eine mehr oder weniger primitive Falle getappt ist!

Selbstverständlich wird der gute Schachspieler solche Opfer nur anbieten, wenn sie für ihn auch bei richtigem Gegenspiel nicht zum Nachteil führen.

Im vorliegenden Fall heißt das: Wenn Weiß das Danaergeschenk mit f3xe4 ablehnt, nimmt die schwarze Dame den ungedeckten Läufer auf g5 weg:

8. ... Dd8xg5. Danach hat Schwarz für seinen auf e4 geopferten Springer den weißen Läufer erhalten. Außerdem bleibt ihm als Reingewinn der auf e4 geschlagene Bauer. Dieser materielle Gewinn ist jedoch nahezu bedeutungslos gegenüber dem großen stellungsmäßigen Vorteil, den wir Positionsvorteil nennen:

1. Schwarz hat bereits 3 Figuren auf zentrale Felder entwickelt, Weiß dagegen nur den Springer auf das ungünstige Feld e2, wo er zudem noch den Läufer verstellt.
2. Die weiße Königsstellung ist durch den Aufzug des f-Bauern entblößt.

Der schwarze Positionsvorteil sollte nun rasch zum Sieg führen. Es ist bereits schwierig für Weiß, einen vernünftigen Zug zu machen. So folgt zum Beispiel auf 9. Dd1-d5 Dg5-e3 und das Schach auf f2 kann nicht mehr gut pariert werden. Alternativ kann Schwarz auch einen zweiten Bauern gewinnen, wenn er auf d5 die Damen tauscht. 9. ... Dg5xd5 10. e4xd5 Sc6-b4. Weiß muss nun die drohende Springergabel auf c2 abwehren, doch danach bedient sich der schwarze Reiter genüsslich auf d5.

Der Vorzug der Rochade

Das Recht auf die Rochade stellt für jede Partei einen Vorzug dar, weil gleichzeitig der König auf einen sicheren Platz und der Turm auf offene Linien gelangen kann. Aus diesem Grund werden in der Eröffnung Stellungen vermieden, in denen man ohne Zwang die spätere Rochade aufgeben muss.

Ein bekanntes Beispiel zeigt eine Variante (die so genannte Abtauschvariante) der Spanischen Partie, auch »Ruy Lopez« genannt nach einem spanischen Geistlichen, der im 16. Jahrhundert lebte.

1. e2-e4 e7e5 2. Sg1-f3 Sb8-c6 3. Lf1-b5 a7-a6 4.Lb5xc6

Das Kennzeichen der Abtauschvariante. Weiß tauscht den Läufer gegen den Springer. Eine andere Möglichkeit besteht in 4. Lb5-a4.

4. ... d7xc6

Genauso wird diese Variante auch heute noch gespielt. Nur darf Weiß nicht glauben, er könne nach dem Verschwinden des Sc6 den jetzt ungedeckten Bauern e5 gratis gewinnen: **5. Sf3xe5?!** Schwarz antwortet mit dem Doppelangriff **5. ... Dd8-d4.** Nach **6. Se5-f3 Dd4-xe4†** ergibt sich folgende Stellung:

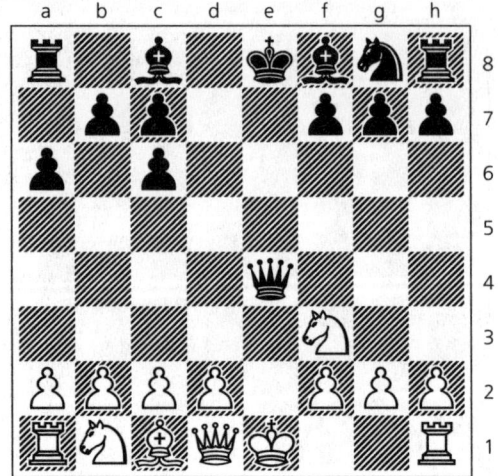

Diagramm 57

Dem Weißen bleiben nur zwei Züge: Entweder zieht die Dame nach e2, worauf Schwarz mit De4xe2† antworten kann. Weiß muss nun seinerseits die Dame schlagen, womit er das Recht zu rochieren verliert. Er wird nun zwei Züge benötigen, um den König wieder aus der Mittellinie und den Turm auf e1 zu bringen. Im Falle von 7. Ke1-f1? aber, wenn Weiß also dem Damentausch aus dem Weg gehen möchte, bleibt der Th1 zunächst vom Spiel ausgeschlossen – der weiße König steht unsicher und behindert die Entwicklung.

Die erste Möglichkeit ist also vorzuziehen. Generell kann man auch sagen, dass der Verlust der Rochade bei getauschten Damen keinen besonders großen Nachteil darstellt. Vereinzelt ist das Gegenteil sogar der Fall. Der König wird im Endspiel zu einer starken Figur.

In der theoretisch modernen Variante der Königsindischen Verteidigung lässt Schwarz auch gelegentlich die Zerstörung der Rochade zu. Hier der Beginn einer Partie zwischen zwei Großmeistern aus dem IBM-Turnier in Amsterdam 1975:

Weiß: Jan Smejkal (CSSR)
Schwarz: Robert Hübner (Deutschland)

1. Sg1-f3 g7-g6 2. c2-c4 Lf8-g7
3. d2-d4 d7-d6 4. g2-g3 e7-e5
5. d4xe5 d6xe5 6. Dd1xd8† Ke8xd8
7. Sb1-c3 c7-c6

In der modernen Meisterpraxis gilt der Verlust der Rochade in einer derartigen Stellung als nicht gravierend. Folgen wir aber der Partie noch ein paar weitere Züge:

8. Lc1-e3 Kd8-c7 9. 0-0-0 Sb8-a6
10. b2-b4 Sg8-h6 11. b4-b5 Sa6-b8
12. Le3-c5 Th8-d8

Dazu bringt das holländische Turnierbuch ein Diagramm:

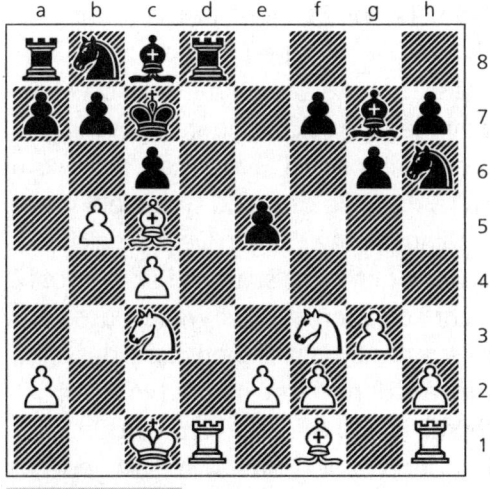

Diagramm 58

Stellung nach 12. ... Th8-d8

In dieser Stellung bietet sich Weiß die taktische Möglichkeit, mit **13. b5-b6†?! a7xb6 14. Le3xb6† Kc7xb6 15. Td1xd8** den schwarzen Turm für seinen Läufer zu gewinnen. Eigentlich kein schlechter Tausch, doch kommt nun der Pferdefuß der weißen Kombination zum Vorschein, denn mit **16. ... Lc8-d7** schneidet Schwarz dem Turm den Rückweg ab. Schwarz wird ihn im nächsten Zug mit seinem König angreifen, worauf Weiß nichts Besseres übrig bleibt, als den Turm zurückzugeben (18. Txd7† oder auch Txb8). Zwar hat Weiß dann keinen materiellen Nachteil erlitten, jedoch ist seine Bauernstellung am Damenflügel mit Ba2/c4 grundlos verschlechtert worden gegenüber den kompakten, verbundenen schwarzen Bauern b7/c6.

So schwierig kann Schach sein! Natürlich ist es nicht ratsam, dass Lernende die Züge von Großmeistern nachzuahmen versuchen. Diese Spieler dürfen es sich erlauben, auch mal »gegen die Regeln« Züge zu machen, weil sie wissen, wie die dann entstehenden Positionen zu behandeln sind. Um Eröffnungen wie in Smejkal – Hübner anwenden zu können, muss man bereits über eine umfassende Beherrschung des Positionsspiels, also eine gute Kenntnis der strategischen Elemente des Schachs verfügen.

Abwehr von Schachgeboten

Nach diesem Ausflug in die Großmeisterpraxis kehren wir wieder zurück zu den Grundelementen des Spiels und betrachten die Abwehr von Schachgeboten.

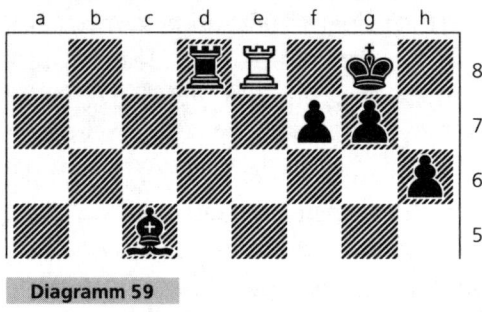

Diagramm 59

Sinnvollerweise schlägt Schwarz in Diagramm 59 den Schach bietenden Turm. Möglich wäre auch Lc5-f8 oder Kg8-h7, doch würde Schwarz dabei seinen Td8 einbüßen.

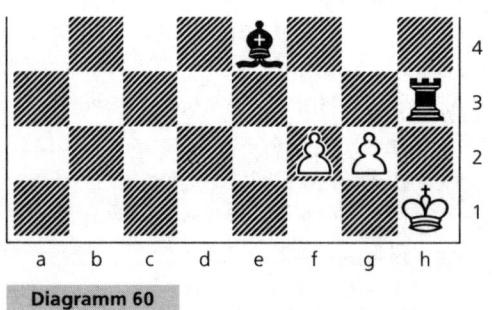

Diagramm 60

In Diagramm 60 bleibt dem Weißen nur **Kh1-g1,** denn der Bauer g2 ist vom Le4 gefesselt!

Eine grundsätzliche Anmerkung zu Teildiagrammen: Selbstverständlich wissen wir, dass eine Schachpartie auf dem ganzen Brett gespielt wird und nicht nur auf einem Teilstück. Diese Teildiagramme zeigen immer nur eine bestimmte Stellung; die möglichen restlichen Steine interessieren in dem Fall nicht und werden weggelassen – ab und zu auch der König, falls er für die Darstellung nicht benötigt wird.

Das schöne Bild der Fesselungen

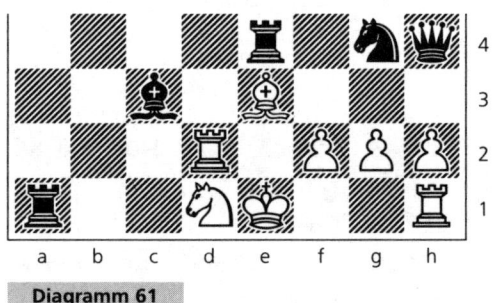

Diagramm 61

Nach **Dh4xf2†** steht in Diagramm 61 der weiße König im Schach. Normalerweise könnte die Dame von drei verschiedenen weißen Figuren geschlagen werden: vom Td2, vom Le3, und vom Sd1. Aber alle drei sind gefesselt!

Untersuchen wir im Detail, welche Figur wie gefesselt ist: Der Td2 kann auf f2 nicht schlagen, weil er wegen des Läufers auf c3 nicht ziehen darf; dasselbe trifft auf den Le3 zu – er wird vom Te4 gefesselt – und der Sd1 wird vom Ta1 gebunden. Da die Dame vom Sg4 gedeckt wird, haben wir kurioserweise ein Mattbild vor uns!

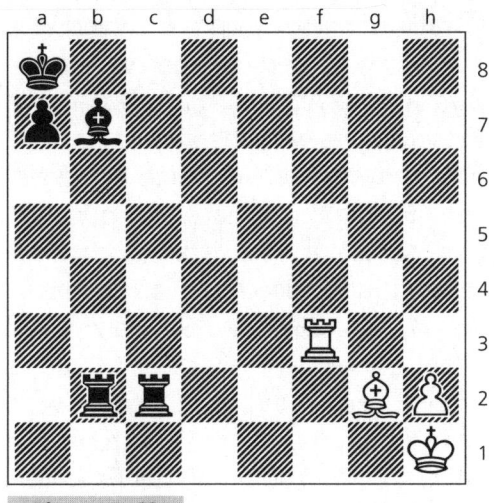

Weiß setzt in 2 Zügen matt – Schwarz setzt in zwei Zügen matt

Mattkombinationen

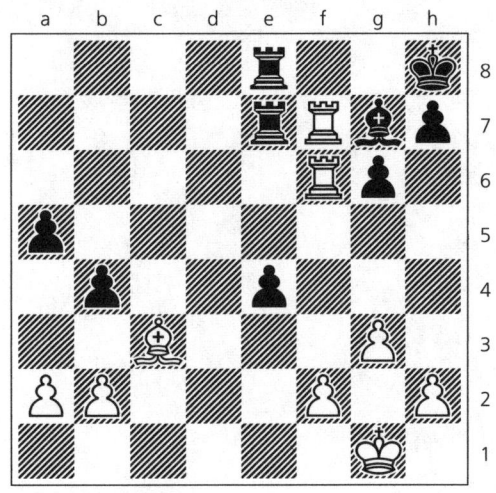

Weiß erzwingt Matt in zwei Zügen!

Eine Sache von einfachen Fesselungen auf der Diagonalen h1-a8. Weiß setzt matt mit **1. Tf3-f8† Tc2-c8 2. Tf8xc8††.** Der Läufer auf b7 ist gefesselt und bleibt Statist – er kann nicht in das Geschehen eingreifen.

Schwarz am Zuge würde **1. ... Tb2-b1†** spielen (möglich ist auch das Schach mit dem anderen Turm). Weiß hat nun die Wahl, seinen Turm oder Läufer dazwischenzuziehen, doch auf beide Möglichkeiten folgt **2. ... Tb1xf1††,** da der Turm wegen der Fesselung auf der »langen« Diagonale tabu ist.

1. ... Tf7-f8†!

Schlägt Schwarz den Turm nun mit seinem Turm, so folgt **2. Tf6xf8††** (siehe Diagramm 63).

Schlägt er jedoch mit dem Läufer, so gibt es nach 2. Tf6xf8†† sogar ein Doppelschach zu sehen (Diagramm 64). Wir haben ein Abzugsschach vor uns, ausgelöst durch den Abzug des Turmes auf f6, der durch den Wegzug die Läuferdiagonale c3-f8 freimachte. Der Turm zieht aber nicht irgendwohin, sondern genau nach f8 und gibt dort ein zweites Schachgebot im selben Zug. Obwohl Schwarz beide Schach gebende Figuren angreift, genügt es nicht, eine davon zu schlagen, denn dann bietet ja immer noch die andere Figur Schach. Wir sehen in dieser Variante das mächtigste Motiv im Schach, das Doppelschach, vor uns.

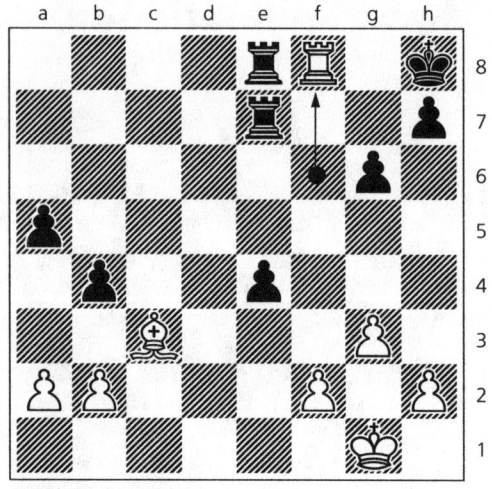

Diagramm 64

Doppelschach mit Turm und Läufer

lukrativ, denn nach dem erzwungenen Königszug kassiert man den schwarzen Turm gratis! Aber es gibt noch etwas Besseres. Wie wir sehen, muss nach einem Turmzug der schwarze König ziehen. Er kann nur nach d7 oder d8. Deshalb bietet es sich an, auch diese Felder unter Beschuss zu nehmen. Also **1. Tg6xd6††** und Schwarz ist am Ende!

Eine Fesselung tritt ein, wenn Schwarz am Zug ist: **1. ... Td3xh3††.** Der Bauer g2 deckt aufgrund der Fesselung durch den Lc6 seinen Gesellen auf h3 nicht!

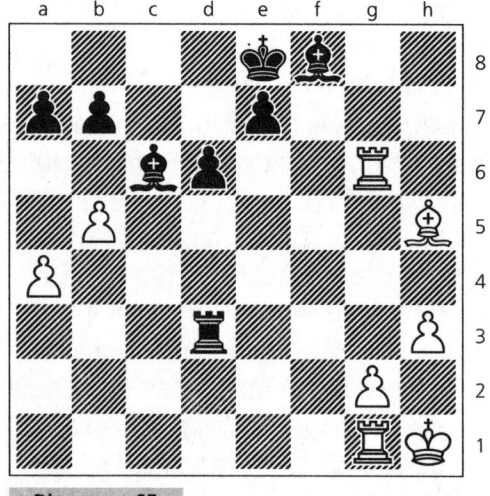

Diagramm 65

Wer am Zug ist, setzt matt

Nicht matt – nur Schach

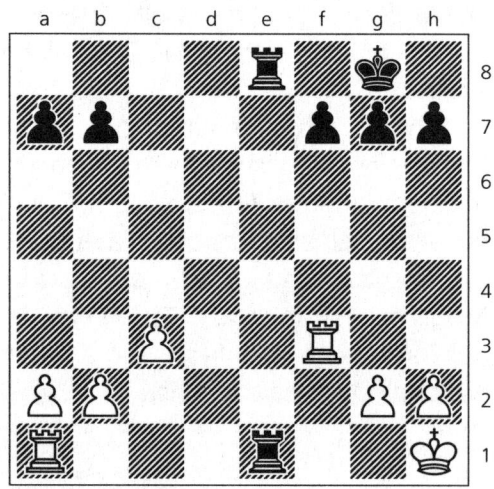

Diagramm 66

In Diagramm 65 sehen wir wiederum die Läufer in voller Aktion: Weiß kann durch den Wegzug seines Turmes auf g6 den Lh5 »demaskieren« und ein Abzugsschach geben. Doch muss er vorher überlegen, welches das beste Feld für den Turm ist. Z. B. wäre 1. Tg6-g3† recht

In Diagramm 66 sehen wir eine Situation, wie wir sie täglich tausendmal auf der ganzen Welt vorfinden. Weiß steht im Schach auf der Grundreihe, wo sein

König kein »Luftloch« besitzt; h2-h3 oder auch g2-g3 ist noch nicht geschehen. Aber ist Weiß deswegen matt? Nein, er braucht ja den Turm nicht mit 1. Ta1xe1 zu schlagen, weil Schwarz mit seinem zweiten Turm matt setzen könnte (1. ... Te8xe1† 2. Tf3-f1 Te1xf1††). Weiß zieht **1. Tf3-f1** und die Welt ist wieder in Ordnung!

Gefesselte Figuren

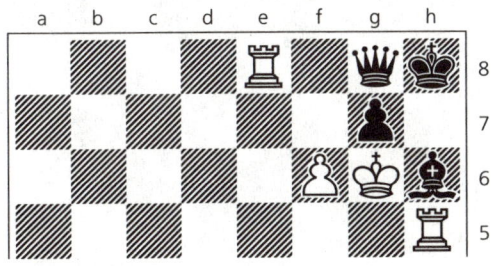

Diagramm 67

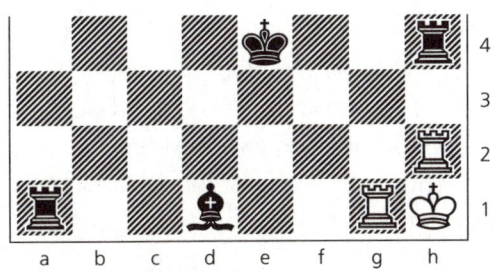

Diagramm 68

Weiß setzt matt mit **1. f6xg7††.** Sowohl Dame als auch Läufer sind gefesselt und decken deshalb nicht das Feld g7 (Diagramm 67).

Schwarz setzt matt mit **1. ... Ld1-f3††.** Die Türme können nicht nach g2 ziehen, da sie von den schwarzen Türmen gefesselt sind (Diagramm 68).

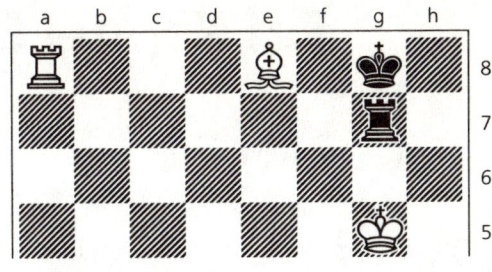

Diagramm 69

Diagramm 70

Zweimal Abzugsmatt

In Diagramm 69 steht der weiße König im Schach. Wie antwortet Weiß? In Diagramm 70 wird dem schwarzen König vom Turm auf h3 Schach geboten. Was kann Schwarz tun?

Antwort zu Diagramm 69:
1. ... Le8-g6††.
Antwort zu Diagramm 70:
1. Sd1-c3††.

Die Antwort zu Diagramm 70 zeigt wiederum ein Doppelschach, ausgelöst durch ein Abzugsschach des Springers. Zwar sind beide Schach bietenden Figuren durch weiße Steine angegriffen, doch können sie nicht geschlagen werden. Bekanntermaßen muss auf ein Doppelschach ein Königszug folgen, was hier jedoch nicht möglich ist.

Ein Kapitel Endspiellehre

Die Entscheidung in einer Schachpartie kann auf unterschiedliche Weise fallen. Wenn eine Seite unaufmerksam spielt und etwa eine Mattdrohung des Gegners nicht beachtet oder sie übersieht, kann es schon im Eröffnungsstadium zu Matt und Sieg kommen. Am häufigsten fällt die Entscheidung im Mittelspiel, vor allem bei weniger routinierten Spielern. Meistens entscheidet ein Königsangriff, den die Verteidigung nicht mehr parieren kann. Vor allem dann, wenn beide Spieler »auf Angriff« spielen und der eine eben schneller ist als der andere. Bei besseren Spielern halten sich auch im Mittelspiel Angriff und Verteidigung oftmals die Waage, so dass es zu einem Endspiel kommt.

Wie ein Bauer im Endspiel die Entscheidung bringt

Im Endspiel sind die Angriffsmöglichkeiten auf den gegnerischen König zumeist deutlich reduziert, wenn wir voraussetzen, dass im Laufe des Mittelspiels die meisten Figuren abgetauscht worden sind. So entstehen häufig Stellungen wie in Diagramm 71:

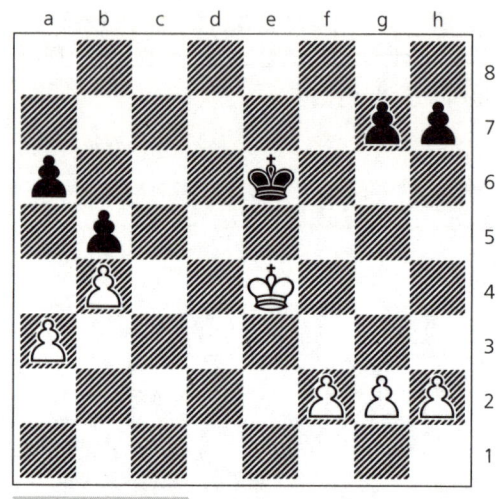

Diagramm 71

Weiß hat einen Mehrbauern

Es handelt sich um ein Bauernendspiel. Weiß hat einen Bauern mehr. Man spricht daher von einem »Mehrbauern«.

Wie könnte es weitergehen? Natürlich möchten wir unseren Mehrbauern auf der achten Reihe in eine Dame verwandeln, deshalb: Vorwärts!

1. f2-f4 g7-g6 2. g2-g4 Ke6-d6 3. f4-f5 g6xf5† 4. g4xf5 h7-h5 5. h2-h4 Kd6-e7 6. Ke4-e5 Ke7-f7 7. f5-f6 Kf7-f8 8. Ke5-e6 Kf8-e8 9. f6-f7† Ke8-f8

Selbstverständlich geht der König nicht nach d8, da sonst Weiß seinen Bauern in eine Dame umwandelt und in wenigen Zügen matt setzt. Doch nun bricht ein anderes Unheil über Schwarz herein.

Zugzwang

Eigentlich scheint eine Stellung völlig in Ordnung – wäre da nicht der Zugzwang! Es gibt einfach Positionen, die man dadurch ruiniert, dass man ziehen muss.

Im vorliegenden Fall tritt das nach **10. K6-ef6** ein.

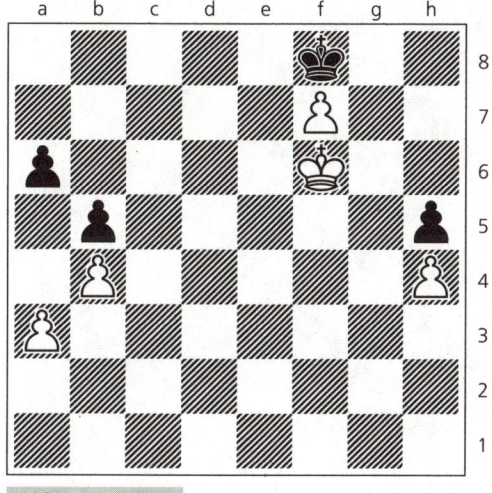

Diagramm 72

Schwarz am Zug: Weiß setzt in vier Zügen matt

Schwarz bleibt nur der Bauernzug **10. ... a6-a5.** Der Schluss verläuft automatisch. **11. b4xa5 b5-b4. 12. a5-a6 b4xa3** (oder auch b4-b3) **13. a6-a7 a3a2 14. a7-a8 T/D** (Turm oder Dame) **††!**.

Wir haben nun einen der vielen möglichen Wege gesehen, wie Weiß das Endspiel zum Gewinn führen kann. Hier eine andere Variante, Ausgangspunkt ist wiederum Diagramm 71:

1. ... g7-g5 2. g2-g4 h7-h6 3. h2-h3 Ke6-d6

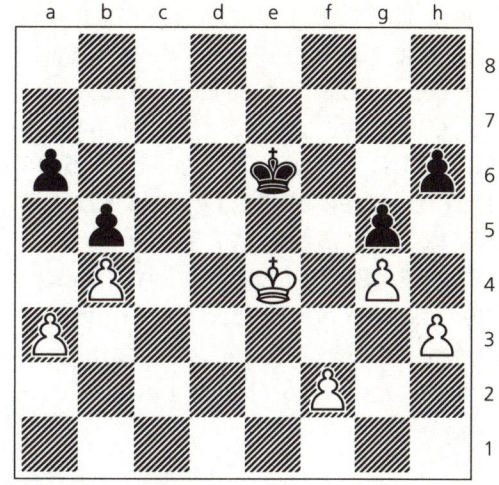

Diagramm 73

Stellung nach 3. h2-h3

Am einfachsten gewinnt Weiß nun so: **4. f2-f4 g5xf4 5. h3-h4** (Das Schlagen auf f4 läuft schließlich nicht davon.) **Kd6-e6 6. Ke4xf4 Ke6-d5 7. g4-g5 h6xg5† 8. h4xg5 Kd5-c4 9. g5-g6 Kc4-b3 10. g6-g7 Kb3xa3 11. g7-g8D Ka3xb4.**

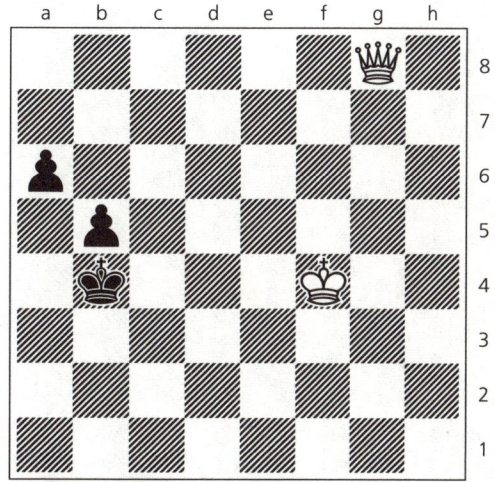

Diagramm 74

Stellung nach 11. ... Ka3xb4

Dame und König erzwingen rasch das Matt, die zwei schwarzen Bauern spielen keine Rolle mehr. Der Schluss der Partie könnte ungefähr so verlaufen: **12. Kf4e4 a6-a5 13. Ke4-d3 a5-a4 14. Kd3-c2 a4-a3 15. Dg6-d5 Kb4-a4 16. Kc2-c3 b5-b4† 17. Kc3-c4 a3-a2 18. Dd5-a8††!** Wie man sieht, braucht Weiß keinen der beiden Bauern zu erobern, die Schließung des Mattnetzes um den schwarzen König hat den Vorrang erhalten.

Geübt werden muss unbedingt das Mattsetzen mit den verschiedenen Figuren (Dame, Turm, zwei Läufern und auch Läufer und Springer).

Mit König und zwei Springern gegen König kann das Matt nicht erzwungen werden. Am einfachsten ist das Matt natürlich mit der starken Dame zu erreichen, man kann es aus allen denkbaren Stellungen in maximal neun Zügen erzwingen.

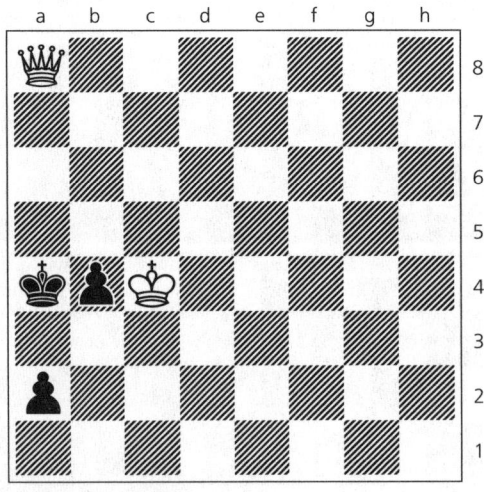

Diagramm 74a

Stellung nach 18. Dd5-a8††

Das Mattsetzen mit der Dame

Sehen wir uns eine relativ ungünstige Stellung an, in der König und Dame noch nicht nahe beieinander stehen:

Diagramm 75

Matt in neun Zügen möglich

Das Matt kann immer nur am Rand oder in der Ecke erzielt werden. Deshalb ist es zuerst notwendig, den König herbeizuholen und dem gegnerischen König Raum abzuschneiden, ihn an den Rand zu drängen.

1. Kh8-g7 Kd5-e4 2. Kg7-f6 Ke4-d5 3. Da1-a4 Kd5-c5 4. Kf6-e6 Kc5-b6 Die Auswahl an Zügen wird für Schwarz immer geringer:

5. Ke5-d6 Kb6-b7 6. Da4-a5 Kb7-b8 7. Kd6-c6! Ein schwerer Fehler wäre 7. Da5-a6??, weil der schwarze König dann keinen

Zug mehr hätte und patt wäre! Und patt ist gleich remis. Besonders in Damenendspielen ist die Gefahr des Pattsetzens besonders groß.

7. ... Kb8-c8 8. Da5-a8†† oder auch Da5-c7††.

Die 50-Züge-Remisregel

Das Matt mit König und Dame gegen König kann zwar in neun Zügen erzwungen werden, muss aber nicht! Für jede Mattführung stehen 50 Züge zur Verfügung. Das Matt König und Turm gegen König kann in 16 Zügen, das Matt mit zwei Läufern in 22 und das Matt mit Läufer und Springer in 35 Zügen erreicht werden. Jeweils ausgehend von der ungünstigsten Figurenstellung! Aber in all diesen Fällen stehen dem Spieler 50 Züge zur Verfügung.

Diese Bestimmung ergibt sich aus der 50-Züge-Regel in den Spielregeln des Weltschachbundes F.I.D.E., die überall anerkannt sind. Diese Regel besagt in Artikel 10.12: »Die Partie ist unentschieden, wenn ein am Zug befindlicher Spieler nachweist, dass mindestens 50 aufeinander folgende Züge von jeder Seite geschehen sind, ohne dass eine Figur geschlagen oder ein Bauer gezogen worden ist.«

Die Zählung der Züge beginnt von vorn, wenn inzwischen ein Stein geschlagen oder ein Bauer gezogen

wurde. Theoretisch könnte dadurch auch eine Partie bei vollem Brett remis enden, was in der Praxis jedoch fast nicht vorkommt. Der Nachweis wird durch die Partienotation erbracht. Wir sehen also, wie wichtig es ist, eine Partie mitzuschreiben! Übrigens ist das Schreiben im Turnier für jeden Spieler Pflicht.

Vorsicht vor Patt!

Auch guten Spielern kann in der Eile und bei Unaufmerksamkeit in diesem Endspiel leicht das typische Patt unterlaufen.

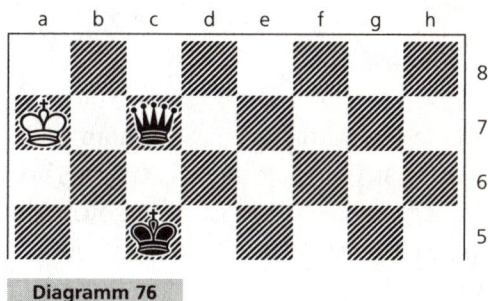

Diagramm 76

Nach 1. ... Ka7-a8 zieht Schwarz nun schematisch seinen König herbei, 1. ... Kc5-b6 oder 1. ... Kc5-c6, und damit ist Weiß patt. Statt Sieg nur ein Remis, und das kurz vor dem Matt! Richtig ist zunächst **1. ... Dc7-d7,** was dem weißen König etwas Luft schafft. Und erst jetzt (nach **2. Ka8-b8) 2. ... Kc5-b6** und nach **3. Kb8-a8** hat die Dame auf d7 fünf Mattzüge zur Auswahl: **a7, b7, c8, d8, e8.**

Das Mattsetzen
mit dem Turm

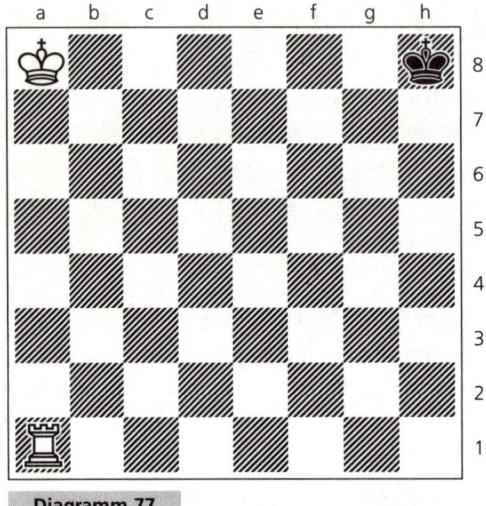

Diagramm 77

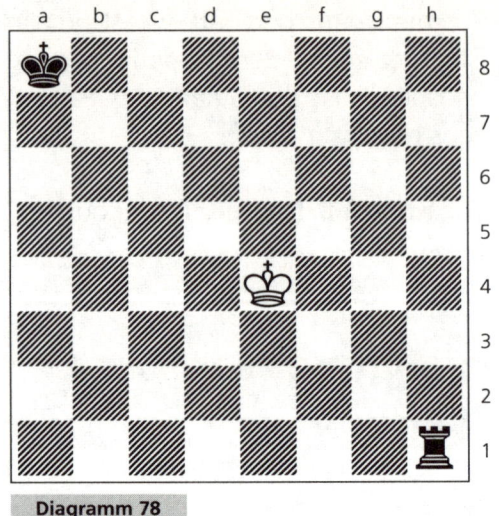

Diagramm 78

Der weiße König muss an den Rand gedrängt werden und dazu brauchen wir den eigenen König, also:

Wenn der König, wie in Diagramm 77, bereits am Rand steht, kürzt sich das Verfahren ab. Dem König wird sofort der Weg abgeschnitten. Danach eilt der König zur Hilfe:

**1. Ta1-g1 Kh8-h7 2. Ka8-b7 Kh7-h6
3. Kb7-c6 Kh6-h5 4. Kc6-d5 Kh5-h4
5. Kd5-e5 Kh4-h3 6. Ke5-f4 Kh3-h2
7. Tg1-g3 Kh2-h1 8. Kf4-f3 Kh1-h2
9. Kf3-f2 Kh2-h1 10. Tg3-h3††.**

Nun zu einer ungünstigen Stellung, in der der gegnerische König im Zentrum steht:

1. ... Ka8-b7 2. Ke4-d4 Th1-e1
Der Turmzug schneidet dem weißen König eine Bretthälfte ab. Selbstverständlich geht auch Kb7-c6.

**3. Kd4-d3 Kb7-c6 4. Kd3-d2 Te1-e4
5. Kd2-d3 Kc6-d5 6. Kd3-c3 Te4-d4,**
womit der König weiter stark eingeschränkt wird.

**7. Kc3-b3 Td4-c4 8. Kb3-b2 Kd5-d4
9. Kb2-b3 Kd4-d3 10. Kb3-b2 Tc4-c3**
Das sind typische Abschneidezüge des Turmes. Möglich wäre jetzt aber auch 10. ... Tc4-b4† gewesen.

11. Kb2-b1 Tc3-b3† 12. Kb1-a1

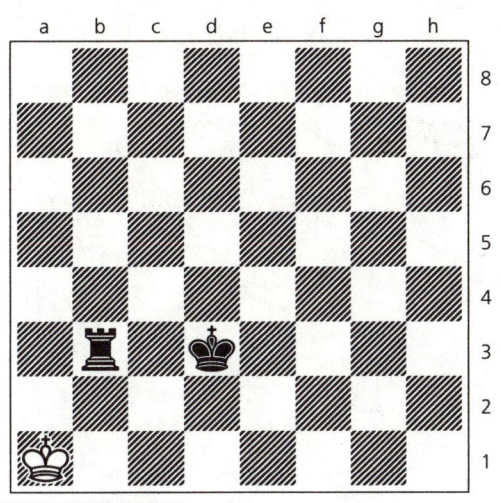

Diagramm 79

Stellung nach 12. Kb1-a1 (Schwarz am Zug)

Übungsaufgabe zu Diagramm 79:
Beenden sie die Partie in drei Zügen.
(Hätte Weiß 12. Kb1-c1 oder 12. Kb1-a2
gespielt, wären folgende Lösungen
möglich gewesen: 12. ... Tb3-b8 13 Kc1-
d1 Tb8-b1†† bzw. 12. ... Kd3-c2 13. Ka2-
a1 Tb3-a3††.)

Das Mattsetzen
mit zwei Läufern

Das System bleibt immer dasselbe: Zunächst muss der König herbeieilen, dann
werden die beiden Läufer zum Zusammenwirken gebracht, der allein stehende König wird an den Rand gedrängt
und dann in der Ecke matt gesetzt. Das
kann in der Diagrammstellung (Diagramm 80) ungefähr so ablaufen:

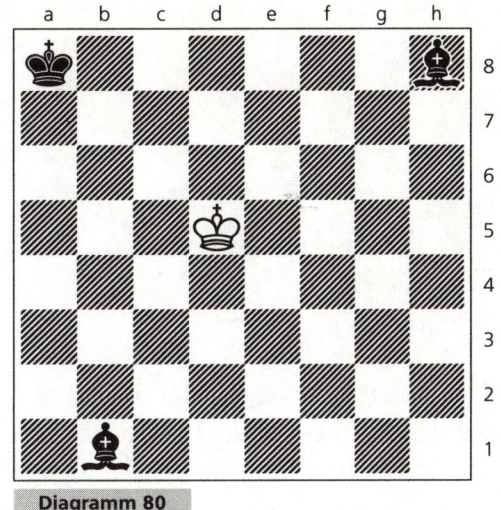

Diagramm 80

1. Kd5-c5 Lb1-a2. Die Läufer kontrollieren zwei benachbarte Diagonalen – eine
Barriere, die der König nicht überschreiten kann.

2. Kc5-b4 Lh8-d4. Eine Figur wird ins
Zentrum gebracht und damit ihr Wir-
kungsgrad erhöht.

**3. Kb4-a3 La2-d5 4. Ka3-b4 Ka8-b7
5. Kb4-b5 Kb7-c7 6. Kb5-b4 Kc7-b6
7. Kb4-a3 Kb6-c5 8. Ka3-a4 Ld4-b2!
9. Ka4-a5 Ld5-c6 10. Ka5a6 Lb2c3**
Der König kann nur in einer Ecke matt
gesetzt werden! Diesmal wird es die mit
dem Feld a8 sein.

**11. Ka6-a7 Kc5-b5 12. Ka7-b8 Kb5-b6
13. Kb8-c8 Lc3-f6** Der König ist eingesperrt, der Rest spielt sich von selbst.

14. Kc8-b8 Lc6-d7 15. Kb8-a8
Nun wäre es ein schlimmer Fehler, mit
dem Läufer die Diagonale h2-b8 zu be-

Diagramm 81

Stellung nach 13. ... Lc3-f6

treten, da Weiß patt gesetzt wäre. Deshalb muss ein Tempozug gemacht werden. So nennen wir einen Abwartezug, der an der Stellung nichts verändert, aber die Zugpflicht auf den Gegner abwälzt. Zum Beispiel **15. ... Lf6-g5** (Lh4, Le7, Ld8 oder auch Züge mit dem anderen Läufer).

16. Ka8-b8 Lg5-f4† 17.Kb8-a8 Ld7-c6††

Das Matt kann hier aus ungünstigster Ausgangsstellung und bei bestem Gegenspiel in 22 Zügen erzwungen werden. Aber wie gesagt, 50 Züge stehen immer zur Verfügung.

Das Mattsetzen mit Springer und Läufer

Das Matt mit Springer und Läufer ist da schon wesentlich schwieriger. Es erfordert eine genaue Kenntnis der Grundregeln: Das Matt kann nämlich nur auf einem Eckfeld mit der Farbe des Läufers erreicht werden! Und auch der Weg dorthin ist steinig. Häufig geraten weniger

erfahrene Spieler in Konflikt mit der 50-Züge-Regel.

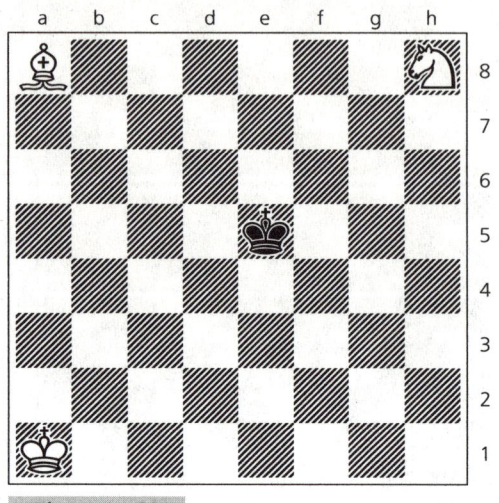

Diagramm 82

Mit einem weißfeldrigen Läufer kann in Diagramm 82 also nur in den Ecken a8 und h1 matt gesetzt werden.

1. Ka1-b2 Ke5-f6 2. La8-e4 Kf6-e5 3. Le4-d3 Ke5-f6 4. Kb2-c3 Kf6-e5 5. Sh8-g6† Ke5-f6 6. Ld3-e4 Kf6-e6 7. Kc3-d4 Ke6-f6 8. Kd4-d5 Kf6-g5

Mit der Kenntnis der richtigen Ecke haben wir eine geradlinige Strategie zur Hand.

9. Kd5-e5 Kg5-h5 (oder 9. ... Kg4 10. Kf6 Kg3 11. Kf5 Kf2 12. Kf4 und so weiter)

10. ... Ke5-f6 Kh6-h5 11. Le4-f3† Kh5-h6 12. Sg6-e5 Kh6-h7 13. Se5-f7 Kh7-g8 14. Lf3-e4 Kg8-f8

Bisher hat es prima geklappt, doch nun sind wir an einer schwierigen Stelle, wo nur der Zug **15. Le4-h7** weiterhilft.

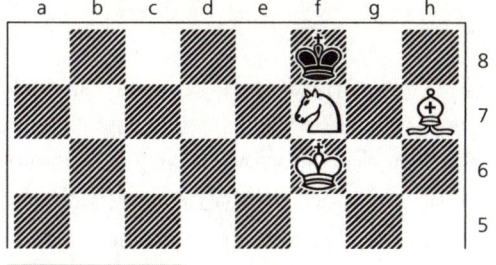

Diagramm 83

Das W-System des Springers

Von unserer Ausgangsstellung haben wir bereits 15 Züge zu der Stellung in Diagramm 83 benötigt. Der weitere Vorgang ist nun ganz schematisch: Der Springer hat einen festen Weg: f7-e5-d7-c5-b7. Er schreibt dabei ein »W« auf das Brett, deshalb auch W-System, der Läufer verhindert das Entweichen des Königs über das Feld c6 hinaus, indem er sich erst auf der Diagonalen f1-a6 und anschließend auf d5-a8 aufhält. Der König schließlich rückt stur ein Feld nach links, bis zum Feld b6. Das kombinierte System verläuft so:

15. ... Kf8-e8 16. Sf7-e5 Ke8-d8 17. Kf6-e6 Kd8-c7. Ein kritischer Augenblick: Droht der schwarze König über b6 und c6 zu entkommen?

Nein, man denke an das W des Springers und alles geht fast automatisch:

18. Se5-d7 Kc7-c6 19. Lh7-d3 Kc6-c7 20. Ld3-e4.
Die Züge 18–20 sind die entscheidenden. Ohne ihre Kenntnis läuft der König wieder aus der Umzingelung und es reicht nicht mehr zum Matt innerhalb der 50-Züge-Grenze.

20. ... Kc7-d8 21. Ke6-d6 Kd8-e8 22. Le4-d5 Ke8-d8 23. Ld5-f7 Kd8-c8 24. Sd7-c5 Kc8-d8 25. Sc5-b7† Kd8-c8
Wie ein Magnet holt der Springer den König wieder herbei. Es folgt der obligatorische Königsschritt nach links.

26. Kd6-c6 Kc8-b8 27. Kc6-b6 Kb8-c8 28. Lf7-e6† Kc8-b8 29. Sb7-c5 Kb8-a8
Nun wieder einmal ein Tempozug:

30. Le6-d7 Ka8-b8 31. Sc5-a6† Kb8-a8 32. Ld7-c6††.
Wie gesagt scheitern häufiger weniger erfahrene Spieler an dieser Mattführung, aber gegen einen starken Spieler würde man diese Stellung trotzdem aufgeben. Zum Beispiel nimmt der österreichische Großmeister Josef Klinger Wetten darauf an, in weniger als 30 Sekunden(!), auch aus der ungünstigsten Stellung heraus, matt zu setzen.

Sehr häufig trifft man in der Spielpraxis auf die folgenden Materialverteilungen:

Turm gegen Läufer = remis

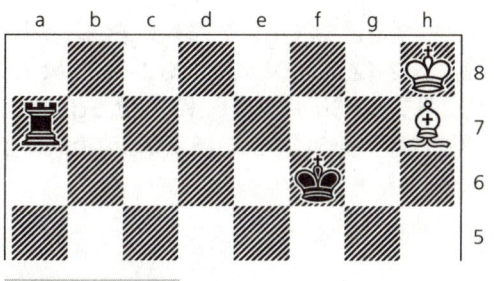

Diagramm 84

Der Turm kann nicht gewinnen! Für den Verteidiger ist es am einfachsten, sich in der Ecke aufzuhalten, die nicht seiner Läuferfarbe entspricht.

Es könnte folgen **1. ... Ta7-a8† 2. Lh7-g8 Ta8-b8** (Kf6-g6 führt zum Patt) **3. Kg8-h7 Tb8-b7† 4. Kh7-h8 Kf6-g6 5. Lg8-d5 Tb7-d7 6. Ld5-e4† Kg6-h6 7. Kh8-g8** und Schwarz hat keine Fortschritte erzielt.

Turm gegen Springer = remis

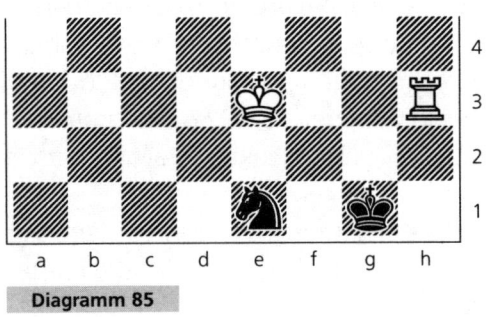

Diagramm 85

Dies ist schon etwas schwieriger für den schwarzen Verteidiger, aber bei korrektem Spiel hat die Turmpartei keine Aussicht auf Erfolg.

1. Ke3-e2 Se1-g2 2. Th3-g3 Kg1-h2 3. Ke2-f2 Sg2-f4 4. Kf2-f3 Sf4-h3 5. Tg3-g6 Sh3-g1† 6. Kf3-f2 Sg1-h3† 7. Kf2-f1 Sh3-f4 8. Tg6-g4 Sf4-h3 und Schwarz hält die Stellung.

Dame gegen Turm

Ein schwieriges Kapitel, für das das endgültige Urteil noch aussteht. Bisher ging die Theorie davon aus, das Endspiel sei leicht gewonnen. Weiß nähert sich mit König und Dame dem schwarzen Monarchen. Irgendwann wird dieser die Bindung zu seinem Turm aufgeben müssen und der Turm wird dann durch Damenschachs erobert. Mit dieser Taktik erreicht die Damenpartie in der Praxis eine hundertprozentige Ausbeute, weshalb im Allgemeinen dieses Endspiel gar nicht mehr ausgespielt wird. Doch im Zeitalter der Computer ändert sich vieles. So gab es vor einigen Jahren ein Match über zwei Partien zwischen einem Schachcomputer und dem amerikanischen Großmeister Browne. Der Maschine gelang es, eine Partie remis zu halten (50-Züge-Regel). Anscheinend gibt es Felder, weit vom eigenen König entfernt, auf denen der Turm sicher steht und nicht erobert werden kann. Dies übersteigt jedoch die Leistungsfähigkeit des menschlichen Geistes, weshalb auch in der Praxis weiterhin gilt: Die Damenpartie gewinnt!

Endspiele für den fortgeschrittenen Anfänger

Dame gegen Bauer auf der 7. Reihe

Im Endspiel Dame gegen Bauer können nur Bauern Remis halten, die bereits die vorletzte Reihe erreicht haben, also kurz vor der Umwandlung stehen. Folgende Einschränkungen sind zu beachten:
- nur Rand- und Läuferbauern haben eine Chance remis zu halten,
- der eigene König muss dicht beim Bauern sein,
- der angreifende König muss weit genug vom Schauplatz des Geschehens entfernt sein.

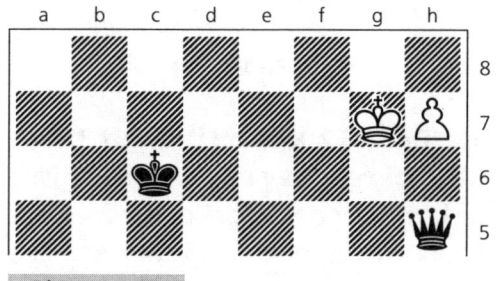

Diagramm 86

In Diagramm 86 ist all dies erfüllt:

1. ... Dh5-g5† 2. Kg7-f8 Dg5-f6† 3. Kf8-g8 Df6-g6†.
Der kritische Punkt ist erreicht:

4. Kg8-h8
Nun hat Schwarz keine Zeit zur Annäherung seines Königs, da Weiß auf Patt steht! Alle weiteren Versuche mit der Dame enden damit, dass Weiß den Bauern in eine Dame umwandelt oder Schwarz den König in der Ecke patt setzt.

Stünde jedoch der schwarze König ein Feld näher, so würde die Sache ganz anders aussehen:

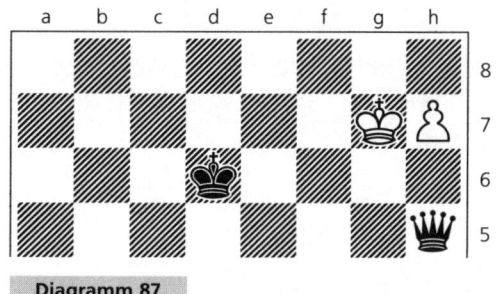

Diagramm 87

1. ... Dh5-g5† 2. Kg7-f8 Dg5-f6† 3. Kf8-g8 – und nun zeigt sich der Unterschied:
3. ... Kd6-e7 4. h7-h8D Df6-f7 und matt.

Die Gewinnzone beim Randbauern

Wie wir am vorherigen Beispiel sehen, ist die Königsstellung enorm wichtig. Man kann daraus auch eine Regel ableiten.

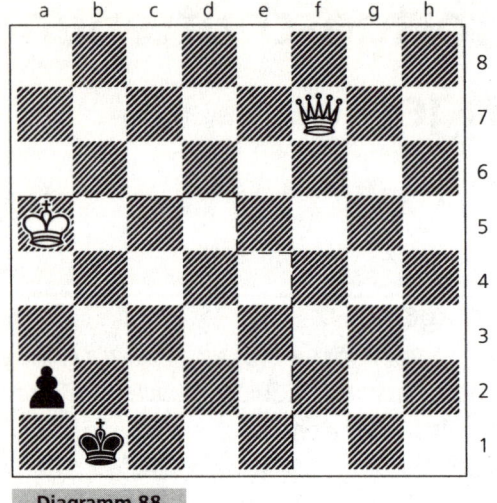

Diagramm 88

Befindet sich der angreifende König innerhalb der gestrichelten Zone (Diagramm 88), so kann die Dame den Gewinn erzwingen! Steht der weiße König jedoch zum Beispiel auf dem Feld e5, ein Feld außerhalb der Zone, so kommt er zu spät und der Bauer erreicht ein Remis.

Dame gegen Läuferbauer

Die Bauern haben keine Namen, aber es hat sich eingebürgert, dass man die Bauern mit der in der Grundstellung dahinterstehenden Figur in Zusammenhang bringt. Eine Ausnahme stellt allerdings der Randbauer dar, weil die Bezeichnung Turmbauer nicht gebräuchlich ist. Zumeist werden die Bauern jedoch durch das Kürzel der Linie voneinander unterschieden (zum Beispiel: b-Bauer).

Fast dasselbe, was über die Randbauern gesagt wurde, gilt auch für Läuferbauern (c- bzw. f-Bauern). Lediglich die Gewinnzone ist in diesem Fall kleiner.

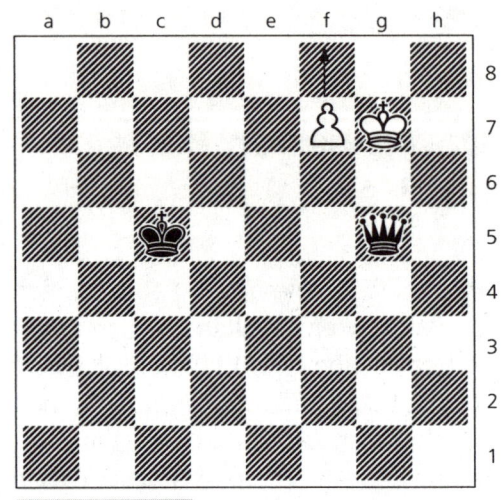

Diagramm 89

Weiß am Zug

Diagramm 89 zeigt ein Beispiel:

1. g7-h7. Es ist wichtig, dass der König nie das Umwandlungsfeld des Bauern verstellt, da sonst der Gegner Zeit erhält, seinen König anzunähern.

1. ... Dg5-f6 2. Kh7-g8 Df6-g6† 3. Kg8-h8 und wieder benutzt Weiß einen Patttrick, um seine Haut zu retten. Wie beim Randbauern findet Schwarz keine Zeit, den König heranzubringen:

3. ... Dg6xf7 patt!

Die Gewinnzone beim Läuferbauern

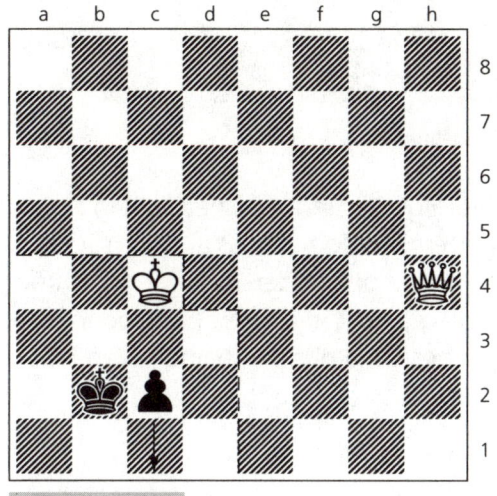

Diagramm 90

Weiß am Zug gewinnt

1. Dh4-f2 Kb2-b1 2. Kc4-b3 c2-c1D 3. Df2-a2††
Die Umwandlung in einen Springer (2. ... c2-c1St), würde wegen des Schachgebotes das Ende für Schwarz nur kurz hinauszögern.

Wie alle anderen Bauern verlieren

Das Grundschema ist einfach. Die Dame nähert sich unter Schachgeboten und zwingt den König immer wieder zur Verstellung des Umwandlungsfeldes. Diesen Moment, dieses Tempo, benutzt der angreifende König zum Herbeieilen an den Schauplatz.

Diagramm 91

1. Dh8-e5† Ke2-d3 2.De5-d5† Kd3-c2 (nach Kd3-c3 würde die Umwandlung nicht drohen und Weiß könnte sofort den König bringen).

3. Dd5-c4† Kc2-b2 4. Dc4-d3! Kb2-c1 5. Dd3-c3† Das entscheidende Schach: Entweder gibt Schwarz seinen Freibauern und damit die Partie auf oder sein König muss auf das Umwandlungsfeld.

5. ... Kc1-d1 6. Ka8-b7 Kd1-e2 7. Dc3-c2! Ke2-e1 8. Dc2-e4† Ke1-f2 9. De4-d3 Kf2-e1 10. Dd3-e3! Wieder ist Schwarz zu **Kd1** gezwungen. Dies geht weiter, bis der weiße König nah genug ist, um beim Mattsetzen zu helfen.

Was ist eine Gabel?

Man spricht von einer Gabel, wenn ein Bauer zwei gegnerische Figuren gleichzeitig angreift.

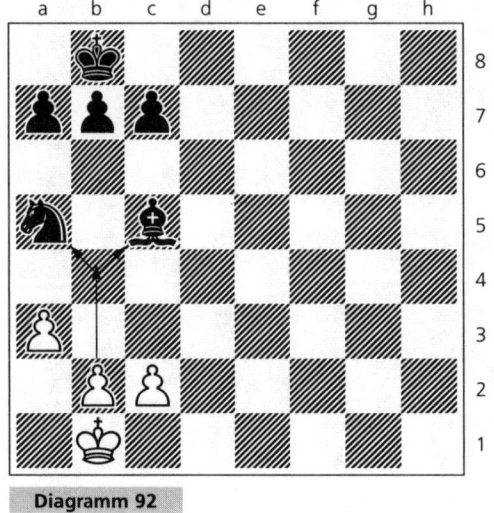

Diagramm 92

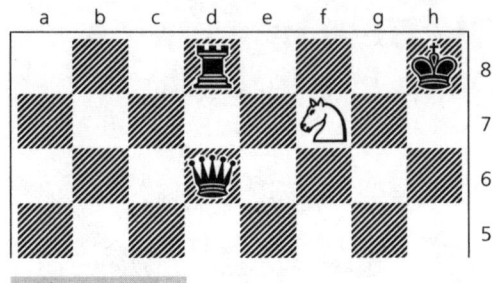

Diagramm 93

Drei Figuren sind auf einen Schlag angegriffen. Der König muss aus dem Schach ziehen, wonach der Springer die Dame schlägt; nicht etwa den Turm, denn dieser besitzt ja nur den halben Wert einer Dame.

Die Bauerngabel

Mit dem Doppelschritt des weißen b-Bauern **1. b2-b4** werden in Diagramm 92 zwei Figuren von Schwarz angegriffen. Dem Doppelangriff kann sich nur eine schwarze Figur entziehen, die andere geht in jedem Fall verloren. Dasselbe Ergebnis bringt auch 1. ... Lc5xb4 2. a3xb4.

Die Springergabel und das »Familienschach«

Gefürchtet ist im Schach der Doppelangriff des Springers, vor allem auf König und Dame. Wird auch noch der Turm dabei angegriffen, sprechen Schachspieler scherzhaft vom »Familienschach«, weil es eben die ganze Familie, König, Dame und Turm, erwischt hat (vgl. Diagramme 16 und 22).

Hinlenkung

Im nächsten Beispiel (Diagramm 94) muss die Gabel erst noch vorbereitet werden:

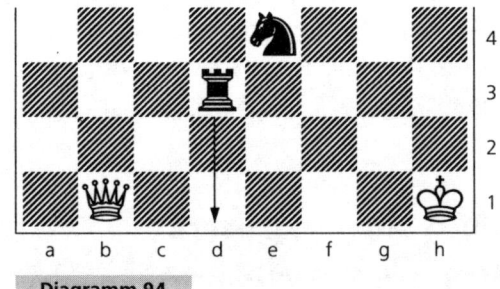

Diagramm 94

Schwarz am Zug

1. ... Td3-d1† 2. Da1xd1 Se4-f2†
Weiß hat keine Wahl und muss mit der Dame nehmen. Der Turm hat die Dame damit in den Springerbereich »gelenkt«, sodass jetzt die Gabel mit dem »Familienschach« funktioniert.

Das Kombinationsschema

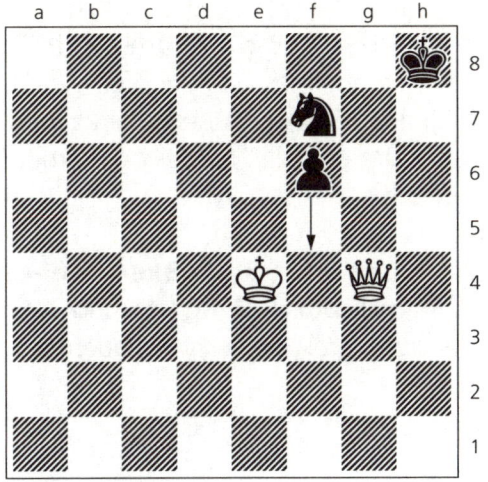

1. ... f6-f5†! Die Bauerngabel greift König und Dame gleichzeitig an und zwingt Weiß zum Schlagen. Doch egal, wie er auch zugreift, immer rennt er in eine Springergabel: **2. Ke4xd5 Sf7-h6†** oder 2. Dg4xf5 Sf7-d6†. In beiden Fällen wird die Dame erobert.

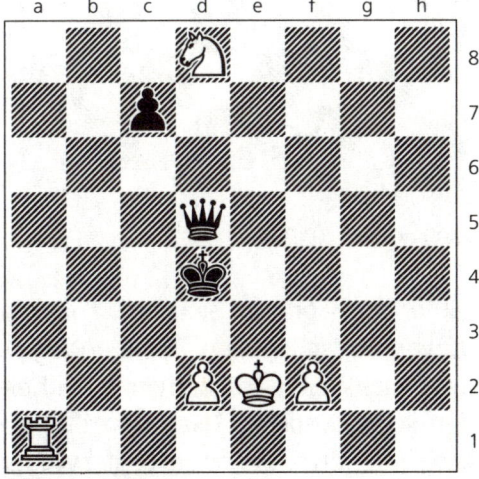

Diagramm 96: Weiß gewinnt auf brillante Weise: **1. Ta1-a4† Kd4-e5 2. Ta4-a5!** Die erste Überraschung. Schlägt die Dame den Turm, so wird sie mit Sd8-c6† erobert, also **2. ... c7-c5.** Doch Weiß lässt sich nicht beirren: **3. Ta5xc5!! Dd5xc5 4. d2-d4†,** und wie bereits im vorherigen Diagramm gewinnt Weiß die schwarze Dame, wonach der verbleibende Bauer für den Gewinn ausreicht.

Was ist eine Kombination?

Unter Kombination versteht man eine vorausberechnete Zugfolge von mehreren Zügen, die »kombiniert« gesehen ein geplantes Ergebnis bringen, beziehungsweise bringen sollen. Es gibt auch Fehlkombinationen, deren Haken einem erst später bewusst werden. Oftmals sind Kombinationen mit einem Materialopfer verbunden, das kann das Opfer eines Bauern, aber auch der Dame sein. Einige Kombinationen sind schöpferische Leistungen. Berechnung, Fantasie, ein geometrisches Vorstellungsvermögen werden dabei geschult, sie sind Voraussetzungen für den Erfolg. Zumeist basieren Kombinationen auf bereits Gelerntem wie zum Beispiel der bekannten Springergabel. Viele dieser Grundmotive tauchen immer wieder auf.

In der Regel geht dem Kombinationsspiel das Positionsspiel, das Stellungsspiel also, voraus. Kombinationen müssen vorbereitet sein oder der Gegner bietet durch fehlerhaftes Spiel die Möglichkeit zum Kombinieren. Der Anfänger zeigt zuerst für das interessantere Kombinationsspiel Verständnis und erst später folgt das schwierigere Positionsspiel. Aus diesem Grund ist es ratsam, in der ersten Praxis offene Stellungen anzustreben, also mit 1. e2-e4 e7-e5 zu beginnen. Offene Stellungen, die durch schnelle Figurenentwicklung gekennzeichnet sind, bieten in der Regel mehr Kombinationsmöglichkeiten.

Die Tauschkombination

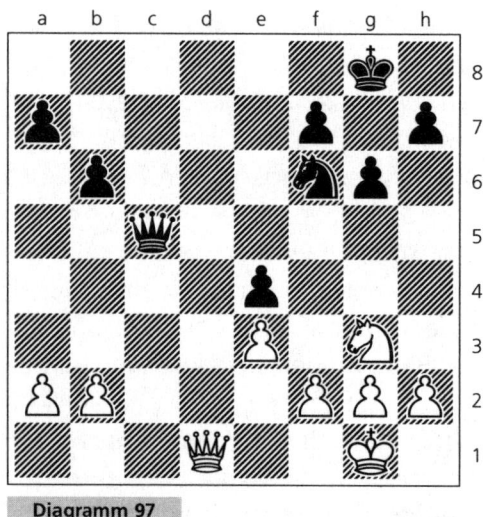

Diagramm 97

Kann Weiß den Bauern auf e4 erobern?

Es ist nicht wahrscheinlich, dass in Diagramm 97 Weiß den schwarzen Bauern e4 auf dem gefährdeten Vorposten erobern kann. Er kann ihn mit Dame und Springer angreifen, aber Schwarz kann zweimal dagegenhalten. Allerdings gibt es eine taktische Möglichkeit, eine Kom-

bination, die auf überraschende Weise zum Fall des Bauern führt:

1. Dd1-d8† Kg8-g7 2. Dd8xf6†!! Ein vorübergehendes Damenopfer. Mit der folgenden Springergabel gewinnt Weiß sie zurück und als Zins bleibt der erbeutete Bauer!

2. ... Kg7xf6 3. Sg3xe4† Kf6-e5 4. Se4xc5 b6xc5 5. Kg1-f1 und Weiß gewinnt problemlos im Bauernendspiel.

Erneute Hinlenkung

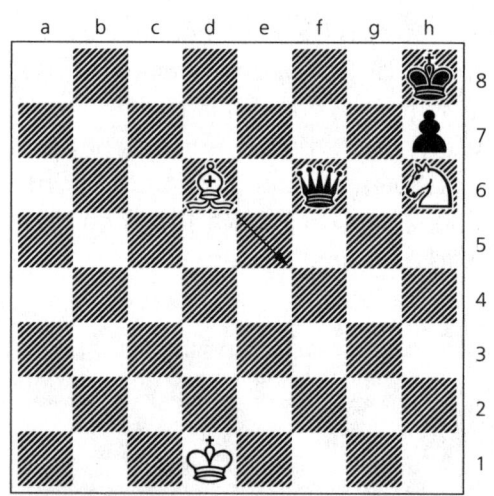

Diagramm 98

Weiß erobert die Dame

Läufer und Springer sind in Diagramm 98 von der schwarzen Dame angegriffen. Muss Weiß tatsächlich eine der beiden Figuren verlieren? Nachdem die Prüfung ergeben hat, dass der Läufer weder den Springer, noch der Springer den Läufer schützen kann, kommt uns ein Gedankenblitz zu Hilfe. Dem auf h8 stehenden König könnte ein Springerschach auf f7 gegeben werden. Grund genug, nach einer Gabel Ausschau zu halten:

1. Ld6-e5 Df6xe5 2. Sh6-f7† und **3. Sf7 xe5** erobert die Dame. Hier war es wieder das Zusammenwirken zweier Kombinationsmotive. Erst die Fesselung der Dame und dann, als logischer Schluss der Kombination, die Springergabel.

Das Studium solcher Möglichkeiten und Kombinationen schärft mit der Zeit das Auge des Schachspielers. Das Auge muss »neu sehen« lernen!

Zum Abschluss dieses Themas noch zwei weit ausholende Kombinationen, in denen jedesmal der schwarze Springer Held des Tages bleibt.

Weiß: Johannsson Schwarz: Ljungdahl 1964

Zwar besitzt Schwarz einen Springer mehr, aber der ist gefesselt. Auch der König steht in der Mitte etwas unsicher. Schwarz fand jedoch eine elegante Abtauschkombination: **1. ... De4-e1† 2. Kg1-g2 De1xd2†! 3. Db2xd2 Tc8c2!**

Der Turm fesselt freischwebend die Dame an den König, es folgt **4. Dd2xc2 Sd3-e1†** nebst **Se1xc2** und Schwarz gewinnt. Weiß konnte nur reagieren.

Es kommt freilich nicht immer vor, dass eine Kombinationsreihe so einfach und lupenrein abläuft; oft gibt es viele Verzweigungen, die Weiß oder Schwarz Abweichungen ermöglichen. Eine korrekte Kombination sollte aber immer so angesetzt sein, dass sie am Schluss zum Vorteil führt – auch wenn es manchmal nur ein Mehrbauer ist, der dabei herauskommt, oder eine verloren geglaubte Stellung, die durch eine überraschende Kombination noch gerettet werden kann.

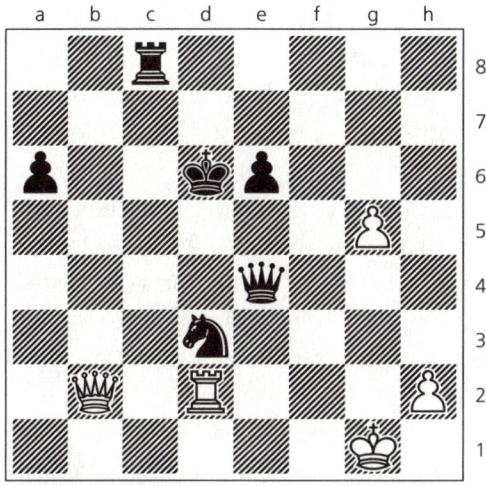

Diagramm 99

Schwarz am Zug gewinnt

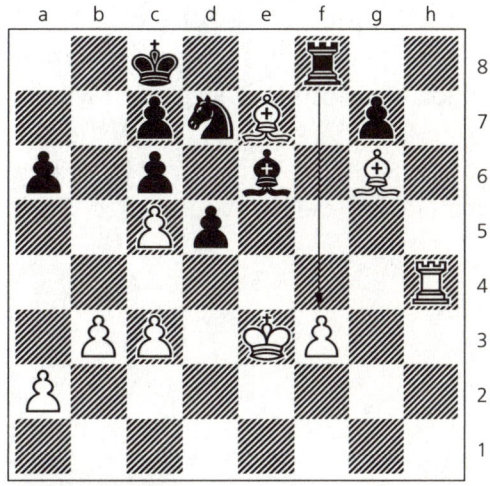

Diagramm 100

Schwarz erzwingt ein Unentschieden

Weiß: E. Bogoljubow
Schwarz: Th. Schuster
Wettkampf 1952.

Schwarz steht in Diagramm 100 wegen seiner Bauernschwächen a6 und g7, aber auch wegen des gut stehenden weißen Läuferpaares in der Defensive. Etwa 44. ... Tg8 45. b4 Sf8 46. Ld3 Kb7 47. f4 würde Weiß alle Trümpfe in der Hand lassen. Es folgt aber eine überraschende Abtauschkombination, gespickt mit einem Turmopfer:

44. ... Tf8xf3†! 45. Ke3xf3 Sd7-e5† 46. Kf3-f2 Se5xg6.

Das Blatt hat sich gewendet! Durch die Riesenspringergabel Sd7-e5-g6-e7 oder h4 ist es nun Weiß, der um das Remis kämpfen muss. Aber nach **47. Le7-g5 Sg6xh4 48. Lg5xh4** einigten sich die Meister auf ein Unentschieden, weil die ungleichfarbigen Läufer den schwarzen Mehrbauern allemal wettmachen.

Für fortgeschrittene Schachspieler sei noch angemerkt, dass die Tauschkombination umgekehrt nicht klappen würde: 44. ... Sd7-e5? 45. Le7xf8 Se5xg6 46. Th4-h7 Sg6xf8 47. Th7-h8 mit Fesselung und Gewinn des Springers durch Weiß.

König und Bauer gegen König

Die Lehre von der Opposition und den kritischen Feldern

Zu den elementaren Endspielen gehört das Endspiel König und Bauer gegen König. Diesen Endspielen wohnt eine Gesetzmäßigkeit inne, die zum Handwerkszeug des guten Schachspielers gehören muss. Oft kommt es vor, dass alle Figuren abgetauscht sind oder abgetauscht werden können, so dass nur noch ein Bauernendspiel mit beiderseits König und Bauern übrig bleibt. Am häufigsten kommen Turmendspiele vor, das heißt, dass jede Seite noch Turm und einen oder mehrere Bauern besitzt. Diese Gattung muss der Lernende ebenfalls in den Grundzügen kennen, daher ist ihr ein eigenes Kapitel gewidmet (vgl. S. 116 ff.).

Die Bauernendspiele verlangen also, dass man ihre Gesetzmäßigkeiten kennt. Ein geübter Schachspieler kann oft auf einen Blick feststellen, ob eine bestimmte Stellung mit König und Bauer gegen König gewonnen werden kann oder zu einem Remis führen wird. Immer wird entscheidend sein, ob es der stärkeren Partei gelingt, den Bauern auf die letzte Reihe zur Umwandlung zu bringen!

Die folgenden Beispiele belegen, dass auch (und gerade) in den Bauernendspielen ein einziger Zug über Sieg, Niederlage und Remis entscheidet.

Beispiele:

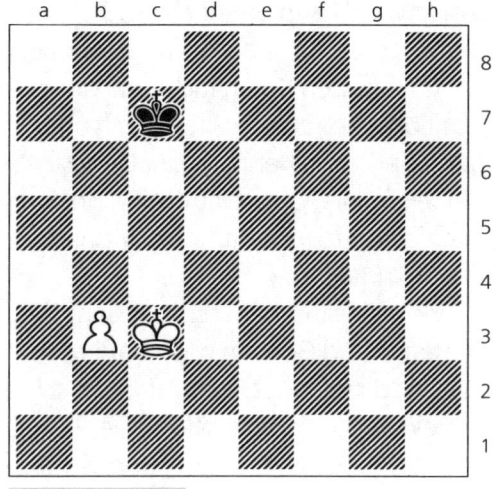

Diagramm 101

Schwarz ist am Zug.

Diagramm 101: Remis mit **1. ... Kc7-b7! 2. Kc3-b4 Kb7-b6!** oder **1. ... Kc7-b7! 2. Kc3-c4 Kb7-c6!**

Diagramm 102: Remis mit **1. ... Kf8-f7 2. Kg3-f4 Kf7-f6!** oder **1. ... Kf8-f7 2. Kg3-g4 Kf7-g6!**

In den zwei letzten Abspielen kann Schwarz auch mit 1. ... Kg7 beginnen.

Die Grundregel lautet: Wenn es dem angreifenden König gelingt, die 6. Reihe – bei Schwarz die 3. Reihe – vor seinem Bauern zu erreichen, gewinnt der Bauer. Der verteidigende König ist dann nicht mehr in der Lage, den Kampf um das Umwandlungsfeld zu bestehen.

Sehen wir eine sehr einfache Stellung an (Diagramm 103). Sie führt zum Remis, egal wer am Zug ist.

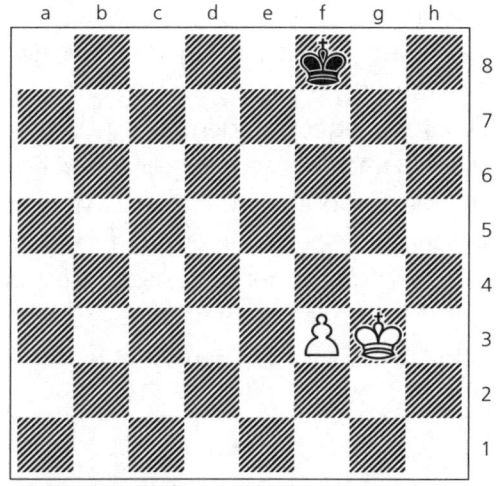

Diagramm 102

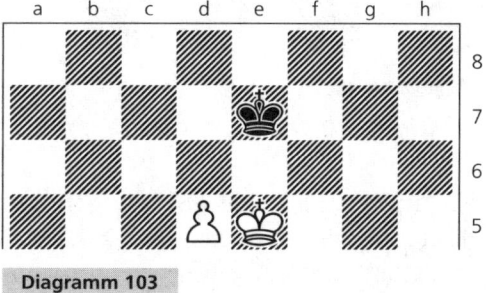

Diagramm 103

Weiß ist am Zug.

Diagramm 101: Remis durch **1. Kc3-b4 Kc7-b6!** oder **1. Kc3-c4 Kc7-c6!**.

Diagramm 102: Gewinn durch **1. Kg3-f4 Kf8-f7 2. Kf4-f5** oder auch durch **2. Kg3-f4 Kf8-g7 2. Kf4-f5 Kg7-f7 3. f3-f4!**

1. d5-d6† Ke7-d7 2. Ke5-d5 Kd7-d8!
Jeder andere Zug wäre ein Schritt vom Wege und würde für Schwarz zum Verlust führen, zum Beispiel 2. ... Kd7-c8?? 3. Kd5-c6!

Der weiße König geht in die »Opposition«, das heißt: Gegenüberstellung mit einem Feld Zwischenraum, der schwarze König muss die Opposition aufgeben.

3. ... Kc8-d8 4. d6-d7 Kd8-e7 5. Kc6-c7
und die Umwandlung ist gesichert.
Geht Schwarz mit dem König auf die andere Seite, verliert er ebenfalls die Opposition: 2. ... Kd7-e8?? 3. Kd5-e6 4. d6-d7 Kd8-c7 5. Ke6-e7 und so fort.

Nun ist Schwarz am Zug: **1. ... Ke7-d7! 2. d5-d6 Kd7-d8!** Der König steht bereit zur Gegenüberstellung, egal auf welcher Seite der weiße König erscheinen mag. **3. Ke5-e6 Kd8-e8** = Opposition! 4. d6-d7† Ke8-d8 5. Ke6-d6 patt. Oder Weiß gibt den Bauern auf, wonach Schwarz ihn schlägt und nur noch die Könige auf dem Brett verbleiben.

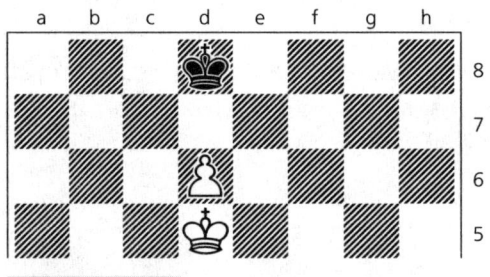

Diagramm 104

Stellung nach 2. ... Kd7-d8

Nach 3. Kd5-e6 Kd8-e8! hält Schwarz die Opposition. Im Falle von 3. Kd5-c6 hätte Schwarz 3. ... Kd8-c8! gezogen. 4. d6-d7† Ke8-d8 5. Ke6-d6 patt!

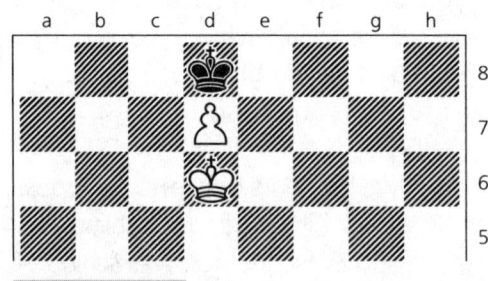

Diagramm 105

Schwarz ist nach 5. Keb-d6 patt (Diagramm 105)! Er ist am Zug, steht nicht im Schach und kann dennoch nicht ziehen: patt. Wenn Schwarz richtig operiert, kann Weiß den König nicht aus der Opposition verdrängen. Hält der verteidigende König in Kenntnis der Gesetzmäßigkeiten die Opposition ein, bleibt er auch siegreich im Kampf um das Umwandlungsfeld.

Viele Fallstricke lauern auf dem Weg zu Remis und Gewinn beim Bauernendspiel und fast jeder Fall liegt anders. Die Regeln von der Opposition aber – man unterscheidet Nah-, Fern- und Schrägopposition – sind ein sicherer Lotse auf dem schwierigen Sektor dieser Endspielgattung.

Als erste und wichtigste Regel gilt: *Den König vor seinen Bauern bringen.* Der Verteidiger wird demzufolge immer danach trachten, dem angreifenden König die Opposition zu bieten. Er will ihn hindern, vor seinen Bauern zu gelangen.

Für Angreifer genügt es schon, *eines der drei Felder* auf der 6. Reihe (3. Reihe für Schwarz) vor seinem Bauern zu erreichen.

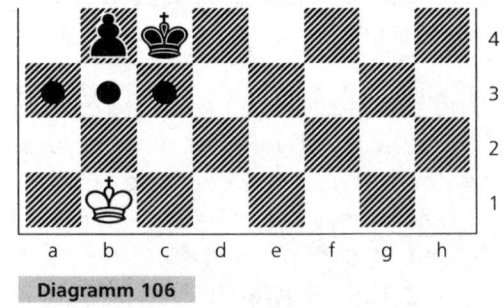

Diagramm 106

Schwarz am Zug gewinnt

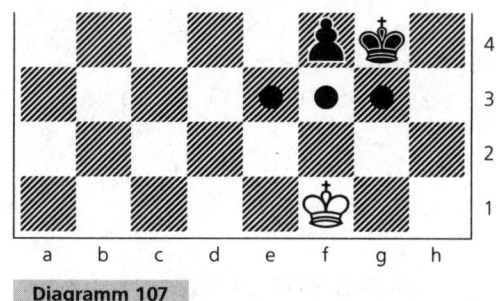

Wenn der angreifende König eines der markierten Felder betritt, wird Schwarz gewinnen. Es handelt sich um die drei Felder direkt vor und neben dem Bauern, man nennt sie die »kritischen« Felder.

Es ist für jeden Schachspieler wichtig, diese Automatik der Bauernendspiele zu kennen. Selbst Vereinsspieler wissen selten im Detail darüber Bescheid. Daher werden diese elementaren Stellungen hier einmal restlos ausgespielt.

Diagramm 106: **1. ... Kc4-c3 2. Kb1-c1 b4-b3.** Dem weißen König nützt die Opposition nichts mehr, weil die Regel von der Besetzung der kritischen Felder durch den Angreifer den Vorrang hat! Es folgt: **3. Kc1-b1 b3-b2 4. Kb1-a2 Kc3-c2.**

Nun der andere Königszug aus der gleichen Anfangsstellung: **1. ... Kc4-b3 2. Kb1-a1 Kb3-c2 3. Ka1-a2 b4-b3† 4. Ka2-a1 b3-b2†** und so weiter; alles verläuft glatt.

Diagramm 107: **1. ... Kg4-f3.** Wie Weiß auch zieht, nach links oder rechts, immer wird der schwarze König in die entstandene Lücke springen (bei vertrautem Schluss f4-f3-f2-f1D). Es fällt auf, dass in Diagramm 106 der Zug 1. ...

Kc4-b3! exakter gewesen wäre als 1. ... Kc4-c3. Aber die Automatik klappt auch beim sozusagen zweitbesten Zug: Es genügt, wenn der König eines der drei kritischen Felder betritt.

Lassen wir in beiden Positionen Weiß anziehen, so wird bei richtigem Spiel Remis das Resultat sein.

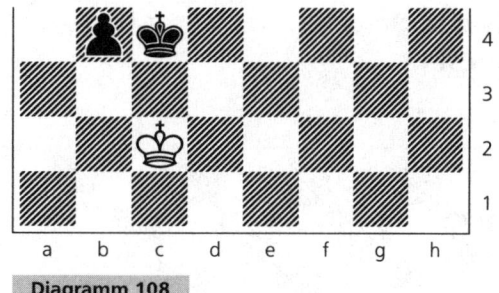

Stellung nach 1. Kb1-c2

Stellung nach 1. Kf1-g2

Schwarz, jetzt am Zug, kann im Beispiel 108 nicht gewinnen:

1. ... b4-b3† 2. Kc2-b2. Möglich wäre auch 2. Kc2-b1; aber man soll ja den angreifenden König am Vordringen hindern.

2. ... Kc4-b4 3. Kb2-b1! Allein dieser Zug sichert die Opposition und das Remis.

Falsch wäre 3. Kb2-c1?? Kb4-c3 oder Kb4-a3. 3. Kc1-b1 b3-b2 gewinnt, wie wir bereits gesehen haben.

3. ... Kb4-c3 4. Kb1-c1 = Opposition! Oder 3. ... Kb4-a3 4. Kb1-a1 = Opposition! Das gilt analog für Diagramm 109.

Nicht gleich mit den Bauern laufen

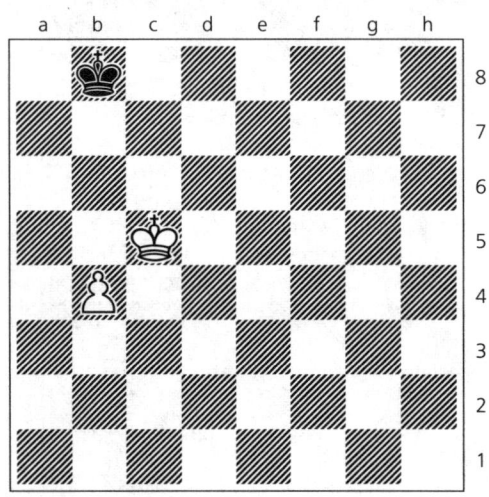

Weiß am Zug

Ganz verfehlt ist es, wenn man immer gleich mit dem Bauern losmarschiert. So wäre die Partie in Diagramm 110 nach 1. b4-b5? Kb8-c7 oder Kb8-b7 sofort remis; der weiße König kann nie mehr eines der drei kritischen Felder vor seinem Bauern erreichen. Falsch wäre auch der Versuch 1. Kc5-b5? Kb8-b7! und Schwarz ist imstande, die Opposition zu halten. Zum Beispiel: 2. Kb5-a5 Kb7-a7 oder 2. Kb5-c5 Kb7-c7 remis.

Richtig sind zwei Königszüge: **1. Kc5-b6 Kb8-a8 2. b4-b5.**

Jetzt, wo der König eines der drei kritischen Felder vor seinem Bauern auf der 6. Reihe erreicht hat, darf der Bauer bereits nachziehen.

2. ... Ka8-b8 3. Kb6-c6 Kb8-c8 4. b5-b6 Kc8-b8 5. b6-b7

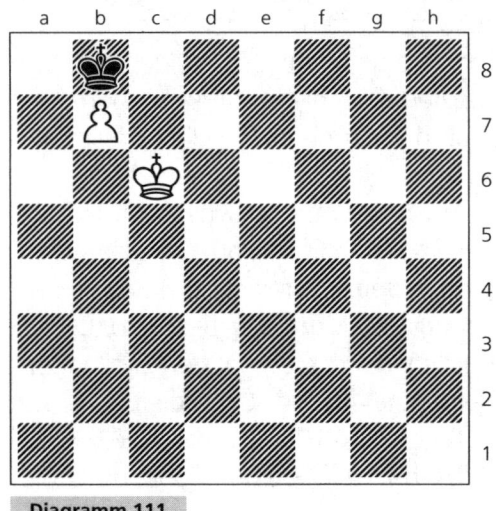

Diagramm 111

Stellung nach 5. b6-b7

Wichtige Regel: Erreicht der Bauer die vorletzte Reihe ohne Schachangebot, also lautlos, bedeutet das Gewinn! Betritt der Bauer die vorletzte Reihe mit Schach, folgt ein Remis! In Diagramm 112 muss Schwarz am Zug sehr vorsichtig verfahren; denn bei 1. ... g4-g3? wäre Weiß patt. Also muss Schwarz umgruppieren mit einem Königszug: **1. ... Kf2-g3 2. Kh1-g1 Kg3-h3** (Diagramm 113).

Das Feld h2 muss dem König genommen werden. So kommt Schwarz zum Beispiel mit 2. ... Kg3-f3 3. Kg1-h2! nicht weiter. 3. ... g4-g3†? 4. Kh2-h1 oder 3. ... Kf3-f2 4. Kh2-h1 g4-g3? wären remis. Aber mit der Umgruppierung 4. ... Kf3-g3 könnte Schwarz wieder auf den richtigen Gewinnweg umschalten.

Diagramm 112

Schwarz am Zug

Diagramm 113

Stellung nach 2. ... Kg3-h3

Wohin sich Weiß mit dem König wenden mag, immer zieht im nächsten Zug der schwarze Bauer nach g3 vor: **3. Kg1-h1 g4-g3 4. Kh1-g1 g3-g2.** Ohne Schach! Lautlos! Und Sieg!

Die Bauernendspiele, in denen die Fernopposition vorkommt, müssen am besten aus Endspielbüchern gelernt werden. Ein Beispiel hat bereits das erste Stellungsbild der Bauernendspiele, Diagramm 101, gegeben. Mit Schwarz am Zug hält nur die Fernopposition Remis durch 1. ... Kc7-b7! Der näher liegende,

logisch erscheinende Zug 1. ... Kc7-b6? würde nach 2. Kc3-b4 verlieren, weil Schwarz die Opposition im nächsten Zug aufgeben müsste. Bei dem richtigen 1. ... Kb7! dagegen behält sich der schwarze König alle weiteren Möglichkeiten vor. Je nachdem wie der weiße König zieht, geht Schwarz wieder in Opposition – Fern- oder Nahopposition.

In den Bauernendspielen vor allem haben wir einen wesentlichen Faktor aller Endspiele kennengelernt: den Zugzwang. Dieses deutsche Wort kennzeichnet die Situation so treffend – man muss ziehen und dadurch dem Gegner einen Vorteil einräumen –, dass es in die russische und englische Sprache übernommen wurde.

Der König im Endspiel

In allen Endspielen haben wir bemerkt, dass dabei auch der König eine wichtige und oft entscheidende Rolle spielt. Der König ist im Endspiel die stärkste Figur, darauf hat übrigens besonders der erste Schachweltmeister Wilhelm Steinitz hingewiesen. In Endspielen mit beiderseits noch vorhandenem Turm oder leichten Figuren entscheidet meistens die bessere Zentralstellung des Königs darüber, welcher Partei der Sieg zufällt. Manche meinen sogar, dass im Endspiel der König die Wirkung eines Turmes habe. Da der König nach jeder Seite hin ein Feld beherrscht, zusammen neun, kann man seine Wirkung tatsächlich mit der eines Turmes vergleichen.

Mattführung mit Knall und Fall

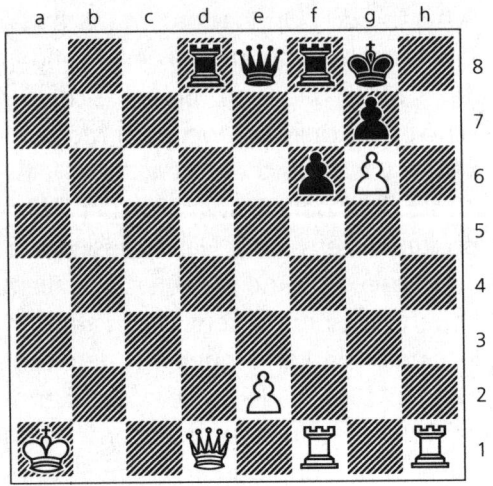

Diagramm 114

Weiß erzwingt das Matt (Damiano, Portugal 1512)

Diese Partie wurde gespielt, als die neuen Züge für Dame und Läufer aufgekommen waren. Sie wurden damals vor allem durch die Bücher des Spaniers Lucena (1497) und des portugiesischen Apothekers Damiano weit verbreitet. Vorher konnte die Dame nur ein Feld schräg ziehen, der Läufer auf der Schrägen ein Feld überspringen.

Die abgebildete Mattführung war in jener Zeit etwas Neues und Überwältigendes: **1. Th1-h8† Kg8xh8 2. Tf1-h1† Kh8-g8 3. Th1-h8†.**

Auch dieser Turm muss in den Hades fahren. Weiß, selbst von Matt bedroht, darf den Gegner nicht zu Atem kommen lassen.

3. ... Kg8xh8 4. Dd1-h1† Kh8-g8 5. Dh1-h7††

Die Türme bahnten durch ihr Opfer der Dame den Weg. In den Partien von heute kommen solche Bahnungsopfer ebenso vor, sie gehören zum Handwerkszeug des Schachspielers.

Was uns am Schach Freude macht

Wieviel Spaß Schachspieler miteinander haben können, zeigt die Partie zwischen Weiß: Dr. E. Lutz und Schwarz: Reinhold Begas. Sie beginnt mit

1. e2-e4 e7-e5 2. Sg1-e2.
Diese Partie veröffentlichte Weltmeister Dr. Emanuel Lasker nach dem Tode seines Freundes Reinhold Begas, des berühmten Bildhauers. Der langjährige Schachgegner des Künstlers, Dr. Lutze, stellte sie Lasker samt der damals geführten Unterhaltung zur Verfügung. Was die Anmerkungen anbelangt, so sind sie alles andere als »schachwissenschaftlicher« Natur. Die beiden Spieler bewiesen vielmehr Humor.

Dr. L.: »Das ist eine neue Eröffnung; steht zwar in keinem Buch, ist aber für Sie gut genug.«

2. ... Dd8-h4
Dr. L.: »Das dürfte ein nutzloser Versuch sein, mir den Bauern abknöpfen zu wollen. Ja, wenn ich mir das gefallen ließe.«

B.: »Ich habe leichtsinnig gezogen; aber so spiele ich immer, wenn ich es mit einem Patzer zu tun habe.«

3. Sb1-c3
Dr. L.: »Ich soll ein Patzer sein? Das werden Sie mir büßen!«

3. ... Sb8-c6 4. g2-g3 Dh4-g5
Weltmeister Lasker schrieb damals dazu, dass Begas – wie viele Amateurschachspieler – Verwicklungen im Anfangsstadium liebte.

5. d2-d4.
Begas sah natürlich, dass der Gegner die Dame auf g5 schnappen wollte, er kannte seinen Pappenheimer.

5. ... Sc6xd4 6. Lc1xg5?
Dr. L: »Ich bitte, die Partie aufzugeben!«

6. ... Sd4-f3††!
Begas: »Und was sagen Sie zu diesem kleinen Schach?«

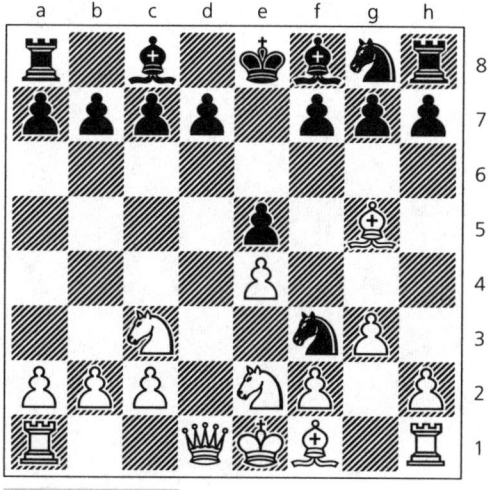

Diagramm 115

Das »kleine Schach« war zugleich das Matt. Da hatte es dem Weißen aber die

Sprache verschlagen. Meistens aber reden sich die Unterlegenen heraus mit Entschuldigungen, oft muss auch das Kopfweh oder eine ähnliche Ausrede herhalten. Fair und sportlich ist es, den Sieg des Gegners nicht herabzusetzen. Bei einer Wettkampfpartie ist es üblich, beim Aufgeben einer Partie dem Gegner die Hand zu reichen.

In dieser humorvollen Kurzpartie sah Schwarz voraus, was sein Gegner offenbar nicht gesehen hatte: Er konnte die angegriffene Dame ruhig stehen lassen. Der Gegner würde sich ohne langes Nachdenken auf die fette Beute stürzen.

Doch man verlasse sich nicht auf so primitive Kombinationen. Diese beispielsweise hat ein großes Loch! Wenn Weiß richtig spielt, also nicht die wertvolle Dame schlägt, sondern mit 6. Se2xd4! zuerst den viel gefährlicheren Springer, sähe die Sache für Schwarz weniger erfreulich aus.

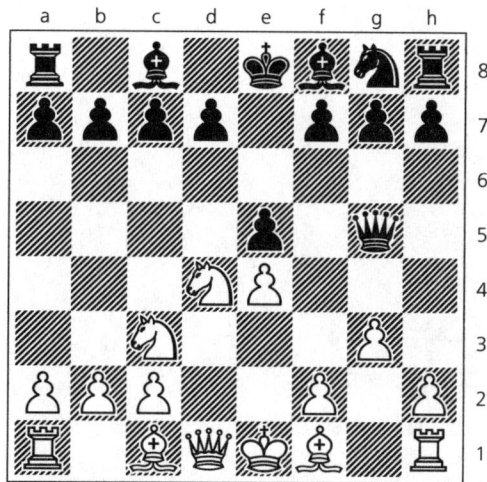

Diagramm 116

Der richtige Gegenzug

Nach 6. Se2xd4 ist der Matt drohende Springer beseitigt und immer noch die Dame auf g5 vom Läufer angegriffen. So bleibt Schwarz keine Zeit, mit 6. ... e5xd4 zurückzuschlagen, er muss seine Dame retten. Im Endergebnis hätte Schwarz bei seiner »Kombination« eine Figur eingebüßt. Aber viele solcher inkorrekter Kombinationen klappen nur, weil der Gegner die Situation nicht genau prüft, bevor er zugreift.

Zur Kurznotation

Die bisher (zumeist) benutzte Vollnotation findet man heutzutage nur noch in Schachbüchern für Anfänger und in Tageszeitungen. Ansonsten wird ausschließlich die Kurznotation verwendet.

Bei der Kurznotation wird nur das Zielfeld des Steines angegeben, nicht aber sein Ausgangsfeld. Dieses stellt der Nachspielende selbst fest. Dann wird auch oftmals das x als Schlagzeichen durch einen Doppelpunkt (:) ersetzt und zwar hinter dem Zug als Schlusszeichen. Der sechste Zug der vorausgegangenen Partie würde also wie folgt geschrieben: 6. Sd4: ed4:. Auf d4 wurde etwas geschlagen von einem weißen Springer; es wird aber nicht angegeben, welcher Stein das war. Der schwarze Gegenzug besagt, dass ein Bauer auf dem Feld d4 schlägt, was durch das Schlagzeichen »:« ausgedrückt wird.

Seltener, weil anscheinend außer Mode, wird die Schreibweise 6. Sxd4 exd4 angewandt. Sie ist aber ebenfalls korrekt und es bleibt jedem Spieler selbst überlassen, nach welcher Methode er seine Züge notiert.

Kurznotation wird in einigen der folgenden Partien für Varianten verwendet.

Ein Kapitel Eröffnungslehre

Die Eröffnungsfalle

1. e2-e4 e7-e5 2. Sg1-f3 Sb8-c6 3. Lf1-c4 Sc6-d4?!

Ein zweifelhaftes Bauernopfer, das aber auf die Fehler beim Gegner spekuliert. Gute und von der Theorie als vollwertig anerkannte Züge für Schwarz wären 3.... Lf8-c5 (Italienische Partie) oder auch 3.... Sg8-f6 (Zweispringerspiel im Nachzug) gewesen.

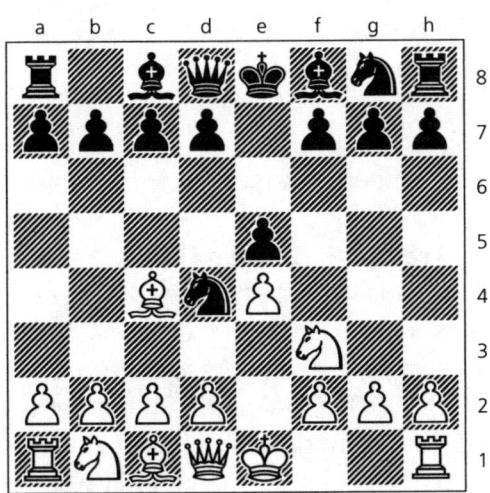

Diagramm 117

In der Diagrammstellung 117 würde Weiß mit 4. Sf3xd4 e5xd4 nicht viel ausrichten können. Ein guter Zug von Weiß wäre jedoch zum Beispiel 4. 0-0, also die Rochade.

Aber setzen wir voraus, Weiß nimmt den als Köder angebotenen Bauern auf e5.

4. Sf3xe5 Dd8-g5!

Ein Doppelangriff auf den Se5 und den Bg2. Die schlimmer aussehende Drohung von Weiß, das Hineinschlagen auf f7 mit Eroberung des Th8, das kann Schwarz bereits ignorieren. Seine Drohung ist stärker!

Selbst das Hineinschlagen auf f7 mit Schach durch den Läufer kann Schwarz in Kauf nehmen. Wir sehen diese Varianten der Reihe nach an.

a) **5. Lc4xf7! Ke8-e7 6. Lf7xg8 Dg5xg2** (droht Dh1:††) **7. Th1-f1 Dg2xe4†** und matt im nächsten Zug. Noch eine Möglichkeit zu dieser Variante, wenn Weiß im 6. Zug anders spielt: 6. d3 De5: 7. Lg8: Tg8: und wenn wir abzählen, stellen wir fest, dass Weiß eine Figur verloren hat. Der Be5, den Weiß erhalten hat, kann bei weitem kein entsprechender Gegenwert sein.

b) **5. Se5xf7 Dg5xg2 6. Th1-f1 Dg2xe4† 7. Lc4-e2 Sd4-f3††**

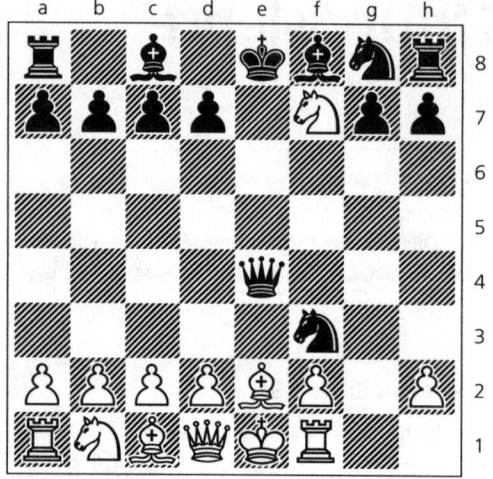

Diagramm 118

Stellung nach 7. ... Sd4-f3††

Es ist in dieser Stellung schon vorgekommen, dass Schwarz nicht das hübsche Mattbild Sf3†† gesehen hat und stattdessen materialistisch mit dem »Damengewinn« 7. ... Sd4xc2† fortsetzte. Das reicht gewiss zum Gewinn, jedoch ist das Matt nicht nur logischer und konsequenter, sondern auch schöner.

Der Lernende sollte noch zwei Abweichungen durchprobieren nach dem Zug **4. ... Dd8-g5! 5. Se5-f3.** Weiß nimmt weder mit dem Läufer noch mit dem Springer auf f7, sondern versucht den Rückzug nach f3.

5. ... Dg5xg2 6. Sf3xd4

Schlimmer wäre 6. Tg1 Sf3:† 7. Ke2 Sg1:† 8. Ke1 De4:† 9. Le2 Dh1 10. d4? Sf3†† Doppelschach und matt, ein Mattbild, das wir weiter vorne schon einmal ähnlich gesehen haben.

Die zweite Abweichung beginnt mit **6. Se5-g4.** Mit dem Wegzug des angegriffenen Springers ist auch der Angriff der Dame auf g2 abgeblockt. Aber es folgt ein Doppelangriff: **6. ... d7-d5 7. Lc4xd5.**

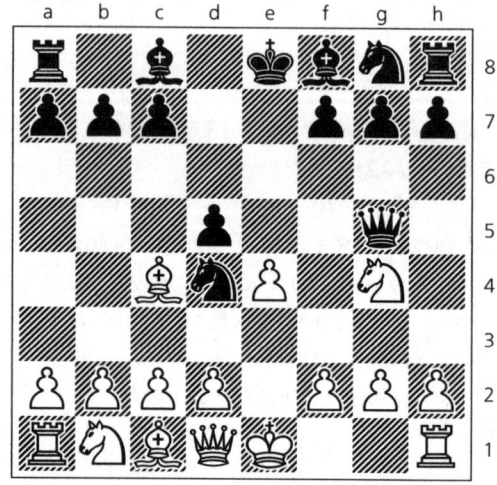

Diagramm 119

Stellung nach 6. ... d7-d5

Möglich ist auch der Zug 7. Le2, den wir anschließend untersuchen.

7. ... Lc8xg4 8. f2-f3 Lg4xf3!

Nicht kleinliches Festhalten am Material, sondern Einleitung eines Mattangriffs ist der richtige Weg. Bei 8. ... Ld7 9. 0-0 c6 10. d3 – Angriff auf die Dame und ein Tempogewinn – nebst c3 kann Weiß noch auf seine starken Mittelbauern und die bessere Entwicklung pochen.

9. g2xf3 Dg5-g2 10. Th1-f1 Lf8-e7!

Bereits jetzt zeichnet sich das undeckbare Matt ab. Gegen Le7-h4† ist nichts zu machen, es folgt **11. Tf1-f2 Dg2-g1† 12. Tf2-f1 Le7-h4††.**

Wir untersuchen noch die Variante mit dem Läuferrückzug auf e2: **7. Lc4-e2 Sd4xe2 8. Dd1xe2 Lc8xg4 9. f2-f3 Lg4-e6** und Schwarz gewinnt. Weiß besitzt nur einen Bauern für die verlorene Figur. Das Spiel könnte sich so weiter entwickeln: **10. Sb1-c3.** Das ermöglicht jetzt den Aufzug des d-Bauern bei Weiß, was einen Zug vorher wegen Dg5xc1† nicht erfolgen durfte. **10. ... d5-d4 11. Sc3-b5.** Vorsicht, nicht 11. d2-d3, weil danach 11....Dg5-a5! den gefesselten Springer erobern würde. **11. ... 0-0-0 12. Sb5xa7† Kc8-b8.** Danach geht auch der Springer verloren.

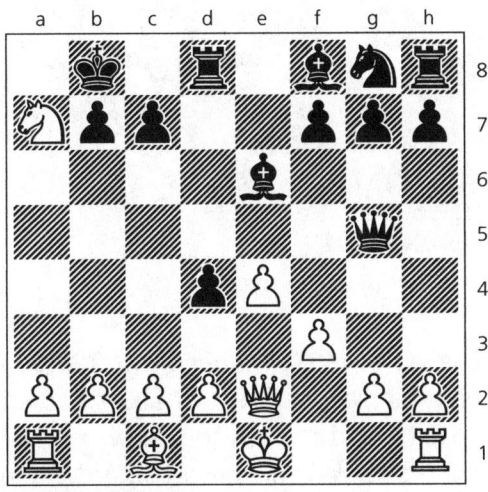

Diagramm 120

Stellung nach 12. ... Kc8-b8 (Variante)

13. d2-d3. Weiß greift die Dame auf g5 an, aber Schwarz ist aufmerksam und nimmt nicht sofort den Springer. **13. ... Dg5-a5†! 14. Lc1-d2 Da5xa7.** Mit jetzt bereits zwei Mehrfiguren für Schwarz befindet sich Weiß natürlich in einer hoffnungslosen Lage.

Ein lehrreicher Zwischenzug wäre 13. Sa7-b5 d4-d3! Dem Springer würde die Deckung der Dame entzogen. Auf 14. c2xd3 kassiert Schwarz den Springer mit Dg5xb5. Nicht in Frage für Weiß kommt aber das Schlagen mit 14. De2xd3, weil dann der schwarze Turm die Dame schlagen könnte.

Die Gefahr der offenen e-Linie

So manches Unglück in der Eröffnung passiert auf der e-Linie. Das ist vor allem bei den offenen Spielen, Partien, die mit 1. e2-e4 e7-e5 eröffnet werden, der Fall. Häufig entsteht durch Bauerntausch auf d4 oder e5 oder auch auf e4 die offene Linie, die dann ein Turm auf e1 oder e8 besetzen kann. Besonders gefährlich wird die Situation, wenn sich in der e-Linie Dame und feindlicher König oder Turm und feindlicher König gegenüberstehen. Bezüglich der soeben abgehandelten Eröffnungsfalle **1. e2-e4 e7-e5 2. Sg1-f3 Sb8-c6 3. Lf1-c4 Sc6-d4?! 4. Sf3xe5 Dd8-g5** hat man vor einigen Jahren herausgefunden, dass sich Weiß durchaus auf das ganze Abenteuer einlassen kann, auch wenn dabei eine Figur verloren geht. Es folgt von Weiß nämlich **5. Lc4xf7† Ke8-e7 6. 0-0!**

Weiß gibt die Figur, die doch nicht zu halten ist, freiwillig; er baut jetzt auf seine bessere Entwicklung und vor allem auf das heranrollende Bauernzentrum mit c2-c3/d2-d4.

**6. ... Dg5xe5 7.Lf7xg8 Th8xg8
8. c2-c3 Sd4-c6 9. d2-d4!**

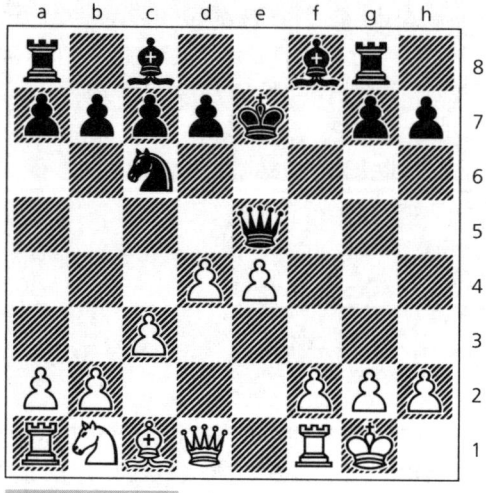

Diagramm 121

Stellung nach 9. d2-d4

Für Schwarz eine peinliche Angelegenheit. Seine Dame kann sich nicht am Be4 vergreifen, ohne durch Tf1-e1 in Gefahr zu geraten: 9. ... De5xe4? 10. Tf1-e1! Diese verhängnisvollen Fesselungen in der e-Linie, wo Dame und König hintereinander stehen, bilden ein häufiges Motiv in Kombinationen.

Es hilft Schwarz auch wenig, wenn er mit dem Springer anstatt nach c6 nach e6 zieht und die offene e-Linie schließt: 8. c2-c3 Sd4-e6 9. d2-d4! Trotzdem! Nach 9. ... De5xe4 10. d4-d5 Se6-f4 11. Tf1-e1 wäre die Dame in gleicher Weise an den König gefesselt. Sie kann sich im besten Fall gegen den Turm tauschen und danach geht auch noch der Springer verloren. Möglich wäre 11. ... De4xe1† 12. Dd1xe1† Ke7-d8 13. Lc1xf4 und so fort.

So ist also Schwarz im Diagramm 121 gezwungen, mit der Dame auf das Schlagen des Be4 zu verzichten und wegzuziehen; etwa

a) **9. ... De5-f6 10. e4-e5 Df6-g6 11. d4-d5 Sc6xe5 12. Tf1-e1** nebst
12. ... d7-d6 13. f2-f4 Lc8-h3 (hier droht Matt!) **14. Dd1-f3!**

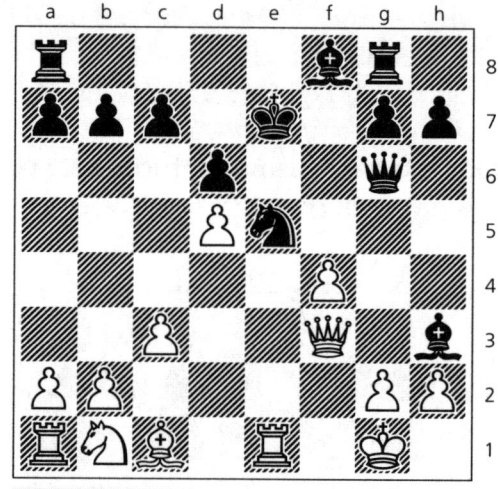

Diagramm 122

Stellung nach 14. Dd1-f3

Der gefesselte Springer bleibt der Df3 ungefährlich; auf **14. ... Lh3-g4** folgt **15. Df2,** und im nächsten Zug wird Weiß mit **f4xe5** den Springer schlagen, wobei weitere Linienöffnungen zugunsten des weißen Angriffs erfolgen.

Verfolgen wir die Stellung von Diagramm 121 aus, um zum Abspiel b) zu gelangen:

b) **9. ... De5-f6 10. d4-d5 Sc6xe5 11. Tf1-e1 Ke7-d6 12. Lc1-f4** und der Se5 geht verloren, wobei Weiß außerdem rasch im Mattangriff gewinnt.

Wenn aber 11.... Ke7-f6 erfolgt, dann 12. Dd1-d4 d7-d6 oder 12. ... Dg6-f5 13. f2-f4!

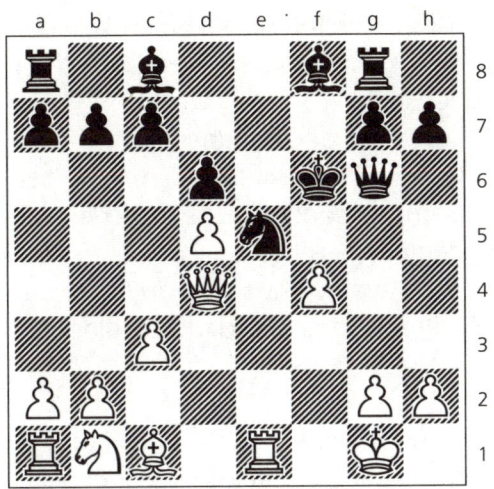

Diagramm 123

Stellung nach 13. f2-f4

Wer will, kann noch folgende Fortsetzung von Variante a) probieren:
13. ... Dg6-f5 14. Sb1-d2. Der Springer läuft nicht davon. Weiß holt seine Entwicklung nach.

14. ... Lc8-d7 15. Sd2-f3 Ta8-e8 16. f4 xe5† d6xe5
Bevor man einen Stein des Gegners schlägt beziehungsweise tauscht, gilt es immer auszurechnen, wie sich Angriff und Deckung die Waage halten. Der Be5 ist dreimal angegriffen (von Dd4, Te1 und Sf3) und dreimal verteidigt (von Kf6, Df5 und Te8). Weiß schlägt aber trotzdem auf e5, weil er am Schluss eine Kombination in petto hat; anders gesagt: die Tauschkombination hat im 19. Zug von Weiß ihre Pointe.

17. Sf3xe5! Te8xe5 18. Te1xe5 Df5xe5 19. Lc1-g5†!

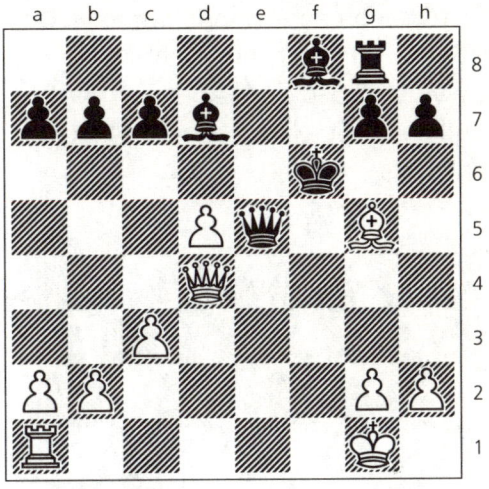

Diagramm 124

Stellung nach 19. Lc1-g5†

Weiß versucht, den König von der Deckung der Dame abzulenken. Schwarz muss akzeptieren, denn 19. ... Kf5 20. Tf1† wäre noch übler für ihn. Da die Dame den Läufer nicht nehmen kann – sie ist von der Dd4 gefesselt – bleibt nur **19. ... Kf6xg5 20. Dd4xe5† Kg5-g6,** wonach Weiß am sichersten mit **21. De5xc7** fortsetzt. Damit ist nicht nur der Ld7 angegriffen, es wird vor allem der Entwicklungszug Lf8-c5† verhindert.

Zu den typischen Kombinationen auf der e-Linie zählt das Schottische Gambit: **1. e2-e4 e7-e5 2. Sg1-f3 Sb8-c6 3. d2-d4 e5xd4 4. Lf1-c4 Lf8-c5 5. 0-0 Dd8-e7? 6. e4-e5 Sc6xe5?** Schwarz beißt an!

7. Sf3xe5 De7xe5 8. Tf1-e1. Und die gefesselte Dame geht verloren.

Spanische Partie:
1. e2-e4 e7-e5 2. Sg1-f3 Sb8-c6 3. Lf1-b5 Sg8-f6. Die »Berliner Verteidigung«, die früher oft angewandt wurde: **4. 0-0 Sf6xe4 5. Tf1-e1.** Als nachhaltiger gilt der Vorstoß 5. d2-d4! Aber bei weniger routinierten Spielern ist der Turmzug gefährlicher.

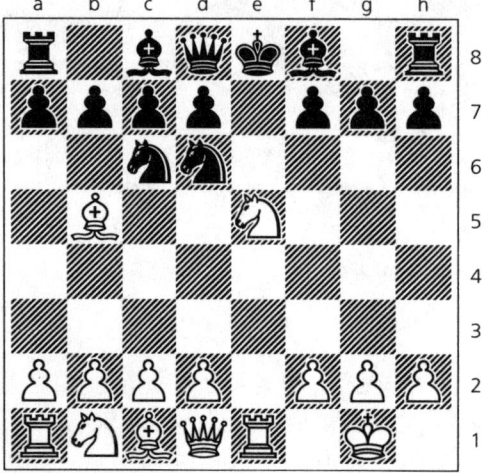

Diagramm 125

Stellung nach 5. Tf1-e1

Dringend erforderlich für Schwarz wäre jetzt die sofortige Schließung der e-Linie von e1–e8 durch den Entwicklungszug 6.... Lf8-e7! Unsere Fortsetzung soll aber die krassen Folgen von fehlerhaftem Spiel in der e-Linie zeigen:

5. ... Sd6xb5?? 6. Se5xc6† Lf8-e7 7. Sc6xd8 Ke8xd8 8. Dd1-e2! Th8-e8 9. De2xb5.
Gegen den Doppelangriff der Dame auf den Sb5 und den Le7 gibt es keine Parade. Schwarz hat die Dame verloren und kann aufgeben.

Die drei Kardinalfehler in der Eröffnung

Drei Zugarten muss der Lernende in der Eröffnung vermeiden. Diese typischen Fehler sind:
1. Züge mit den Randbauern.
2. Das frühe Umherziehen mit der Dame, besonders auf e7 oder e2 vor den eigenen König.
3. Das Herausziehen der Läufer vor die Mittelbauern, die dadurch blockiert werden.

All diese Fehler sehen wir in einem Partieanfang, wie er bei Laienspielern nicht ungewöhnlich ist:

1. e2-e4 e7-e5 2. Sg1-f3 Sb8-c6.
Was jetzt kommt, widerspricht dem gesunden Positionsspiel.

3. Lf1-d3 Lf8-d6
Die Läuferzüge schädigen den Aufbau, weil die Läufer auf d3 und d6 die eigenen Damenbauern am Aufzug hindern. Damit die Läufer freie Zugstraßen erhalten, müssen vorher die Damenbauern gezogen werden, um jeweils einen oder zwei Schritte. Jetzt haben beide Parteien ihren Damenbauern blockiert, die normale Entwicklung d2-d3 nebst Lc1-e3 oder Lc1-g5 beziehungsweise d7-d6 nebst Lc8-d7/e6/g4 kann nicht erfolgen.

4. a2-a3 h7-h6 5. h2-h3 a7-a6
Das sind vollkommen unnötige und die Stellung schwächende Randbauernauf-

züge. Züge wie h2-h3 oder h7-h6, a2-a3 und a7-a6 sind nur in besonderen Fällen angebracht, meistens aber nicht im frühen Eröffnungsstadium. Vor allem in den offenen Spielen – mit 1. e2-e4 e7-e5 also – ist jedes Tempo wichtig. Zeit ist im Schach oft wichtiger als Material!

Freilich, wenn beide Seiten sozusagen gleich schwach spielen wie in dem hier angeschnittenen Beispiel, sind nachteilige Folgen nicht zu befürchten. Nur – mit planmäßigem und gutem Schachspiel hat ein solcher Aufbau nichts mehr gemeinsam.

6. b2-b4 b7-b5 7. c2-c3 Dd8-e7 8. Lc1-b2 Lc8-b7

Die meisten Figuren sind nun auf beiden Seiten so aufgestellt, dass sie wenig Wirkung entfalten können; der weiße Sb1 ist zugunfähig, ebenso sind dem Lb2 die Aussichten verbaut durch eigene Bauern. Kurz und schlecht – es handelt sich um eine antipositionelle Partieanlage von beiden Seiten. Ein ähnlich abscheuliches Bild zeigt das Diagramm 129.

Die schöne Musterpartie

1. e2-e4 e7-e5 2. d2-d4 e5xd4 3. Dd1xd4 Sb8-c6 4. Dd4-e3

Ein guter Rückzug, aber man kann auch Dd1 spielen. Ein grober Fehler wäre, wie wir bereits wissen, der Zug 3. Dd4-c3?? wegen der Fesselung 3. ... Lf8-b4 mit Damenfang.

4. ... Sd8-f6 5. h2-h3?

Wenn Weiß den Zug Sf6-g4 mit Angriff auf die Dame fürchtet, sollte er besser 5. Lf1-e2 ziehen! Dieser und auch der nächste Randbauernzug gehören zu den typischen Fehlern in der Eröffnung.

5. ... Lf8-e7! 6. a2-a3? 0-0 7. Lf1-c4

Endlich ein Entwicklungszug. Schwarz ist aber in der Entwicklung weit voraus, weil er bereits rochiert und drei Offiziere im Spiel hat.

7. ... Tf8-e8 8. De3-b3?

Ein Angriffszug auf den schwachen Punkt f7. Aber um angreifen zu können, fehlen Weiß die Voraussetzungen: Er hat nur Dame und Läufer im Spiel, während Schwarz gut entwickelt ist und bereits verdeckt in der e-Linie mit seinem Turm Aufstellung genommen hat.

8. ... d7-d5!

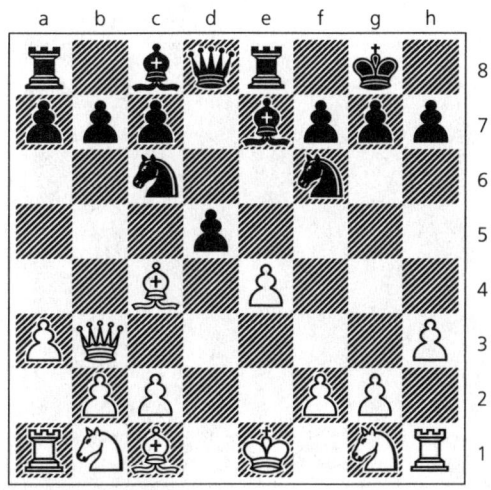

Diagramm 126

Stellung nach 8. ... d7-d5

Mit diesem starken Zentrumsvorstoß wird die weiße Stellung aus den Angeln gehoben. Obwohl Weiß den Punkt d5 dreimal kontrolliert (mit Db3, Lc4, Be4) und Schwarz nur zweimal (Dd8, Sf6), ist der Vorstoß möglich. Am Ende der Schlagserie auf d5 öffnet sich die e-Linie – und dort gelangt der schwarze Turm von e8 aus zu verheerender Wirkung.

9. Lc4xd5 Dd8xd5!
Auch Sf6xd5 wäre möglich, doch ist das Damenopfer eleganter.

10. e4xd5 Le7-b4† – Doppelschach! Nur ein Königszug kommt in Betracht:

11. Ke1-f1 (oder Ke1-d1) **Te8-e1††!**
Züge wie Dd8-e7 oder Dd1-e2 sind in der Eröffnung meist nicht gut, wenn die Gefahr besteht, dass der gegnerische Turm die Hintereinanderstellung von König und Dame ausnutzen kann.

Dasselbe wäre eingetreten, hätte Weiß im 10. Zug mit der Dame auf d5 geschlagen: 10. Db3xd5 Sf6xd5 11. e4xd5 Le7-b4†† und wieder matt im nächsten Zug. Nimmt Weiß im 10. Zug nicht d5, hat er in jedem Fall eine Figur weniger.

Weiß bleibt natürlich noch die Möglichkeit, auf den Zug 8. ... d7-d5! den Läufer abzuziehen, aber dann erhält Schwarz unter Wegnahme des Be4 eine überwältigende Position: 9. ... Sf6xe4 oder auch mit Le7-c5!

Italienische Eröffnung mit Fehler

1. e2-e4 e7-e5 2. Sg1-f3 Sb8-c6 3. Lf1-c4 h7-h6?
Das ist ein typischer Fehler von ungeübten Spielern. Der Zug bedeutet einen Tempoverlust an dieser Stelle.

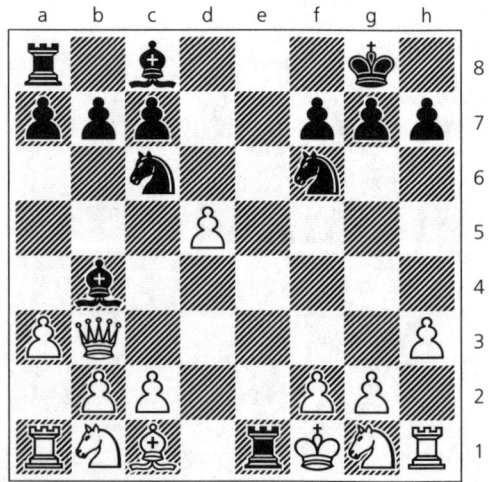

Diagramm 127

Stellung nach 11. Te8-e1††

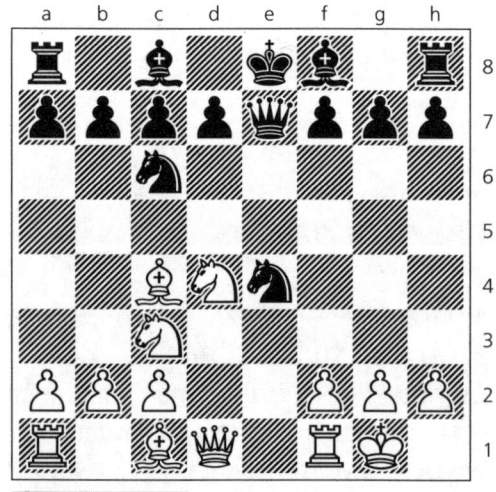

Diagramm 128

Stellung nach 7. ... Sf6xe4??

4. 0-0 Sg8-f6 5. Sb1-c3 Dd8-e7? 6. d2-d4 e5xd4 7. Sf3xd4 Sf6xe4??

Dies ist bereits der dritte Fehler in dieser Eröffnung! Schwarz hat zwar einen Bauern gewonnen, aber er wird nun eine Figur oder die Dame gegen einen Turm verlieren.

8. Sc3xe4 De7xe4 9. Tf1-e1 mit Damenverlust für Schwarz. Bei 9. ... Sd4: 10. Te4:† Se6 behält Schwarz sogar lediglich eine Figur für die verlorene Dame.

Wie man nicht eröffnen soll

In der folgenden Schachpartie (Diagramm 129) entdecken wir von beiden Seiten Züge, wie wir sie in der Eröffnung in der Regel vermeiden sollten.

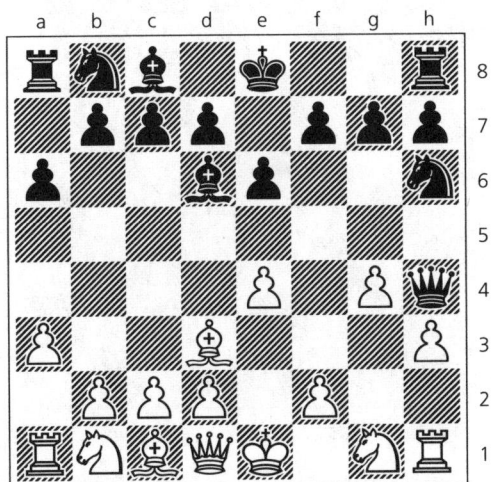

Diagramm 129

Stellung nach 5. ... Dd8-h4

1. e2-e4 e7-e6

Ein guter Zug für Schwarz, die »Französische Verteidigung«. Aber alles, was nun nach diesem ersten Zug kommt, gilt von beiden Seiten als positionswidrig.

2. Lf1-d3 Lf8-d6

Durch die Läuferzüge werden die Damenbauern verstellt, die natürliche Entwicklungsmöglichkeit der Läufer auf der Damenseite (Lc1-g5 oder Lc8-g4 oder ähnlich) ist verhindert, weil die d-Bauern blockiert sind.

3. a2-a3 a7-a6 4. h2-h3 Sg8-h6

Aufzüge der Randbauern vermeiden wir in der Eröffnung, weil sie meistens nur Zeitverlust, also Tempoverluste sind. Auch soll man die Springer nicht an den Rand ziehen! Auf den Randfeldern haben Springer die geringste Wirkungsmöglichkeit. Die vier Springer werden in fast allen Eröffnungen auf Felder gezogen, die eine Einwirkung auf die vier Zentrumsfelder d4-e4-d5-e5 ermöglichen, also Weiß Sb1-c3, Sg1-f3, Schwarz Sb8-c6, Sg8-f6. In zweiter Linie folgen die Springerzüge Sb1-d2, Sg1-e2, Schwarz Sb8-d7, Sg8-e7.

5. g2-g4 Dd8-h4

Der Bauernzug g2-g4 ist ein Stoß in die Luft. Ebenso ist das Herausbringen der schwarzen Dame unmotiviert; sie kann durch den nächsten weißen Zug **6. Sg1-f3** unter Tempogewinn wieder verjagt werden, und das heißt: Weiß hat den Entwicklungszug Sf3 geschenkt bekommen.

Wenn wir schon bei den Bauernzügen h2-h3/a2-a3 sind, soll ein in Laienkreisen weit verbreiteter Irrtum berichtigt werden: Es ist nicht erlaubt, im ersten Zug gleichzeitig zwei Bauernzüge auszuführen! Auch nicht zwei Bauernzüge mit je einem Schritt, ungefähr nach der fragwürdigen Logik: Wenn ich im 1. Zug mit einem Bauern zwei Schritte ziehen darf, so kann ich ja auch mit zwei Bauern je einen Schritt ziehen. Woher, aus welchem Schachbuch soll diese unsinnige Regel stammen? Die Geschäftsstelle des Deutschen Schachbundes gibt über Spielregeln und alle das Schachspiel betreffende Fragen gerne Auskunft: Geschäftsstelle des DSB, Breitenbachplatz 17–19, 14195 Berlin, tel.: 0 30 / 8 24 99 01, E-Mail: schachgs@aol.com.

Und noch einmal: Offene e-Linie immer beachten!

Schottische Partie: **1. e2-e4 e7-e5 2. Sg1-f3 Sb8-c6 3. d2-d4 e5xd4.**
Diese Eröffnung bekam ihren Namen im Jahre 1824. Damals wurden zwischen Edinburgh und London mehrere Fernpartien gespielt, es gab einen regen Briefwechsel.

4. Sf3xd4 Dd8-h4

Ein spielbarer, aber kein empfehlenswerter Zug für Schwarz. Es ist selten gut, die Dame frühzeitig ins Spiel zu bringen und mit ihr auf Bauernbeute auszugehen.

Hier ist der Mittelbauer e4 das Ziel des Angriffes.

5. Sd4-f3! Dh4xe4† 6. Lf1-e2 d7-d5 7. 0-0.
Die Rochade ist noch besser als der Entwicklungszug mit Tempo 7. Sc3; die e-Linie wird zur entscheidenden Operationsbasis gegen Dame und König des Gegners.

7. ... Sc6-b4?!

Ein verfehlter Angriffszug. Schwarz verstößt gegen bekannte Prinzipien des Positionsspiels: 1. das zu frühe Herausbringen der Dame, 2. das mehrfache Ziehen mit derselben Figur in der Eröffnung, also Zeitverlust.

8. Tf1-e1!!

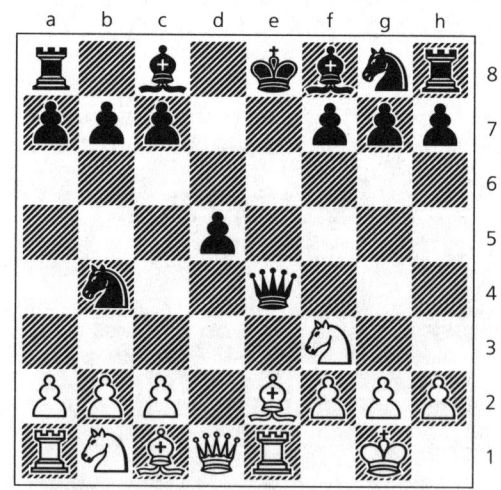

Diagramm 130

Stellung nach 8. Tf1-e1

Die Strafen für die schwarze Eröffnungssünden folgt auf dem Fuße.

8. ... Sb4xc2? 9. Dd1xc2!

Weiß gibt seine Dame für den Springer – und Schwarz greift zu, weil er die Gefahren in der e-Linie nicht erkennt.

9. ... De4xc2 10. Le2-b5† Ke8-d8 11. Te1-e8††!

Im 10. Zug haben wir wieder das gefürchtete Doppelschach gesehen, auf das Schwarz nur der Königszug nach d8 geblieben ist. Schwarz hat zwar die Dame gewonnen, den König aber verspielt!

Wie eine Schachpartie eröffnet wird

Die ersten Züge einer Schachpartie dienen immer der Mobilisierung der Streitkräfte. Der beiderseitige Aufmarsch der Bauern und Figuren konzentriert sich zunächst auf das Zentrum, entweder direkt oder indirekt. Als Zentrum werden die vier Mittelfelder e4-e5 und d4-d5 bezeichnet. Die Praxis hat es erwiesen, die Erfahrung hat es bestätigt, und es entspricht der Anordnung der Steine in der Grundstellung: Diese *vier Zentrumsfelder haben in der Anlage der Schachpartie eine besondere Bedeutung.* Von der Mitte aus haben die Figuren nach allen Seiten die größtmögliche Wirkung, aber auch die Bauern beherrschen in der zentralen Lage die meisten Felder. Immer dreht es sich bei den Eröffnungszügen um das Beherrschen der Mittelfelder, egal ob sie direkt besetzt oder von der

Flanke aus kontrolliert werden. Nach ungefähr zehn bis fünfzehn Zügen kann die Eröffnungsphase in der Regel als beendet angesehen werden und es beginnt das Mittelspiel. Die Voraussetzungen für ein günstiges Mittelspiel erhofft sich der Schachspieler von einer vorteilhaften Eröffnung. Es gibt aber keine Vorschriften oder Regeln dafür, wie man am vorteilhaftesten eröffnet. Die Spielanfänge können Weiß und Schwarz zahlreich variieren. Und so haben sich auch in der Schachtheorie viele Spielanfänge eingebürgert, die Bezeichnungen dafür sind ebenso zahlreich. Die Literatur über Schacheröffnungen ist mittlerweile so umfangreich geworden, dass über fast jede der vielleicht dreißig gängigen Eröffnungen mit ihren vielen Abzweigungen unzählige Schachbücher vorliegen. Weil die Schacheröffnungen auch etwas der Mode unterliegen – der Amateur spielt und übernimmt oft das, was gerade die führenden Meister auf den Turnieren bevorzugen –, erscheinen auch immer wieder neue Bücher über Eröffnungen oder Neuauflagen bewährter Titel.

Das Diagramm 131 zeigt, wie Bauern und Offiziere – die Leichtfiguren – im Zentrumskampf in der Eröffnung eingesetzt werden.

Wann immer der Gegner es zulässt, wird man mit den zwei Mittelbauern das Zentrum besetzen, also e2-e4 und d2-d4 spielen; ebenso wird Schwarz e7-e5 und d7-d5 ziehen. Dies bleibt aber häufig eine Wunschvorstellung, weil auch der Gegner mit den ersten Zügen im

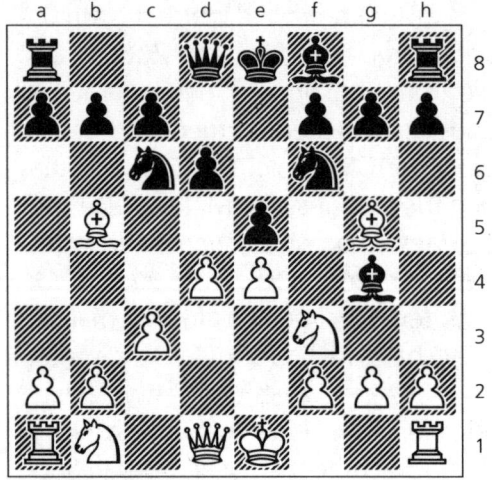

Diagramm 131

Zentrum Fuß zu fassen trachtet. Es gibt aber auch moderne Spielanfänge, in denen Schwarz die Flankenentwicklung seines Königsläufers vorzieht.

Goldene Eröffnungsregeln

Schach ist nicht nur ein Spiel der Regeln, sondern auch ein Spiel der Ausnahmen. Aber es wäre unlogisch, würden wir nur die Ausnahmen und nicht auch die Regeln lernen. Eine Ausnahme ist es zum Beispiel, wenn im »Narrenmatt« die Dame frühzeitig ins Spiel gebracht wird: bereits im 2. Zug, um das Matt Dd8-h4†† zu geben. Die Regel aus der Erfahrung lehrt hingegen, die Dame möglichst *nicht* frühzeitig zu entwickeln. Aber wer möchte schon so regeltreu spielen, nur weil der frühe Damenzug gegen alle Erfahrungen spricht?

Hier zusammengefasst diese beherzigenswerten goldenen Eröffnungsregeln:

1. Wenn es uns der Gegner erlaubt, besetzen wir mit zwei Zentrumsbauern die Zentrumsfelder.
2. In der Regel bringen wir die Springer vor den Läufern heraus.
3. In der Eröffnung ist man bestrebt, möglichst rasch die kurze Rochade anzusteuern, damit der König bald eventuellen Gefahren in der Mitte entzogen wird. Zu diesem Zweck werden zuerst die Figuren der Königsseite (Sg1, Lf1; Sg8, Lf8) entwickelt.
4. Eine goldene Eröffnungsregel besagt: Ziehe mit einer Figur in der Eröffnung nicht zweimal (»außer wenn es gut ist!«, fügte Dr. Tarrasch, der »*Praeceptor Germaniae*«, hinzu)! Man vermeide also Tempoverluste (Zeitverluste). Denn rasche Entwicklung ist das oberste Gebot in der Schacheröffnung.
5. Die Entwicklung (das Herausbringen aus der Grundstellung) der Figuren soll auf Felder erfolgen, auf denen sie maximale Wirkung ausüben. Züge wie Sa3/Sa6 oder Sh3/Sh6 sollten daher nur in Ausnahmefällen erfolgen.
6. Die schweren Figuren wie Dame und Türme stehen zunächst am besten auf der Grundlinie. Sie werden erst dann ins Spiel gebracht, wenn die leichten Figuren entwickelt sind und die Rochade ausgeführt ist.

7. Ein wichtiger Punkt beim Aufbau ist, dass besonders Bauernzüge genau überlegt werden müssen – für sie gibt es kein Zurück! In der Regel vermeiden wir Randbauernzüge wie a2-a3/ a7-a6, h2-h3/h7-h6 (das schickt sich bloß als Meister!).

Schacheröffnungen werden generell in drei große Gruppen unterteilt, und zwar in offene, halboffene und geschlossene Spiele:

- »Offene Spiele« nennt man Eröffnungen, in denen mit 1. e2-e4 und e7-e5 begonnen wird, und bei denen es meist frühzeitig zu Linienöffnungen in der Mitte kommt.
- »Halboffene Spiele« sind Eröffnungen, in denen Weiß mit 1. e2-e4 beginnt, Schwarz aber anders als mit e7-e5 antwortet, zum Beispiel mit 1. ... e7-e6 (= Französisch). Im Allgemeinen kommt es bei den »halboffenen Spielen« erst später zur Öffnung des Spiels – etwas später als bei den »offenen Spielen«, aber doch früher als bei den »geschlossenen« Spielen.
- »Geschlossene Spiele« heißen alle Spielanfänge, in denen Weiß anders als mit 1. e2-e4 beginnt, also etwa mit 1. d2-d4 oder auch 1. Sg1-f3.

Diese Unterteilung ist etwas unbefriedigend, sie muss als eher willkürlich angesehen werden. Denn manche »spanisch« eröffnete Partie behält lange bis ins Mittelspiel hinein einen geschlossenen Stellungscharakter, während ein Damengambit in entsprechenden Varianten schon früh zu Linienöffnungen und »Schlagabtausch« führen kann. Wieder war es Siegbert Tarrasch, der zu dieser starren Nomenklatur die vernünftige Ansicht des großen Praktikers und Theoretikers ausdrückt: »Diese Einteilung halte ich für ganz verfehlt. Die Eröffnung 1. e2-e4 e7-e6 2. d2-d4 d7-d5 3. e4xd5 e6xd5 zum Beispiel ist so offen wie nur irgend möglich. Alle Partien sind zunächst geschlossen und werden früher oder später geöffnet durch einen Bauerntausch, der eben eine oder mehrere Linien öffnet.«

Doch setzen wir uns nun vor das Schachbrett, um mit einem fundamentalen Spielanfang zu eröffnen.

Das Spiel des Damiano

1. e2-e4 e7-e5 2. Sg1-f3 f7-f6? 3. Sf3xe5.

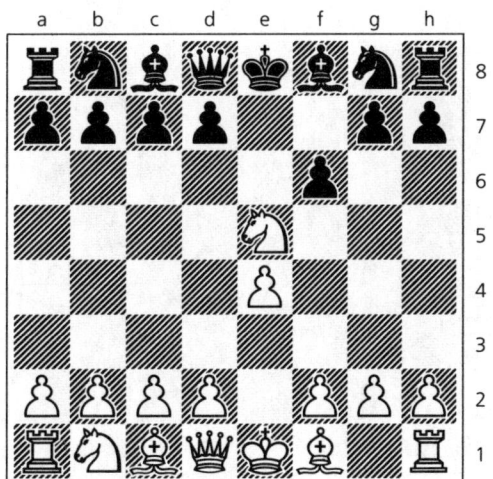

Diagramm 132

Stellung nach 3. Sf3xe5

Ein Springeropfer schon im 3. Zug, es wird bereits in der Göttinger Handschrift des Jahres 1490 erwähnt. Dies ist das erste Schachbuch, das die neuen Regeln in Europa zusammengefasst bekannt machte. Aber auch die Schriften von Lucena 1497 und Damiano 1512 analysieren bereits diese Züge. (Wegen der Entgegnung 3. ... Dd8-e7 gilt heute der einfache Entwicklungszug 3. Lf1-c4! als noch stärker: 3. ... Sb8-c6 4. a2-a3!)

3. ... f6xe5 4. Dd1-h5† Ke8-e7. (Das ebenfalls mögliche Abspiel mit 4. ... g7-g6 untersuchen wir in Variante b.) anschließend.)

5. Dh5xe5† Ke7-f7 6. Lf1-c4† d7-d5!
Der Zug ist für Schwarz noch am besten. Nach 6. ... kf7-gb. 7. De5-f5† Kg6-h6 8. d2-d4† – der Lc1 gibt das vom Bauern aufgedeckte Schach – 8. ... g7-g5 9. h2-h4 d7-d5 käme es zu folgender Stellung:

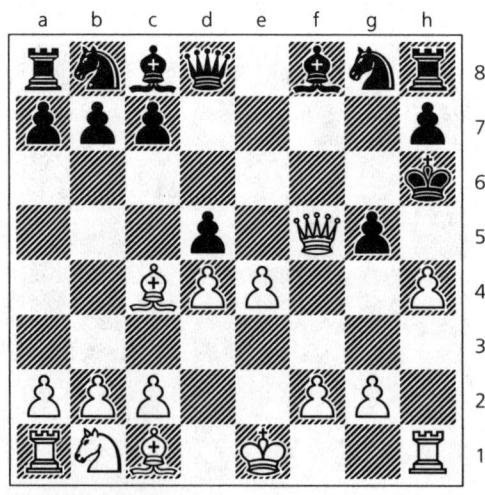

Diagramm 133

Stellung nach 9. ... d7-d5 (Variante)

Weiß zieht jetzt 10. Df5-f7!; ein stiller Zug, der mehr leistet als das Doppelschach 10. h4xg5† Kh6-g7. Schwarz kann das drohende Matt h4xg5†† nur noch um vier Züge hinauszögern. (Diese vier Züge sind nicht so leicht zu sehen: 10. ... Lf8-b4† 11. Ke1-f1 Lb4-d2 12. Lc1xd2 Lc8-h3 13. h4xg5† Dd8xg5 14. Th1xh3††.)

Wir setzen das Spiel fort mit dem 7. Zug der Hauptvariante:

7. Lc4xd5† Kf7-g6 8. h2-h4 h7-h6 9. Ld5xb7!
Mit Gewinn von Qualität – Weiß wird den Ta8 erobern und am Schluss eine Qualität mehr haben. Der Witz der Kombination ist, dass Schwarz das Geschenk nicht annehmen darf mit 9. ... Lc8xb7 wegen 10. De5-f5††!

9. ... Lf8-d6 10. De5-a5 gewinnt. Schwarz kann sich jedoch besser auf 8. h2-h4 hin mit h7-h5! verteidigen. Deshalb kommt für Weiß sehr stark die folgende witzige Fortsetzung in Betracht:

8. De5-g3† Dd8-g5 9. Ld5-f7† Kg6-h6
Wenn 9. ... Kf7:, folgen entweder Damenverlust 10. Dg5: oder 9. ... kf6 10. Df3† Ke7 11. Sc3!

10. f2-f4!
Schlägt Schwarz die Dame auf g3, folgt 11. h2xg3 nebst matt, Lc8-h3 zögert das Matt um einen Zug hinaus.
Nach dem Rückzug der Dame mit 10. ... Dg5-e7 folgt 11. d2-d3! g7-g6

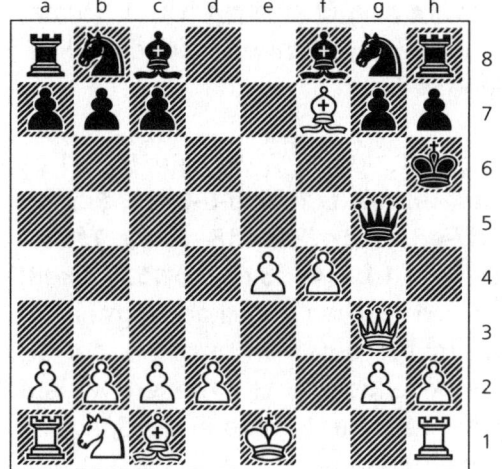

Diagramm 134

Stellung nach 10. f2-f4 (Variante)

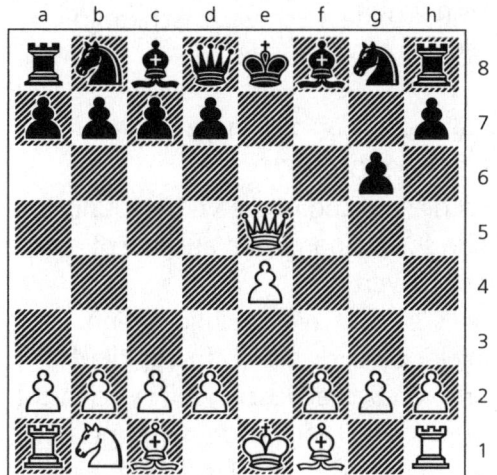

Diagramm 135

Stellung nach 5. Dh5xe5† (Variante)

(nicht Df7: 12. Dg5††) 12. f4-f5† Kh6-g7 13. Lf7xg6!

Schwarz kann das Matt nur noch unter Verlust seiner Dame hinauszögern. Etwa mit 13. ... De7-d6 14. Lc1-f4 oder 14. e4-e5 oder mit 13. ... Lc8xf5 14. Lg6xf5† Kg7-f7 15. 0-0 usw.

Nun untersuchen wir zur Übung die Variante b.) nach 1. e4 e5 2. Sf3 f6 3. Se5: fe5: 4. Dh5†:

4. ... g7-g6 5. Dh5xe5†

Schwarz wird seinen Turm auf h8 verlieren. Aber im Spiel mit einem unerfahrenen Gegner lässt sich eventuell die eingesperrte Dame auf h8 erobern.

Immerhin muss Weiß die beste Erwiderung kennen: **5. ... D8-e7 6. De5xh8 Sg8-f6 7. d2-d3 d7-d5! 8. Lc1-g5.** Nicht so gut wäre 8. Lc1-h6 Sb8-d7.

8. ... Sb8-d7 9. Sb1-c3 c7-c6.

Wenn jetzt Weiß arglos 10. 0-0-0 lang

rochiert, kommt er nach Ke8-f7! mit der Dame ins Gedränge. Schwarz droht Damenfang durch Lf8-g7!

10. h2-h4! Ke8-f7 11. h4-h5 Lf8-g7 12. Dh8xh7!

Überraschend und am besten für Weiß.

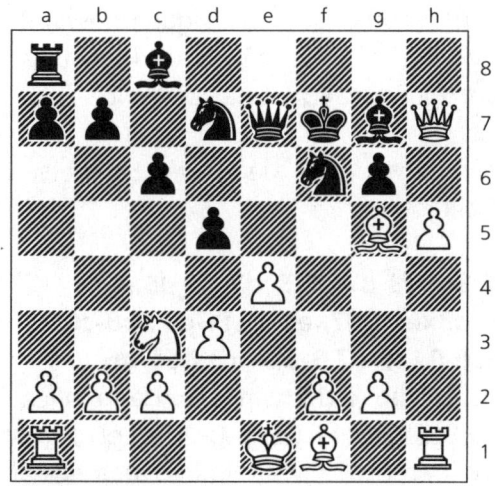

Diagramm 136

Stellung nach 12. Dh8xh7! (Variante)

Weiß: Schiffers Schwarz: Tschigorin
1897

**1. e2-e4 e7-e5 2. Sg1-f3 f7-f6
3. Sf3xe5 Dd8-e7!**
Mit diesem Zug ist die Verteidigung gerade so spielbar, wenn auch nicht empfehlenswert.

Es ist also nicht richtig, wenn gute Spieler über diese Eröffnung die Nase rümpfen. Schließlich handelt es sich nicht nur um eine Marotte des Großmeisters, der ohnehin in der Eröffnung eigene Wege zu gehen pflegte; auch bei der Studentenweltmeisterschaft 1964 in Krakau wurde die gleiche Variante zwischen Westmann und Havanski gespielt!

Was so große Spieler anwenden, dürfen Amateurschachspieler schon längst ausprobieren!

In der Diagrammstellung trifft man häufig einen Fehler an: 3. Dd1-h5† g7-g6 4. Se5xg6. In der Erwartung: 4. ... h7xg6 5. Dh5xh8. Aber Schwarz hat einen Zwischenzug mit Figurengewinn! 4. ... De7xe4† 5. Lf1-e2 De4xg6 und der Springer segnet das Zeitliche.

Wir folgen aber der Partie Schiffers–Tschigorin.

**4. Se5-f3 d7-d5 5. d2-d3 d5xe4
6. d3xe4 De7xe4 7. Lf1-e2 Sb8-c6
8. 0-0 Lc8-d7 9. Sb1-c3 De4-g6**
So spielte Tschigorin, der dann nach 10. Se5! Se5: 11. Lh5 0-0-0 12. Lg6: hg6: die Dame für zwei Figuren hergeben musste. Die Partie endete remis, wobei Tschigorin sogar noch einen glänzenden

Gewinnweg übersehen hatte! Normalerweise muss Schwarz aber diese Stellung verlieren.

In der Studenten-WM folgte: **9. Sb1-c3 De4-e6 10. Lc1-f4 0-0-0 11. Sc3-b5 Ld7-e8 12. Le2-d3 Lf8-d6 13. Tf1-e1 De6-g4 14. Lf4xd6 c7xd6 15. Te1xe8!** Überall tauchen im Schach Kombinationsmotive auf, man muss sie nur als solche erkennen. Hier treffen wir auf eine gute alte Bekannte: die Springergabel!

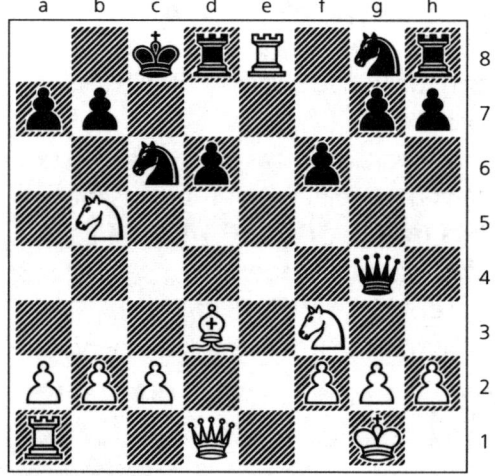

Diagramm 137

Stellung nach 15. Te1xe8

15. ... Td8xe8 16. Ld3-f5!!
Nicht das profane Sb5xd6† war das Ziel von Weiß, als er die Kombination mit dem Qualitätsopfer auf e8 ansetzte; Damengewinn durch die Springergabel auf d6 ist das hohe Ziel! Schwarz gab daher auf. Er verliert nach 16. ... Dg4xf5 17. Sb5xd6† die Dame gegen nur einen Turm.

Die Eröffnung **1. e2-e4 e7-e5 2. Sg1-f3** nennt man Königsspringerspiel. Dem Angriff auf den Be5 kann Schwarz außer mit 2. ... f7-f6? mit folgenden Verteidigungen begegnen:

2. ... d7-d6 = Philidor-Verteidigung

2. ... Sb8-c6 = Vorbereitung zu Spanisch, Italienisch, Schottisch, Ponziani – je nachdem, welche Wahl Weiß im 3. Zug treffen wird.

2. ... Sg8-f6 = Russische Verteidigung, Gegenangriff auf Be4.

Als ungünstig werden diese Gegenzüge angesehen: 2. ... Dd8-e7, weil die Dame die Entwicklung des Lf8 verstellt; 2. ... Dd8-f6, weil dem Königsspringer das natürliche Entwicklungsfeld verstellt wird.

Mit der Untersuchung der Eröffnung des Damiano haben wir bereits viele Grundzüge der Eröffnungsstrategie kennengelernt. Im Folgenden stellen wir die wichtigsten Eröffnungen in Kurzform vor.

Verzeichnis der wichtigsten Schacheröffnungen

Im Folgenden findet der Leser eine Auflistung der wichtigsten Partieanfänge. Da man zu vielen dieser Eröffnungen auf hunderte von Büchern zurückgreifen kann, wird nur das charakterisierende Element aufgezeigt. Findet man Gefallen an einer Struktur, so bietet es sich an, sich mit Hilfe einer Monografie (einem Eröffnungsbuch, das nur ein spezielles Gebiet behandelt) fortzubilden.

Wie bereits erwähnt unterscheidet man zwischen offenen, halboffenen und geschlossenen Spielen.

Offene Spiele (1. e2-e4 e7-e5)

Hier wird oft auf eine schnelle Mobilmachung der Kräfte hingewirkt, der offene, taktische Schlagabtausch gesucht.

Spanische Partie

1. e2-e4 e7-e5 2. Sg1-f3 Sb8-c6 3. Lf1-b5

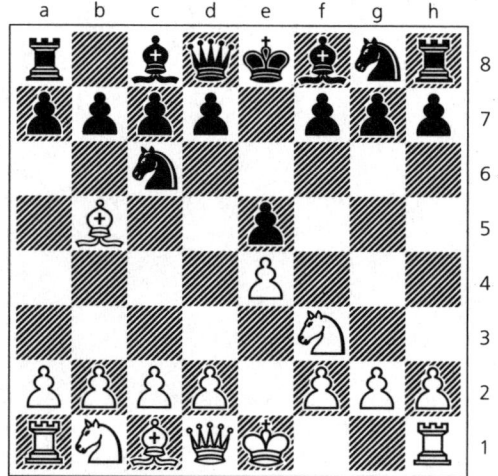

Diagramm 138

Die spanische Partie, nach dem spanischen Priester auch »Ruy Lopez« genannt, gehört zu den ältesten Schacheröffnungen. Der »spanische Läuferzug« von f1 nach b5 unterminiert die Deckung des Bauern e5, das heißt, es wird ein direkter Druck auf die Zentralfelder d4/e5 ausgeübt.

Schottische Partie

1. e2-e4 e7-e5 2. Sg1-f3 Sb8-c6 3. d2-d4

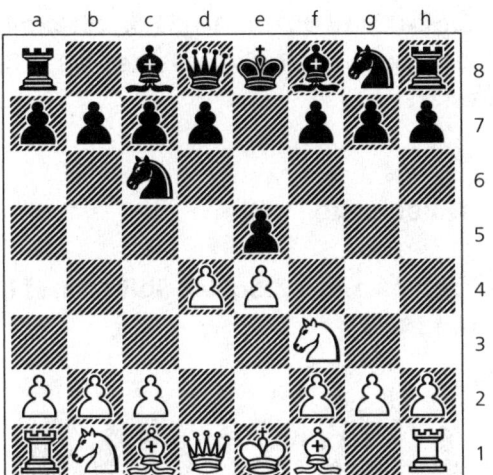

Diagramm 139

Russische Partie

1. e2-e4 e7-e5 2. Sg1-f3 Sg8-f6

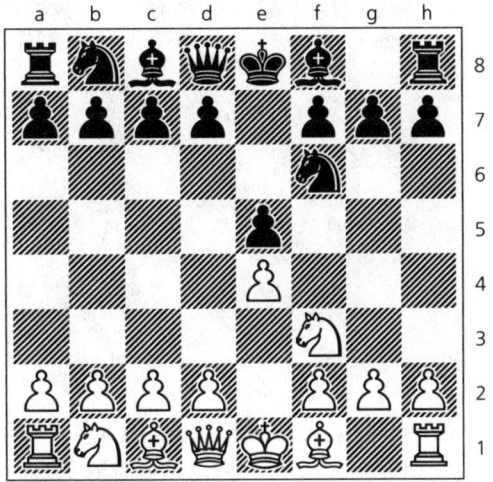

Diagramm 140

Die Bezeichnung »Schottische Partie« oder »Schottisch«, wie man abgekürzt sagt, entstand bei den Fernpartien zwischen Edinburgh und London 1824. Damals wurde speziell diese Eröffnung ausprobiert. Es kommt übrigens vor, dass eine Spielweise 20 bis 30 Jahre lang ganz selten in der Turnierpraxis anzutreffen ist und dann wie Phönix aus der Asche wieder emporsteigt. So ging es auch Schottisch. Jahrelang dachte man, dass Weiß damit nicht auf Vorteil hoffen kann, bis Gary Kasparow sie 1990 wieder erfolgreich im Spitzenschach etablierte. Er gilt als Trendsetter der Eröffnungstheorie und Schottisch erlebte mit ihm eine Renaissance.

Dieser Gegenangriff auf den Be4 kennzeichnet die Verteidigung von Petrow, auch »Russisch« genannt. Sie gilt als grundsolide. Allerdings sind aufgrund der symmetrischen Bauernstellung die aktiven Möglichkeiten stark eingeschränkt und Schwarz strebt zumeist nur nach einem Remis.

Das Seekadettenmatt

Diese Falle stammt von dem französischen Schachmeister Légal aus dem 18. Jahrhundert und die Partie wurde in das Libretto der Oper »Der Seekadett« eingebaut. Daher also der Name!
1. e2-e4 e7-e5 2. Sg1-f3 d7-d6 3. Lf1-c4 Sb8-c6 4. Sb1-c3 Lc8-g4 5. Sf3xe5?!

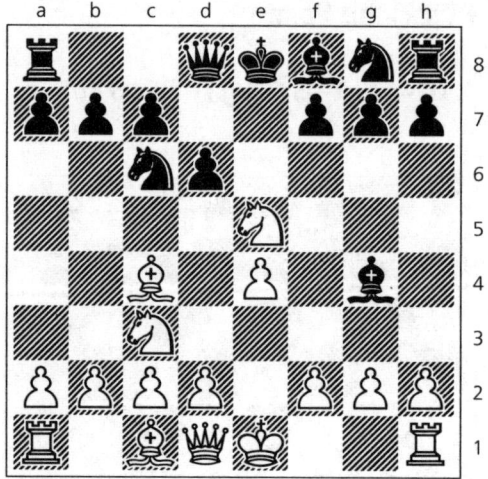

Diagramm 141

Die Seekadettenvariante für Schwarz

**1. e2-e4 e7-e5 2. Sg1-f3 Sg8-f6
3. Sf3xe5 Sb8-c6?! 4. Se5xc6 d7xc6
5. d2-d3 Lf8-c5 6. Lc1-g5? 6. ... Sf6xe4!
7. Lg5xd8. 7. ... Lc5xf2† 8. Ke1-e2 Lc8-g4††.**

Italienische Partie

1. e2-e4 e7-e5 2. Sg1-f3 Sb8-c6 3. Lf1-c4 Lf8-c5

Wenn Schwarz einen kühlen Kopf behält, bevor er mit Lg4xd1 nach der Dame greift, stellt er die Überlegung an: Wieso bietet mir der Gegner die Dame an? War es wirklich ein grobes Versehen von ihm? Oder steckt am Ende eine Gemeinheit dahinter, eine List? Wenn sich Schwarz das ruhig überlegt, nimmt er erst mit 5. ... Sc6xe5! den Springer und hat dadurch eine Figur gewonnen. Wer sich hingegen gierig auf die fette Beute stürzt, wird elegant matt gesetzt.

**5. ... Lg4xd1 6. Lc4xf7† Ke8-e7
7. Sc3-d5††**

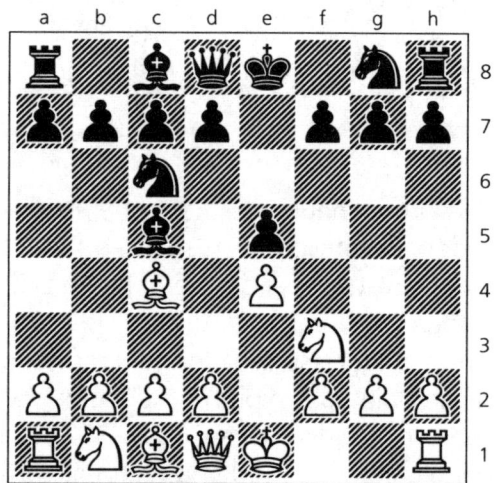

Diagramm 142

Die Italienische Eröffnung geht auf die italienischen Meister des 17. bis 18. Jahrhunderts zurück, vor allem Greco hat sie analysiert. Der Läuferzug nach c4 zielt auf einen schwachen Punkt im schwarzen Lager, den Bf7; außerdem ist es ein zentrales Feld, auf das der Läufer gesetzt wird. Dasselbe gilt natürlich für den schwarzen Läuferzug.

Evans-Gambit

1. e2-e4 e7-e5 2. Sg1-f3 Sb8-c6 3. Lf1-c4 Lf8-c5 4. b2-b4

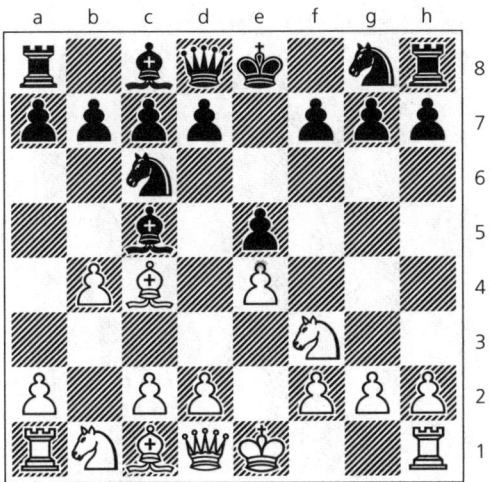

Diagramm 143

Das Evans-Gambit, ein wichtiger Ableger der Italienischen Partie, ist eine alte Spielweise des schottischen Kapitäns Evans. Auch heute wird das Gambit noch angewandt – vor allem, seit es Gary Kasparow in sein Eröffnungsprogramm aufgenommen hat.

Philidor-Verteidigung

1. e2-e4 e7-e5 2. Sg1-f3 d7-d6

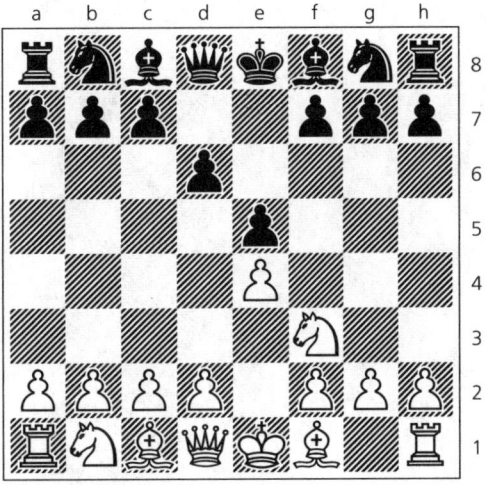

Diagramm 144

Die Lieblingswaffe des französischen Musikers Philidor, für den die Bauern die Seele des Spiels darstellten. Schwarz erhält ein sicheres, wenn auch etwas beengtes Spiel.

Ponziani-Eröffnung

**1. e2-e4 e7-e5 2. Sg1-f3 Sb8-c6
3. c2-c3**

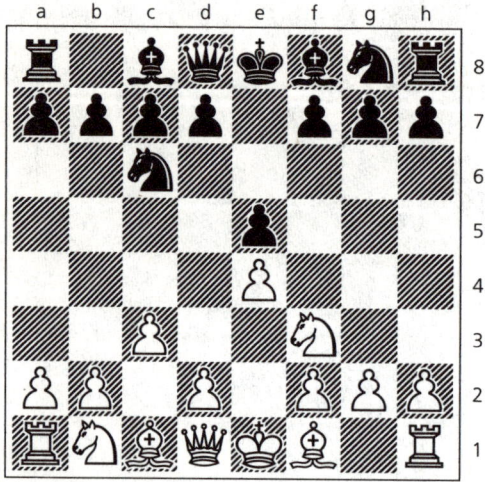

Diagramm 145

Sie wurde im 18. Jahrhundert von dem italienischen Meister Ponziani analysiert und 1975 von Großmeister Ljubojevic gegen Weltmeister Karpow angewandt! Heute ist diese Eröffnung nur selten anzutreffen, da Weiß damit nicht auf Vorteil hoffen kann.

Ungarische Verteidigung

**1. e2-e4 e7-e5 2. Sg1-f3 Sb8-c6
3. Lf1-c4 Lf8-e7**

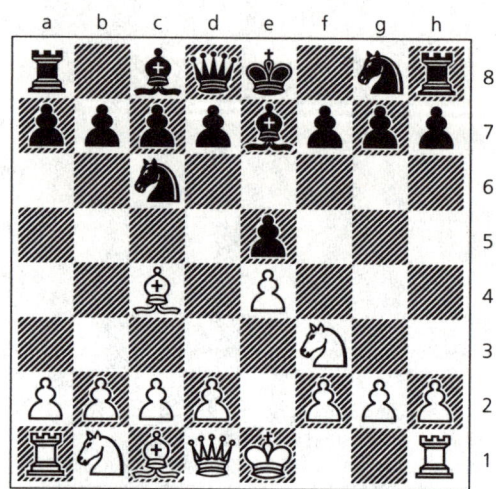

Diagramm 146

Eine sichere Verteidigung, besonders für unerfahrene Spieler. Es wird rasch der Königsflügel entwickelt (Sf6, 0-0) und Schwarz geht allen verzwickten Eröffnungsvarianten aus dem Wege. Er nimmt dabei allerdings leichten Stellungsnachteil in Kauf.

Zweispringerspiel im Nachzug

**1. e2-e4 e7-e5 2. Sg1-f3 Sb8-c6
3. Lf1-c4 Sg8-f6**

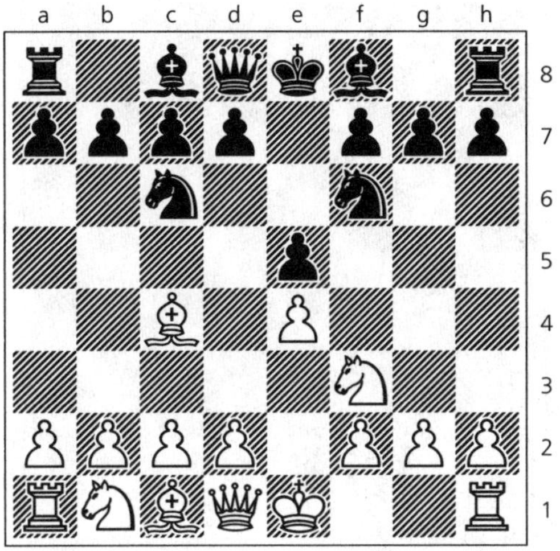

Dreispringerspiel

**1. e2-e4 e7-e5 2. Sg1-f3 Sb8-c6
3. Sb1-c3**

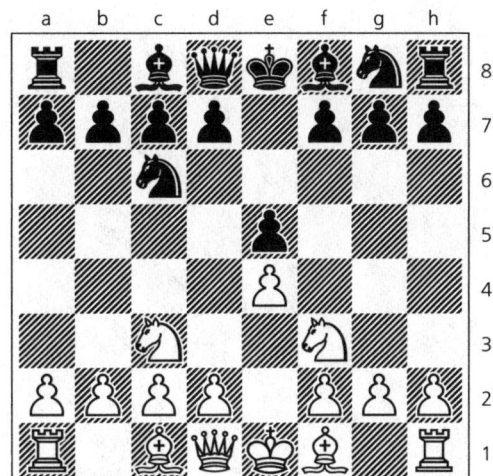

Diagramm 147

Diagramm 148

Im »Nachzug« deswegen, weil Schwarz als »Nachziehender« seine beiden Springer herausbringt. Es heißt auch »Preußisch«. Die alte deutsche Bezeichnung rührt vom Kreis des Berliner Siebengestirns um Bledow und Bilguer aus den Jahren 1820 bis 1860 her.

Eine ruhige Eröffnung, in der Weiß nicht nach Eröffnungsvorteilen trachtet und zunächst versucht, seine Figuren ungestört zu entwickeln.

Vierspringerspiel

1. e2-e4 e7-e5 2. Sg1-f3 Sb8-c6
3. Sb1-c3 Sg8-f6

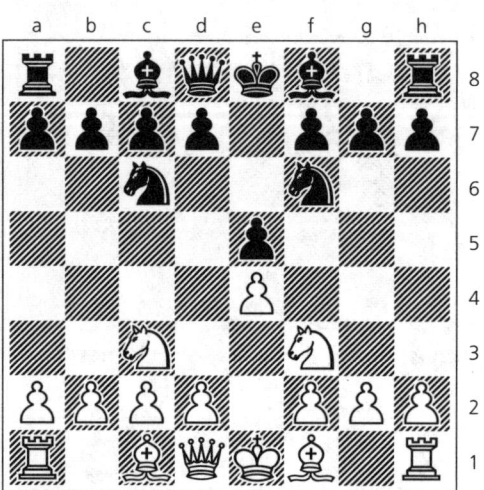

Diagramm 149

Eine bis 1920 sehr populäre Eröffnung, die später beinahe in Vergessenheit geriet. Aber das Vierspringerspiel bleibt ewig jung. Nach dem Überdruss an hypermodernen Spielanfängen wird es heute wieder häufiger angewandt.

Wiener Partie

1. e2-e4 e7-e5 2. Sb1-c3 Sg8-f6

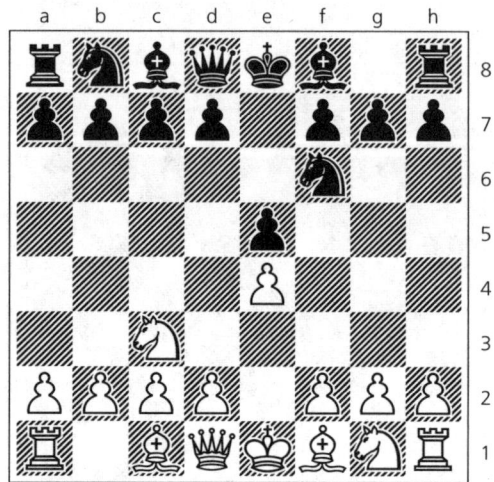

Diagramm 150

Dieser Beginn kann zu so verschiedenen Eröffnungen überleiten wie Schottisch, Vierspringerspiel oder Italienisch.

Die »Exoten« unter den offenen Spielen

Hierbei handelt es sich um Eröffnungen, die auf Meisterebene einen schlechten Ruf genießen, hervorgerufen durch inkorrekte Bauernopfer oder auch positionell bedenkliche Ideen. Trotzdem können viele Schachspieler diesen Exoten etwas abgewinnen, da sie oft zu lebhaftem Spiel führen und noch nicht theoretisch »ausanalysiert« sind.

Mittelgambit

**1. e2-e4 e7-e5 2. d2-d4 e5xd4
3. Dd1xd4**

Nordisches Gambit

**1. e2-e4 e7-e5 2. d2-d4 e5xd4
3. c2-c3 d4xc3 4. Lf1-c4**

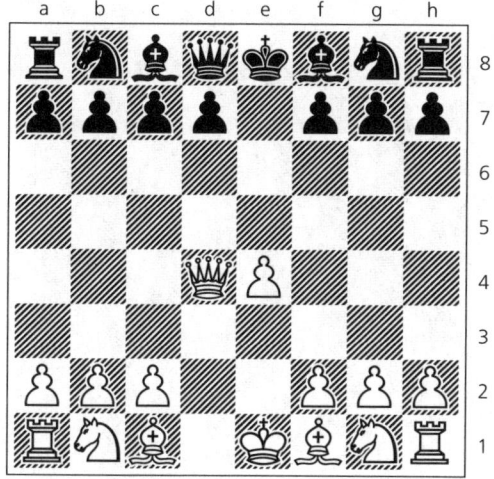

Diagramm 151

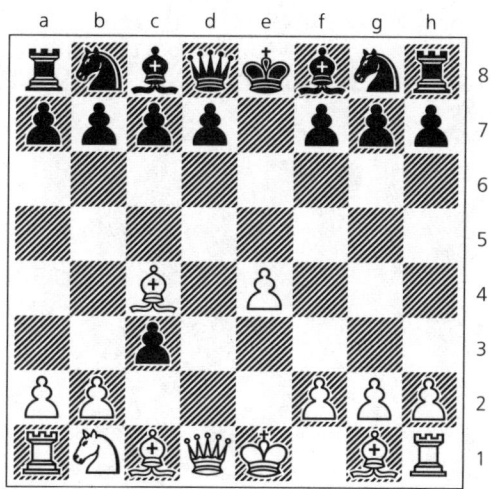

Diagramm 152

Die Bezeichung Mittelgambit ist unlogisch, denn ein Gambit stellt ein Bauernopfer in der Eröffnung dar. Da aber »Mittelspiel« ebenso mehrdeutig wäre – es ist der Abschnitt, der zwischen Eröffnung und Endspiel liegt – und Weiß sehr oft nicht mit 3. Dd1xd4 fortsetzt, hat man es beim altherkömmlichen Namen »Mittelgambit« belassen. Der deutsche Meister Jacques Mieses (1865–1954) machte sich um diese Eröffnung besonders verdient, indem er sie auch gegen starke Meister in Turnieren anwandte. Es macht allerdings wenig Sinn, Schwarz ein Tempo für die Entwicklung seiner Figuren zu schenken. Die Dame sollte im Allgemeinen nicht so früh aktiviert werden.

Etwas für unternehmungslustige Spieler, die den Gegner gerne angreifen und dabei bereit sind, ein großes Risiko einzugehen. Für die zwei Bauern erhält Weiß ein lebhaftes Figurenspiel. Für Schwarz ist es ratsam, einen Bauern frühzeitig wieder zurückzugeben.

Göring-Gambit

1. e2-e4 e7-e5 2. Sg1-f3 Sb8-c6
3. d2-d4 e5xd4 4. c2-c3

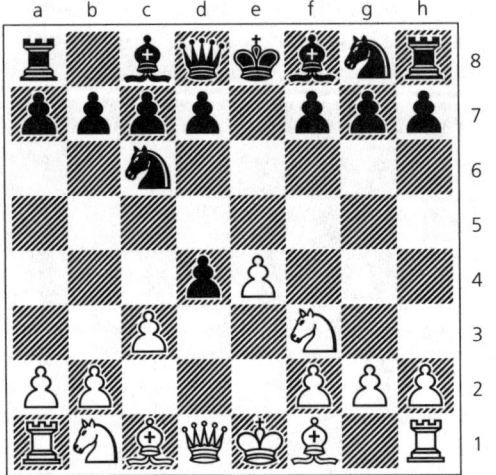

Diagramm 153

Schwarz verfügt über drei Möglichkeiten: a) mit 4. ... d4xc3 das Gambit anzunehmen; b) das Gambit mit 4. ... d4-d3 oder c) mit 4. ... d7-d5 abzulehnen.

Schottisches Gambit

1. e2-e4 e7-e5 2. Sg1-f3 Sb8-c6
3. d2-d4 e5xd4 4.Lf1-c4

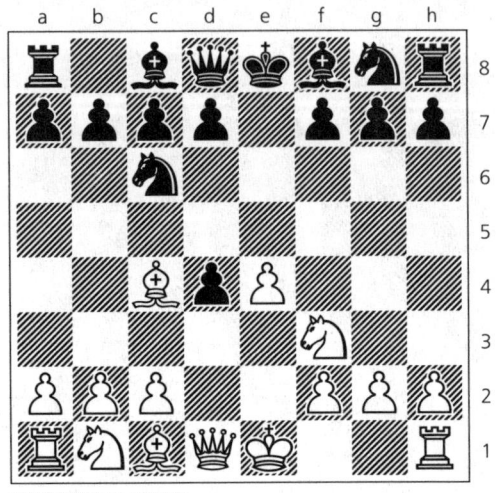

Diagramm 154

Führt zu lebhaften Varianten mit Chancen für beide Seiten.

Königsgambit

1. e2-e4 e7-e5 2. f2-f4

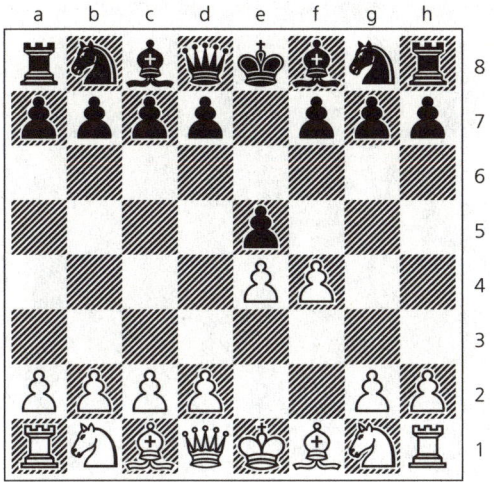

Diagramm 155

Das Königsgambit wird mit seinen vielen alten Opfervarianten auch von der heutigen Generation gern angewandt, nachdem sogar Großmeister wie Spaski, Bronstein und Fischer (mit beiden Farben!) dieses Risiko eingegangen sind. In den letzten Jahren ist es aber kaum noch auf stärkeren Turnieren zu sehen, nachdem Bobby Fischer 1972 einen Artikel mit dem Titel »The King's Gambit Is Busted! (Das Königsgambit ist erledigt)« veröffentlichte. Seiner Meinung nach gehört es zu den widerlegten, nicht spielbaren Eröffnungen.

Halboffene Spiele (1. e4, Schwarz antwortet nicht mit e5)

Skandinavische Verteidigung

1. e2-e4 d7-d5

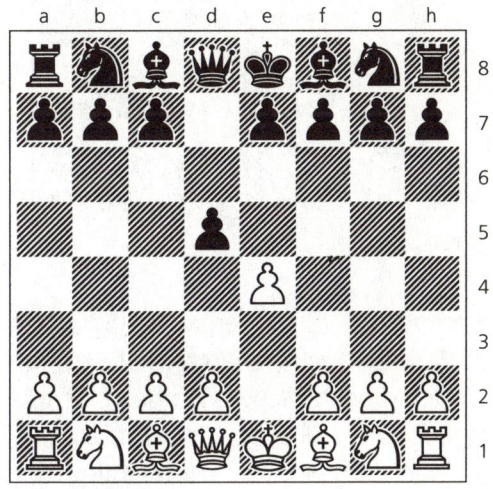

Diagramm 156

Diese Eröffnung genießt nicht die beste Reputation. Nach 2. e4xd5 Dd8xd5 3. Sb1-c3 muss Schwarz erneut mit der Dame ziehen, was den Eröffnungsprinzipien widerspricht. Trotzdem taucht sie öfters in der Meisterpraxis auf. Wohl vorwiegend, weil die Eröffnungstheorie hier noch nicht so weit entwickelt ist und man den Gegner durchaus überraschen kann.

Französische Verteidigung

1. e2-e4 e7-e6 2. d2-d4 d7-d5

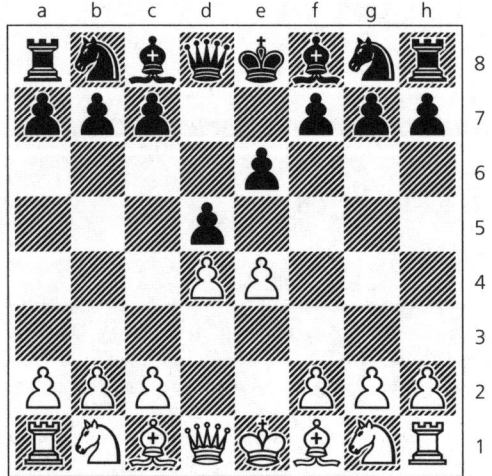

Diagramm 157

Caro-Kann-Verteidigung

1. e2-e4 c7-c6 2. d2-d4 d7-d5

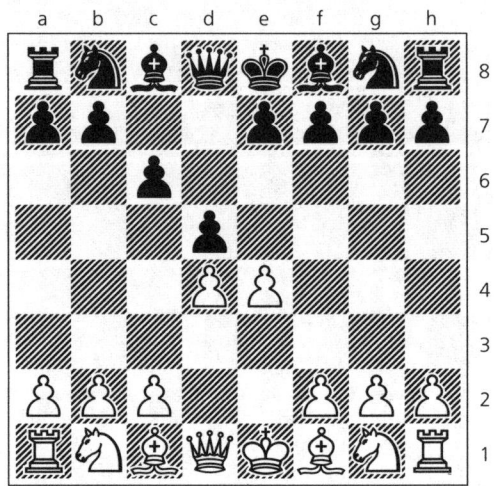

Diagramm 158

Eine der bewährtesten Verteidigungen für Schwarz, wenn man nicht 1. ... e7-e5 spielen möchte. Schwarz erhält eine feste zentrale Stellung. Sein Problem besteht in dem eingesperrten Läufer c8.

Zwar verstellt der Bc6 dem schwarzen Damenspringer sein bestes Entwicklungsfeld, das scheint aber von geringer Bedeutung. Der Name der Eröffnung rührt von den beiden Schachmeistern Caro (Berlin) und Kann (Wien) her.

Sizilianische Verteidigung

1. e2-e4 c7-c5

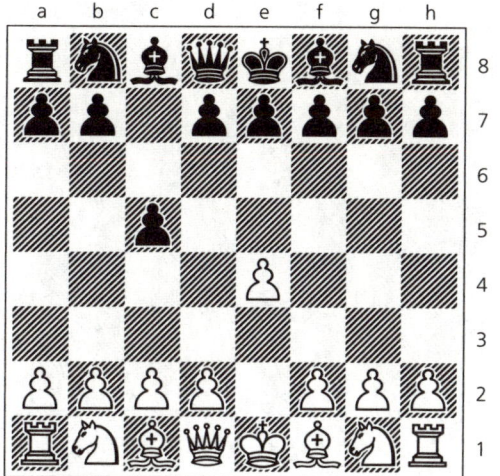

Diagramm 159

Aljechin-Verteidigung

1. e2-e4 Sg8-f6

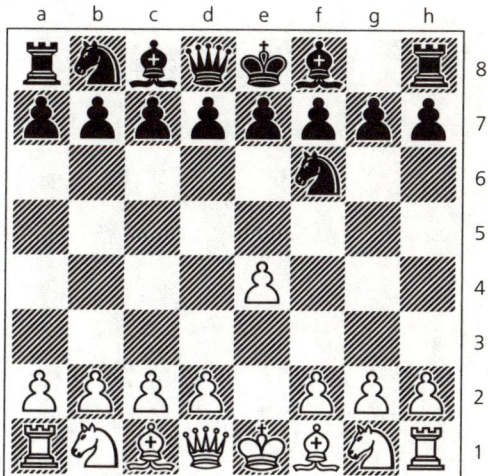

Diagramm 160

Die mit Abstand meistgespielte Eröffnung. Über sie gibt es unzählige Bücher und sie gilt als eine der »ausanalysiertesten« Eröffnungen. Oftmals endet die »Theorie« erst bei Zug 25! Trotzdem werden immer wieder neue Ideen für beide Seiten gefunden. Die elastische Spielweise gibt Schwarz nahezu gleichwertige Kampfaussichten. Für den ungeübten Schachfreund übrigens nicht zu empfehlen.

Diese Verteidigung wurde von Aljechin nach 1921 in die Turnierpraxis eingeführt. Der interessante Zug wurde auch schon im vorigen Jahrhundert sporadisch angewandt. Idee: Das Hervorlocken der weißen Bauern über die 4. Reihe hinaus, um sie dort später anzugreifen.

Moderne Verteidigung

1. e2-e4 g7-g6 2. d2-d4 Lf8-g7

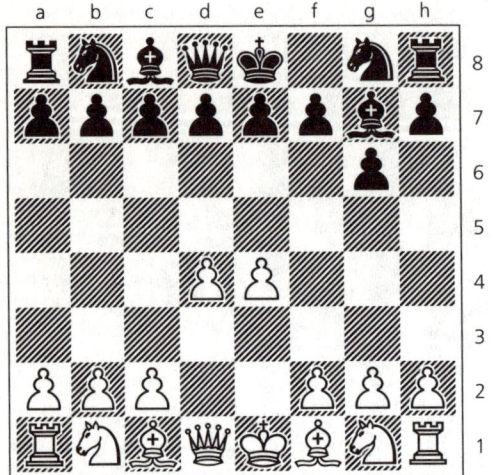

Diagramm 161

Pirc-Verteidigung

1. e2-e4 d7-d6 2. d2-d4 Sg8-f6

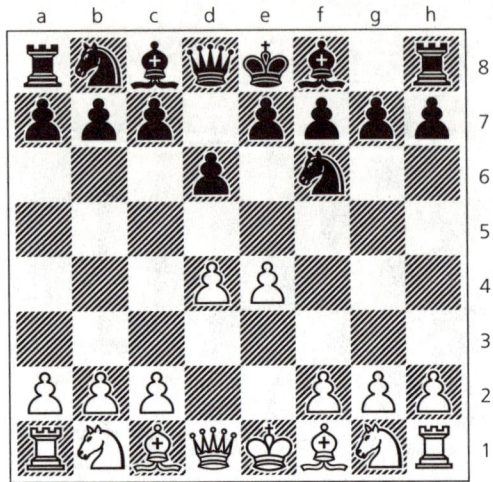

Diagramm 162

Der ganze Komplex der modernen Verteidigung ist auch für die Theorie in seiner Einteilung nicht leicht zu erfassen. In den angelsächsischen Ländern werden all diese Spielanfänge mit 1. ... g7-g6 oder 1. ... d7-d6 als »Moderne Eröffnung« bezeichnet.

Während die Anfangszüge mit Schwarz 1. ... g7-g6 und auch 1. ... d7-d6 früher als minderwertig für die Verteidigung beurteilt wurden, ist man heute ganz anderer Auffassung. Selbst Großmeister wenden heute diese Eröffnung mit Schwarz an und sie schneiden auch nicht schlechter ab als mit einer anderen Verteidigung.

In der deutschen Schachliteratur wird die Eröffnung mit 1. e2-e4 d7-d6 als »Pirc-Verteidigung« bezeichnet, bei den Russen heißt derselbe Spielbeginn »Ufimzew-Verteidigung«.

Geschlossene Spiele (Weiß spielt nicht 1. e4)

Hier verläuft das Spiel zumeist in ruhigem, positionellem Fahrwasser. Man kümmert sich zunächst um die Sicherheit des eigenen Königs, bevor Angriffsversuche unternommen werden.

Damengambit

1. d2-d4 d7-d5 2. c2-c4

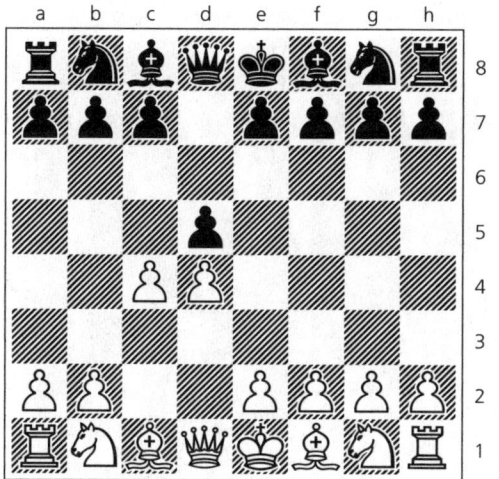

Diagramm 163

Slawische Verteidigung

1. d2-d4 d7-d5 2. c2-c4 c7-c6

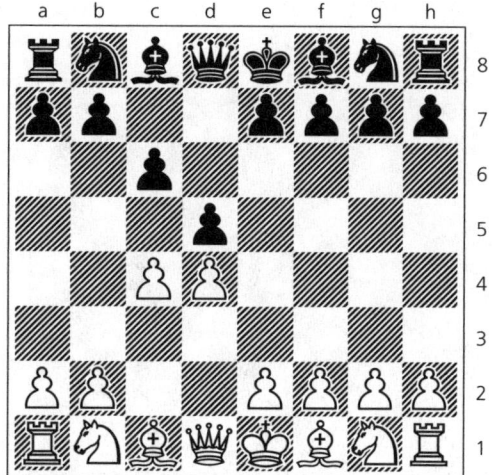

Diagramm 164

Das Damengambit wurde schon 1834 in dem legendären Wettkampf La Bourdonnais – MacDonnell angewandt. Es zählt zu den beliebtesten Eröffnungen und liegt mit Spanisch, Sizilianisch, Nimzowitsch-Indisch und Benoni an der Spitze der meistgespielten Eröffnungen. Man unterscheidet das »angenommene« und das »abgelehnte Damengambit«. Den Gambitbauern c4 darf Schwarz ruhig annehmen, aber nicht den Versuch machen, ihn zu verteidigen.

Eine Variante des Damengambits, die als sehr solide gilt und dementsprechend eine hohe Popularität genießt.

Damenbauernspiel

1. d2-d4 d7-d5 2. Sg1-f3 Sg8-f6 3. e2-e3

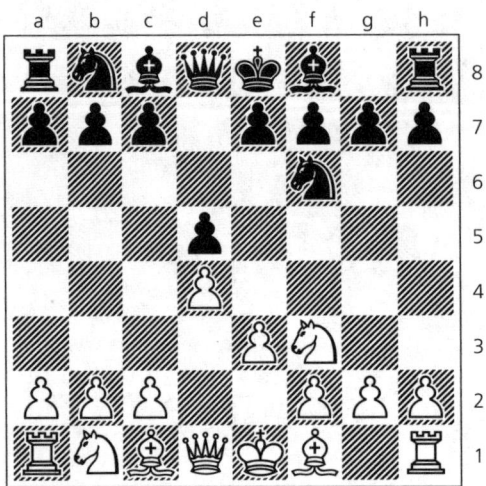

Diagramm 165

Albins Gegengambit

1. d2-d4 d7-d5 2. c2-c4 e7-e5

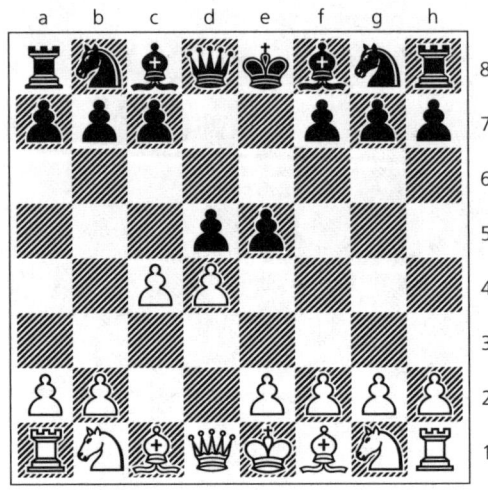

Diagramm 166

Wenn nach 1. d2-d4 d7-d5 Weiß nicht mit dem Damengambit 2. c2-c4 fortsetzt, spricht man vom Damenbauernspiel. Weiß muss dazu nicht unbedingt 2. Sg1-f3 spielen, es könnte ebenso gut auch 2. e2-e3 oder 2. Lc1-f4 geschehen. Auch könnte Weiß im 3. Zug Lc1-g5 spielen und erst hinterher e2-e3 ziehen. In der Regel belässt Weiß aber den Damenläufer zunächst auf c1, also hinter dem Bauern e3, und erst der spätere Vorstoß e3-e4 macht den Lc1 dann mobil. Häufig wird aber der Damenläufer auch nach b2-b3 fianchettiert (flankiert) mit Lc1-b2.

Das ist eine wagemutige Eröffnung, mit der man den Gegner fast immer überraschen kann. Schwarz opfert einen Bauern, um auf d4 einen starken Vorposten zu etablieren.

Budapester Gambit

1. d2-d4 Sg8-f6 2. c2-c4 e7-e5

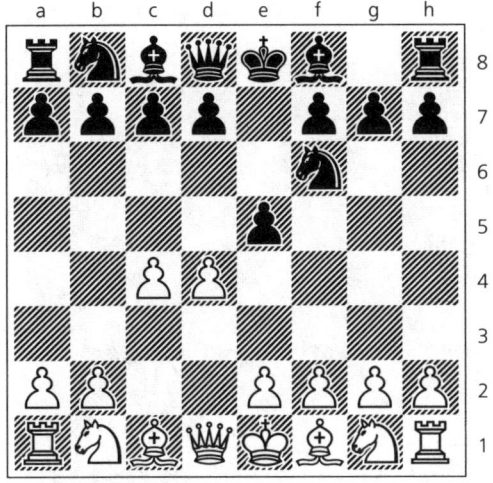

Diagramm 167

Der Name ist irreführend, denn Schwarz opfert sogleich einen Bauern. Allerdings für sehr unklares Gegenspiel, weshalb diese Verteidigung ebenso wie Albins Gegengambit in die Gruppe der unseriösen Exoten gehört.

Nimzo-Indische Verteidigung

1. d2-d4 Sg8-f6 2. c2-c4 e7-e6
3. Sb1-c3 Lf8-b4

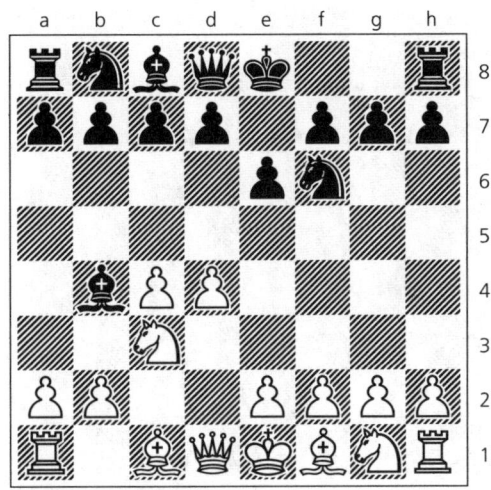

Diagramm 168

Ein Favorit unter den Verteidigungen gegen das Damengambit. Sie wurde von dem Großmeister und Schachdenker Nimzowitsch, 1886 in Riga geboren, in die Meisterpraxis eingeführt.

Bogo-Indische Verteidigung

1. d2-d4 Sg8-f6 2. c2-c4 e7-e6
3. Sg1-f3 Lf8-b4†

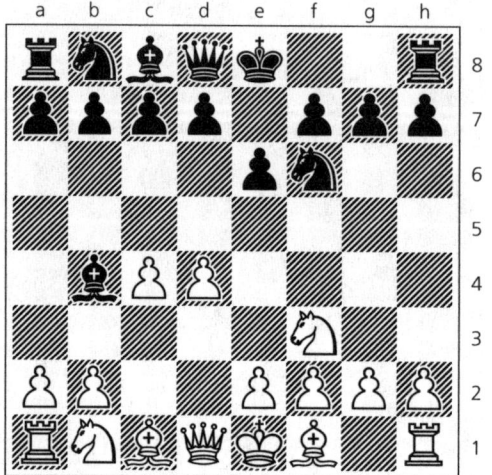

Diagramm 169

Damenindische Verteidigung

1. d2-d4 Sg8-f6 2. c2-c4 e7-e6
3. Sg1-f3 b7-b6

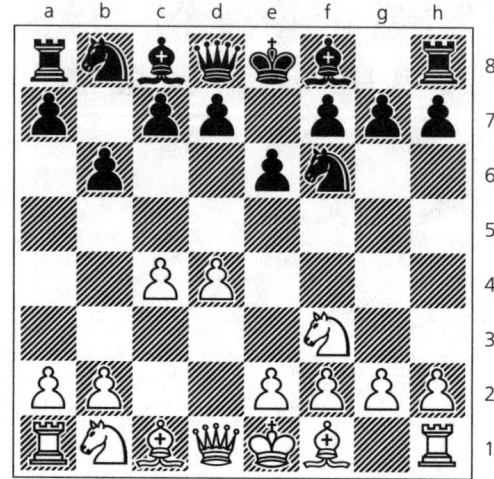

Diagramm 170

Die Lieblingswaffe Efim Bogoljubows. Schwarz versucht mit dem Läuferschach die Koordination der weißen Kräfte zu stören. Nach 4. Sb1-c3 geht die Eröffnung in die Nimzowitsch-Indische (kurz Nimzoindische) Verteidigung über.

Eine der populärsten Antworten auf 1. d2-d4. Schwarz lässt offen, wie er sich im Zentrum aufbauen möchte.

Altindische Verteidigung

1. d2-d4 Sg8-f6 2. c2-c4 d7-d6
3. Sg1-f3 Sb8-d7 4. Sb1-c3 e7-e5

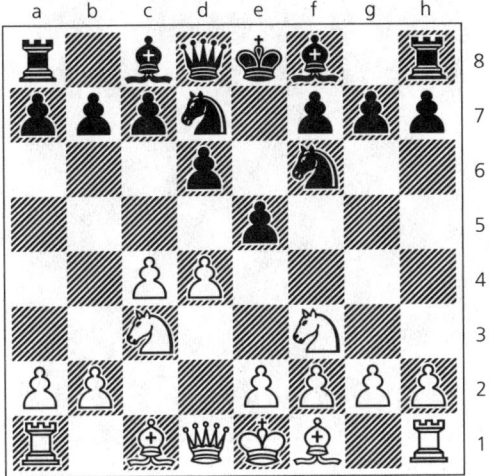

Diagramm 171

Königsindische Verteidigung

1. d2-d4 Sg8-f6 2. c2-c4 g7-g6
3. Sb1-c3 Lf8-g7 4. e2-e4 d7-d6

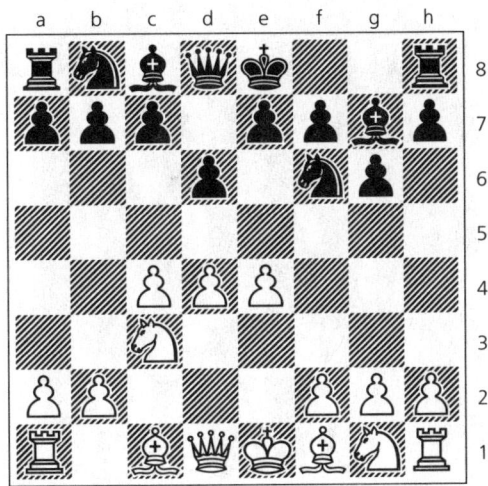

Diagramm 172

Ähnlich wie in der Philidor-Verteidigung erhält Schwarz eine sehr beengte, aber feste Stellung und stellt sich zunächst auf das Verteidigen ein.

Der Zug 1. ... Sg8-f6 auf 1. d2-d4 wurde schon im Jahre 1840 von indischen Brahmanen gespielt, später von Tschigorin und Paulsen angewandt. Die Königsindische Aufstellung trat ihren Siegeszug aber erst mit dem Aufkommen der neuromantischen Schule nach 1920 an. Heute ist sie die beliebteste Verteidigung unter den geschlossenen Spielen.

Grünfeld-Indische Verteidigung

**1. d2-d4 Sg8-f6 2. c2-c4 g7-g6
3. Sb1-c3 d7-d5**

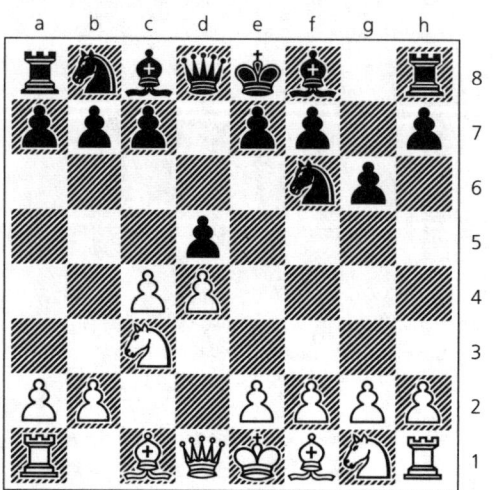

Diagramm 173

Eine sehr scharfe Eröffnung, die zu dynamischem Spiel führt. Sie ist erst nach gründlicher theoretischer Vorbereitung zu empfehlen.

Holländische Verteidigung

1. d2-d4 f7-f5 2. c2-c4 Sg8-f6

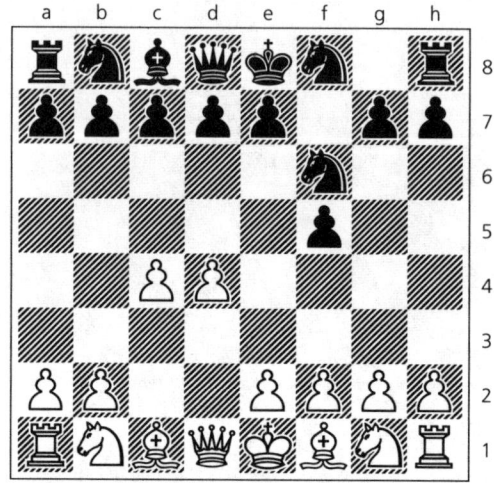

Diagramm 174

Nachdem Holländisch früher einen schlechten Ruf hatte, etabliert es sich nun mehr und mehr in der Meisterpraxis. Es gilt heutzutage als vollwertige Eröffnung.

Modernes Benoni

1. d2-d4 Sg8-f6 2. c2-c4 c7-c5
3. d4-d5 e7-e6 4. Sb1-c3 e6xd5
5. c4xd5 d7-d6 6. e2-e4 g7-g6

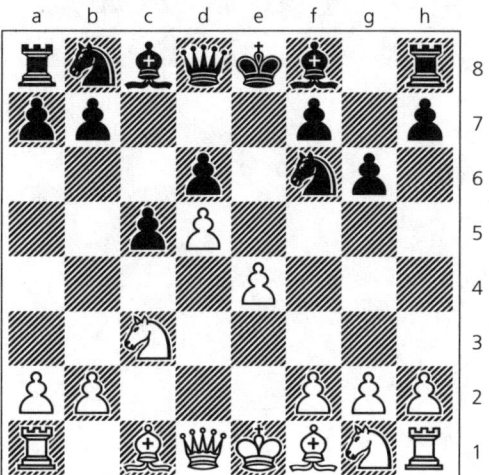

Diagramm 175

Ben Oni kommt aus dem Hebräischen und bedeutet »Sohn der Traurigkeit«. Wie die Eröffnung jedoch zu diesem Namen kam, ist unbekannt. Sie ist wegen ihrer Komplexität für den Lernenden nicht zu empfehlen und sollte erst nach eingehendem theoretischen Studium angewandt werden.

Alt-Benoni

1. d2-d4 Sg8-f6 2. c2-c4 c7-c5
3. d4-d5 e7-e5 4. Sb1-c3 d7-d6

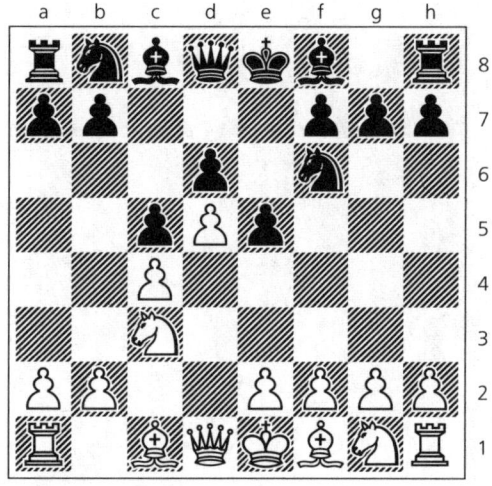

Diagramm 176

Auch Czechbenoni genannt. Schwarz erhält eine feste Zentrumsstruktur, leidet jedoch etwas unter Raummangel.

Englische Partie
(ehemals Bremer Partie)

1. c2-c4

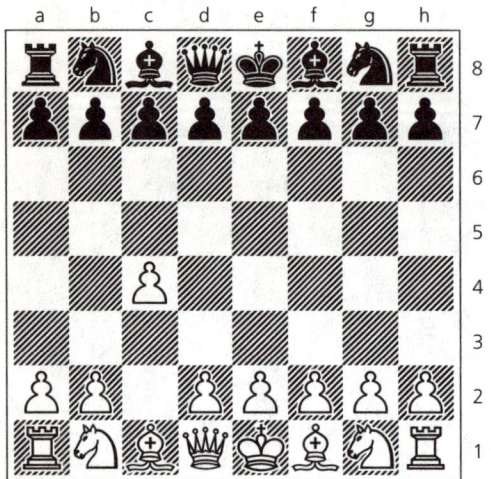

Diagramm 177

Réti-System

1. Sg1-f3 d7-d5 2. c2-c4

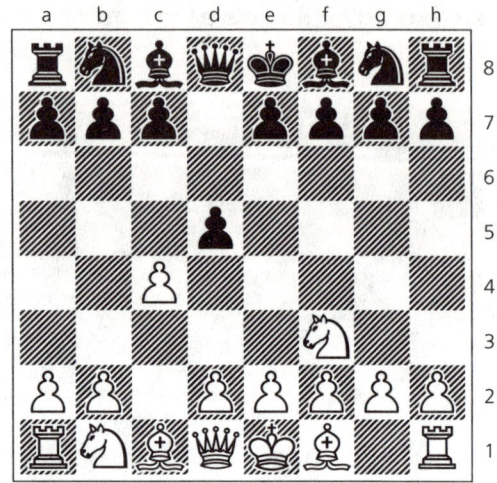

Diagramm 178

Die Eröffnung wurde zuerst zwischen 1840 und 1850 von dem englischen Meister Howard Staunton – nach ihm sind auch die »Staunton-Figuren« benannt – angewandt. In Deutschland wurde der Spielanfang durch den Bremer Bankier und Schachmeister Carl Carls bekannt. Bei der Deutschen Meisterschaft 1935 in Aachen hatten ihm Spaßvögel vor der Schlussrunde den c-Bauern ans Brett festgeklebt. Am nächsten Morgen, bei Beginn der Runde, stürzte daher bei Carls' erstem Zug das ganze Brett über den Haufen – und die in den Jux eingeweihten anderen Teilnehmer hatten ihren Spaß!

Auch diese Eröffnung geht, aufgrund ihrer flexiblen Bauernstruktur, vielfach in andere Eröffnungssysteme über.

Der österreichisch-tschechische Schachgroßmeister, Mitbegründer der neuromantischen Schachideen der 20er Jahre, verband diese beiden ersten Züge zu einem neuen Eröffnungssystem. Weiß hält die beiden Mittelbauern zunächst zurück, um die Zentrumsfelder von der Flanke her zu kontrollieren. In den Nachkriegsturnieren der 20er Jahre dominierte Richard Réti bei so manchem schönen Sieg mit dieser Eröffnung, darunter auch im Turnier von New York 1924 gegen Weltmeister Capablanca.

Larsen-Eröffnung

1. b2-b3

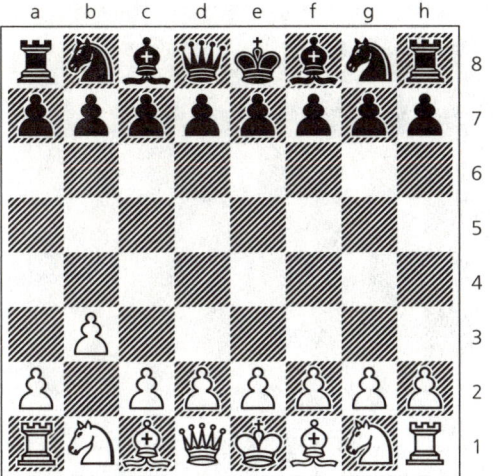

Diagramm 179

Ein relativ modernes System, benannt nach dem Dänen Bent Larsen, der es in die Turnierpraxis einführte.

Orang-Utan-Eröffnung

1. b2-b4

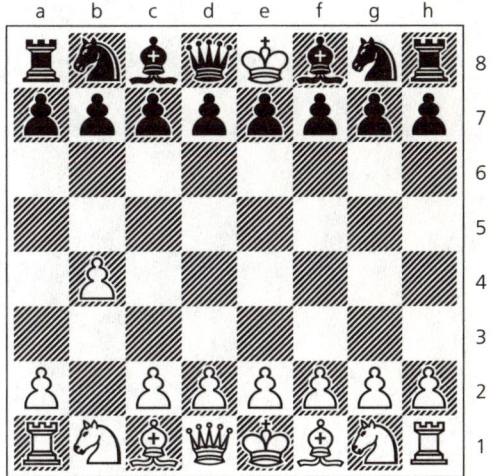

Diagramm 180

Der b-Bauer wird verglichen mit einem Affen, der sich an einem Baum empor-hangelt. Ein exotischer Name für eine exotische, aber durchaus spielbare Eröff-nung.

Bird-Eröffnung

1. f2-f4

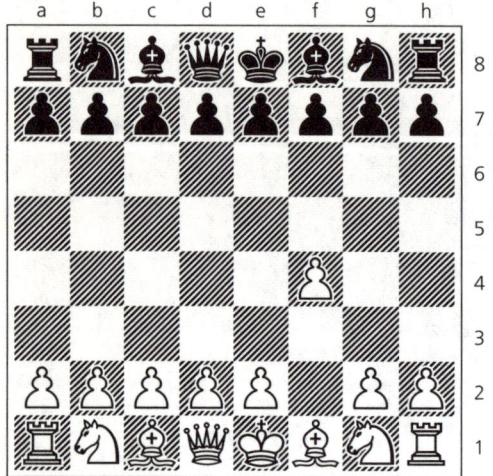

Diagramm 181

Holländisch mit vertauschten Farben. Sie wurde vom englischen Meister Bird in die Praxis eingeführt, ist heute aber nur noch sehr selten anzutreffen.

Unregelmäßig

1. g2-g3

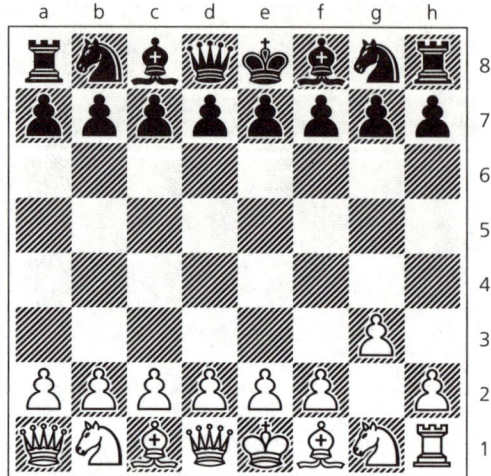

Diagramm 182

Ein flexibler erster Zug, mit dem sich Weiß alle Optionen offen hält und Schwarz die Wahl der Zentrumsstruktur überlässt. Da sich zumeist Übergänge in andere Eröffnungen ergeben, gibt es für 1. g3 keinen eigenständigen Namen.

Zusammenfassung der Eröffnungsprinzipien

Die Aufführung der gängigen Eröffnungen bietet dem Leser einen wertvollen Lernstoff. Denn gerade aus dem Eröffnungsaufbau der Meister sind die guten Züge einer Schachpartie abzulesen. Fast immer werden beiderseits unverzüglich die Kräfte ins Feld geführt, ohne viele Bauernzüge dafür zu vergeuden.

Bevor ein Zug gemacht wird, haben die Figuren und Bauern wenig Kampfkraft. Der Wert von Dame, Turm und Läufer ist gleich Null, weil sie in der Grundstellung nicht ziehen können. In der Eröffnung ist der Spieler daher bestrebt, seine Figuren möglichst rasch herauszubringen, zu entwickeln, und sie auf gute Plätze zu postieren. Es genügt, wenn nur zwei Bauern in der Mitte aufgezogen werden. Das wären im Idealfall, wie wir bereits gesehen haben, die Doppelschritte der Zentrumsbauern. Aber es ist sogar erwiesen, dass, wie in der Französischen Verteidigung bei 1. e2-e4 e7-e6, gar nicht der raumgreifende Doppelschritt 2. d2-d4 nötig ist. Ebenso gut spielbar sind auch einige »Nebenvarianten« wie z. B. 2. d2-d3! Ein System, das häufig von Großmeister Ljubojevic angewandt wurde. Er besiegte damit sogar Exweltmeister Petrosjan beim Großmeisterturnier in Mailand 1975. Allerdings geht man in der klassischen Schachtheorie davon aus, dass Weiß mit solchen abweichenden Zügen auf den Eröffnungsvorteil verzichtet.

Ebenso wird es also bei Schwarz in der Eröffnung genügen, wenn er zwei Züge wie etwa 1. ... e7-e5, 2. d7-d6 oder 1. ... d7-d5 2. e7-e6 oder 2. ... c7-c6 macht. Wie wir bei den Indischen Verteidigungen gesehen haben, kann Schwarz sich auch auf nur einen Bauernschritt im Zentrum beschränken. Als Eröffnungshilfe werden dann die Läufer nicht ins Zentrum geführt, sondern »fianchettiert«, flankiert, mit g7-g6/Lf8-g7 oder b7-b6/Lc8-b7. Dieselben Systeme stehen Weiß und Schwarz gleicherweise zur Verfügung.

Es ist nicht notwendig und auch nicht gut, wenn der Lernende versucht, möglichst viel Eröffnungstheorie zu pauken. Das ist sogar eher schädlich. Wichtig ist, die Grundprinzipien der Eröffnung zu kennen: Behauptung der Zentrumsfelder, rasche Entwicklung mit Rochade. Dabei stets Acht geben, ob der Gegner nicht einen Fehler begeht. Eine Schwäche wird nach eingehender Prüfung sofort ausgenutzt. Ein fragwürdiger Bauerngewinn wird unterlassen, wenn es auf Kosten der Entwicklung geht.

Wie finde ich einen Schachpartner?

Am meisten profitiert der Schachfreund von der Übung mit guten Gegnern. Sie sind immer in einem Schachverein zu finden und Schachvereine existieren in vielen Orten. Der Deutsche Schachbund umfasst mehr als 120 000 organisierte Mitglieder; die Zahl der Schachspieler in der Bundesrepublik wird auf mehrere Millionen geschätzt. Wenn jemand keinen Schachklub in seiner Umgebung weiß, kann er meistens von der Redaktion der Lokalzeitung Auskunft über einen Klub bekommen. Denn Berichte aus dem Schachleben über Mannschaftswettbewerbe und Meisterschaften erscheinen regelmäßig in der Presse.

Es gibt aber noch andere Wege, Anschluss an das organisierte Schachleben zu gewinnen: Man schreibt einfach an die Geschäftsstelle des jeweiligen Schachbundes. Die Anschriften:
– Geschäftsstelle des Deutschen Schachbundes (DSB), Breitenbachplatz 17–19, 14195 Berlin, tel.: 0 30 / 8 24 99 01, E-Mail: schachgs@aol.com
– Österreichischer Schachbund, Sackstr. 17, 8010 Graz, tel.: 03 16 / 81 69 72, fax: 03 16 / 81 69 72 14
– Schweizerischer Schachbund, c/o Ruedi Staechlien, Schifflände 2, 4051 Basel, tel.: 0 61 / 2 61 00 24, fax: 0 61 / 2 61 10 77

Eine andere Möglichkeit bietet das Fernschach. Hier ist es jedem Schachfreund möglich – egal welche Spielstärke er besitzt –, mit anderen Schachfreunden Turniere zu spielen: Fernturniere, die durch Korrespondenz ausgetragen werden. Die einzelnen Züge werden mit Fernschachpostkarten (Drucksachenporto) an die Gegner übermittelt. Die Turniere werden in vielen Gruppen ab sechs Spieler ausgetragen. Meisterschaften, Jugendturniere, Deutsche Meisterschaften und sogar regelmäßig eine Weltmeisterschaft werden von den einzelnen Fernschachverbänden organisiert.

Auskunft erteilt gern der Deutsche Fernschachbund, der jedem Interessenten Informationsmaterial zusendet:

Deutscher Fernschachbund (BdF), Postfach 2025, 37010 Göttingen, fax: 05 51 - 5 10 86.

Diese Art des Schachspiels war über Jahrzehnte hinweg populär, wird aber im Zeitalter der modernen Kommunikationsmittel langsam verdrängt:

Schach in den Netzen

Nachdem Fernpartien aufgrund der langen Postlaufzeiten mitunter Jahre dauern können, bis sie zu einem Ende kommen, ist es nicht verwunderlich, dass heutzutage einer anderen Form der Kommunikation der Vorzug gegeben wird: Schach per E-Mail, der elektronischen Post!! Besitzt man einen Anschluss an das Netz der Netze, das Internet, kann man mit Schachpartnern auf der ganzen Welt in Sekundenschnelle kommunizieren. Zu der hohen Geschwindigkeit kommen noch die geringen Kosten, eine E-Mail kostet nur wenige Pfennige! Oder man spielt direkt *online,* das heißt mit einem anderen Schachpartner, der ebenfalls vor seinem Computer sitzt. Das ist auf vielen Servern möglich, zum Beispiel unter der Adresse: *http:// www.hydra.-com/icc/* (Internet Chessclub) oder auch im Schachforum von CompuServe (Go Chessf). Auch der BdF bietet inzwischen E-Mail-Turniere an. Weiterhin bietet das Internet die Möglichkeit, sich umfassend über das Schachgeschehen in aller Welt zu informieren. Sucht man unter dem Stichwort »Schach«, findet man weit über 15 000 Adressen. Eine davon ist die Adresse des Weltschachbundes FIDE: *http:// www.chessweb.com*

Unter: *http:// 194.77.99.129/cgi.bin/ ambos-www/netze-fido/chessnet/* findet man einen Server, der passiven Zugang zum Chessnet bietet, dem einzigen Mail-Netz für Schachspieler. Dem beginnenden Internetsurfer kann *http:// www.dsu.dk/uklinks.htm/* wärmstens empfohlen werden. Es handelt sich um eine Seite mit vielen »links« (Verbindungen) zu anderen Servern. Unter anderem zu Schachmagazinen und »sites« (Orten), wo man *online* Schach spielen kann.

Computerschach

Wer lieber dem Zweikampf Mensch gegen Mensch ausweicht, der findet heutzutage in einem Schachcomputer einen dienstbaren Geist. Immer willig, vor Kopfschmerzen und Müdigkeit gefeit, bieten sie sich zum Training an. Wir möchten jedoch dem Anfänger nahe legen, auf die Hilfe der Maschinen zunächst zu verzichten. Nicht nur verführen sie leicht zum Mogeln (man kann spielend leicht einen Zug zurücknehmen, sondern sie spielen auch ein anderes Schach – kühl, ausgeklügelt und berechnend. Zwar schlagen sie bereits 99,9 Prozent aller Schachspieler, doch fehlt ihnen eine ganz wichtige menschliche Eigenschaft, das, was einen guten Spieler ausmacht und nicht erlernbar ist – die Intuition. Deshalb gelingt es immer noch einer kleinen Gruppe von Schachspielern (ca. die Top 300 der Weltrangliste), erbitterten Widerstand zu leisten. Die Erfolge des Computers »Deep Blue« gegen Weltmeister Kasparow lassen jedoch eine Wachablösung möglich erscheinen.

Turmendspiele

Die Turmendspiele zählen zu den am häufigsten vorkommenden Endspielen. Man kann sagen, dass etwa jede vierte bis fünfte Partie in einem Turnier in ein Turmendspiel mündet. Das heißt, es befinden sich auf beiden Seiten noch Turm und Bauern, auf einem oder zwei Flügeln. Deshalb muss der Anfänger die elementaren Prinzipien kennen lernen, die im Turmendspiel zu beachten sind.

Türme entfalten ihre größte Wirkung auf der 7. (2.) Reihe, weil dort die feindlichen Bauern in der Grundstellung stehen und auch häufig der gegnerische König bedroht werden kann. Türme sind die Erzfeinde der Bauern.

Zunächst zu den einfachen Turmendspielen:

Turm und Bauer gegen Turm

Die Partei mit dem Bauern muss bestrebt sein, ihn auf die letzte Reihe zur Umwandlung zu bringen. Der verteidigende König muss danach trachten, das Umwandlungsfeld in seine Gewalt zu bekommen. Diagramm 183 zeigt das elementare Beispiel, schon bei Lucena 1497 bekannt:

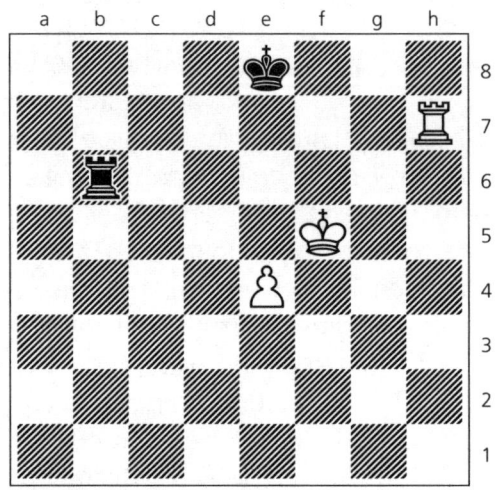

Diagramm 183

Schwarz hält Remis

Die Stellung ist remis: Der schwarze König beherrscht das Umwandlungsfeld des Bauern und der verteidigende Turm die sechste Reihe. Schwarz verhält sich so: Er zieht mit dem Turm so lange auf der sechsten Reihe umher, bis der Bauer auf die sechste Reihe vorrückt. Erst dann muss der Turm die Front wechseln.

1. ... Tb6-a6 2. e4-e5 Ta6-b6
3. Th7-a7 Tb6-c6 4. e5-e6 Tc6-c1!
5. Kf5-f6 Tc1-f1†

Der Turm gibt so lange von hinten Schach, bis sich der König von seinem Bauern entfernt. Danach greift der Turm den Bauern mit Te1 an, erobert ihn oder gibt wieder Schach.

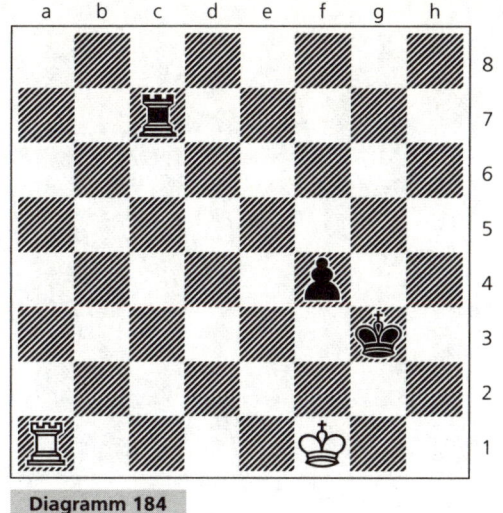

Diagramm 184

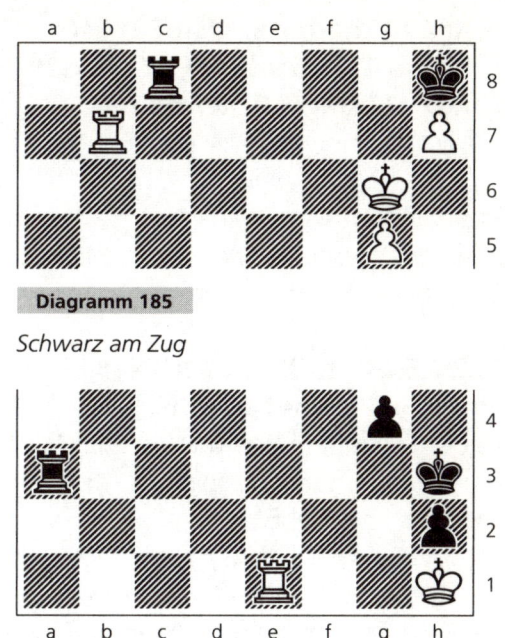

Diagramm 185

Schwarz am Zug

Diagramm 186

Weiß am Zug

Weiß am Zug ist verloren, weil er dem König nicht die 3. Reihe streitig machte.

1. Ta1-a3† f4-f3

Nun muss der Turm wegen des drohenden Matts schleunigst auf die Grundreihe zurück.

**2. Ta3-a1 Tc7-c2 3. Ta1-b1 Tc2-h2
4. Kf1-g1 f3-f2† 5. Kg1-f1 Th2-h1†**

und Weiß verliert zunächst den Turm, anschließend holt sich Schwarz auf f1 die neue Dame.

Elementare Pattwitze

In den Turmendspielen treten häufig Pattmöglichkeiten auf, die auch schon von Meistern übersehen worden sind. Sie hängen immer mit der Pattstellung des Königs in der Ecke zusammen, verursacht durch das zu frühe Vorschieben des Freibauern zur 7. (2.) Reihe.

In Diagramm 185 hält Schwarz am Zug Remis durch »ewiges Schach«.

1. ... Tc8-c6† 2. Kg6-h5 (oder 2. Kg6-f7 Kh8xh7 remis). Nun aber folgt der Pattwitz:

2. ... Tc6-h6†!!

Egal wie der Turm geschlagen würde, immer sitzt der schwarze König in der Ecke patt.

3. Kh5-g4 Th6-h4†

Schwarz braucht sich nicht lange auszurechnen, ob er im Bauernendspiel nach Turmtausch bei Th7: die Opposition erlangen würde. Der Turm verfolgt den König mit »ewigen« Schachgeboten übers ganze Brett.

**4. Kg4-f5 Th4-f4† 5. Kf5-e6 Tf4-f6†
6. Ke6-e7 Tf6-e6†! 7. Ke7-d7 Te6-d6†
8. Kd7-c7 Td6-c6† 9. Kc7-b8**

Schwarz könnte nun in aller Ruhe mit Tg6 die beiden weißen Freibauern erobern (Tb5 Kh7: und so weiter), aber er kann ebenso gut weiter den König mit Schachgeboten traktieren.

**9. ... Tc6-c8† 10. Kb8-a7 Tc8-a8†
11. Ka7-b6 Ta8-a6† 12. Kb6** – ja, wohin? Es geht jetzt dem Bg5 und dem Bh7 an den Kragen, zum Beispiel 12. Kb6-c5 Ta6-a5† 13. Tb7-b5.

Sonst nimmt der Turm den Bg5 und anschließend nach Tg7 auch den letzten weißen Bauern. Nach Tb5 folgt jetzt Turmtausch, wonach der schwarze König die zweite Bh7/g5 erobert.

In Diagramm 186 stellt Weiß den Fall sofort klar mit **1. Te1-e3† Ta3xe3** patt.

Die Türme gehören hinter die Freibauern

Die Türme gehören hinter die eigenen und hinter die feindlichen Freibauern! Das ist ein Lehrsatz, den Tarrasch immer wieder der Schachwelt einprägte.

Sehen wir uns ein einfaches Beispiel an.

Weiß am Zug hat in Diagramm 187 die Wahl, seinen Freibauern mit zwei verschiedenen Turmstellungen zu unterstützen: Entweder von a8 aus, das wäre von vorn, oder von a1 aus, das wäre von hinten und das einzig richtige Verfahren.

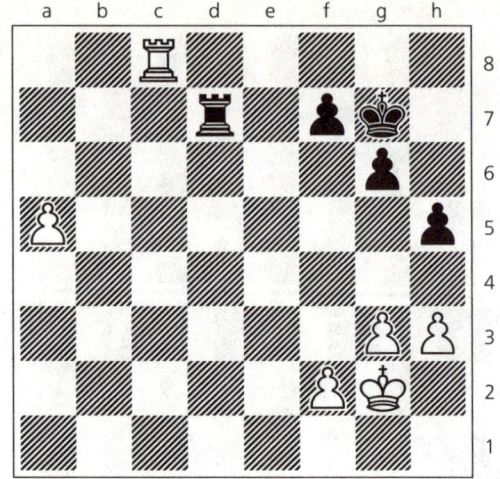

Diagramm 187

Auf 1. Tc8-a8? setzt sich der schwarze Turm hinter den Freibauern mit 1. ... Td7-d2 2. a5-a6 Td2-a2 und das Spiel bleibt remis. Das richtige Verfahren ist **1. Tc8-c2! Td7-a7 2. Tc2-a2** und Weiß hat eine Gewinnstellung.

Die Sache ist logisch, wenn man bedenkt, dass der weiße Turm hinter seinem Bauern eine viel größere Bewegungsfreiheit besitzt als der schwarze Turm, dem eine passive Rolle zufällt (Felder a6–a8).

Der Brückenbau

Wann gewinnen Turm und Bauer gegen Turm? In den meisten Fällen, in denen der angreifende König das Umwandlungsfeld des Bauern erobert hat und der verteidigende König von diesem Feld abgeschnitten oder verdrängt werden konnte. Aber auch dann ist die Gewinnführung noch lehrreich.

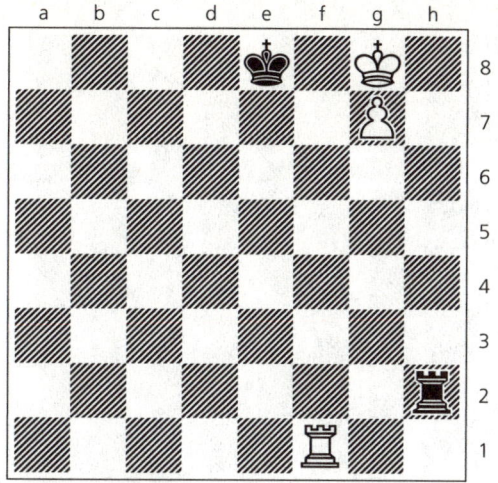

Diagramm 188

Diese Stellung (Diagramm 188) gewinnt die »Bauernpartei« stets mit einem typischen Manöver des Turms, der die 4. Reihe besetzen muss.

1. ... Th2-h3 2. Tf1-f4 Th3-h1
Gibt der schwarze Turm die h-Linie auf, besetzt sie der weiße Turm, so dass dann Kg8-h7 nebst g7-g8D folgen kann.

3. Tf4-e4† Ke8-d7 4. Kg8-f7 Th1-f1†
5. Kf7-g6 Tf1-g1† 6. Kg6-f6 Tg1-f1†
7. Kf6-g5 Tf1-g1† 8. Te4-g4!
Das ist die »Brücke« des Turms für seinen König. Aus diesem Grund musste der Turm die 4. Reihe besetzen. Andere Versuche sind umständlicher, wie Diagramm 196 zeigt.

Der Randbauer gewinnt (fast) nie

Mit einem Randbauern – Eckbauern oder Turmbauern – kann man (bis auf wenige Sonderfälle) nicht gewinnen.

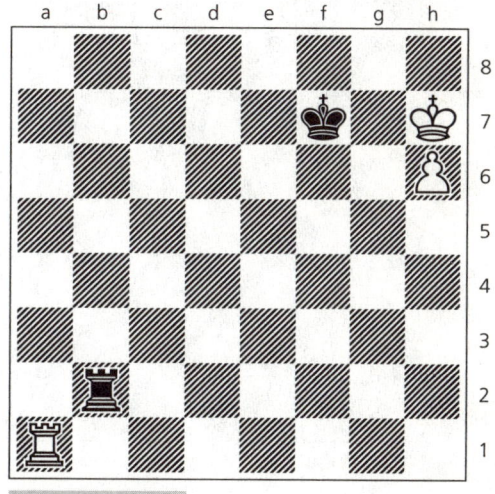

Diagramm 189

Es ist ohne Bedeutung, wer hier am Zug ist. Schwarz hat die Auswahl zwischen zwei Verteidigungsvarianten:

1. Ta1-f1† Kf7-e7 2. Kh7-g7 Tb2-g2†
3. Kg7-h8 Tg2-g3
Der schwarze Turm hält für immer die g-Linie besetzt. Was kann Weiß noch versuchen?

4. h6-h7 Tg3-g2 5. Tf1-a1 Ke7-f7
6. Ta1-a7† Kf7-f8 7. Ta7-a8† Kf8-f7
8. Ta8-g8
Der schwarze Turm muss nun der Gewalt weichen. Aber Weiß ist seinem Ziel nicht ein Jota näher gekommen.

8. ... Tg2-a2 9. Tg1-g1 Ta2-a8†
10. Tg1-g8

Nun stellt ein einfacher Trick die Schluss-
stellung her:

10. ... Ta8-f8!

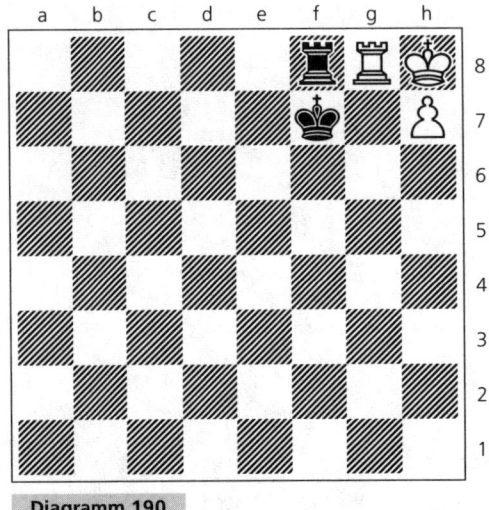

Diagramm 190

Stellung nach 10. ... Ta8-f8!

Weiß kann nur noch **11. Tg8xf8†** ziehen
und nach **11. ... Kf7xf8** ist Weiß patt!

Der Schlupfwinkel
auf a7

Die Stellung gewinnt Weiß, wenn er einen Fehler vermeidet, den man in solchen Stellungen häufig beobachten
kann, nämlich das zu frühe Vorrücken
des Bauern nach a7.

Nach 1. a6-a7? Kg6-g7! kann Weiß
nicht mehr gewinnen. Schwarz hat mit
seinem Zug das Turmschach Tg8† ver-

Diagramm 191

hindert. Läuft der weiße König in der
Folge nach b6 und b7, gibt der schwarze
Turm so lange von hinten Schachgebote,
bis der König wieder auf die 1. Reihe
flieht. Der Turm setzt sich dann wieder
auf der a-Linie hinter den Freibauern.
Das Gewinnverfahren sieht so aus:

1. Kg4-f4 Kg6-f7
2. a6-a7?? Kf7-g7! bedeutete Remis!

**2. Kf4-e4 Kf6-f7 3. Ke4-d4 Kf7-g7
4. Kd4-c4 Ta5-a1 5. Kb4-b5 Ta1-b1†
6. Kb5-c6 Tb1-c1† 7. Kc6-b7 Tc1-b1†
8. Kb7-a7**

Diesen Schlupfwinkel musste sich Weiß
offen halten; daher darf niemals zuvor
der Bauernzug a6-a7 geschehen.

**8. ... Kg7-f7 9. Ta8-b8 Tb1-a1 10. Tb8-
b6 Ta1-e1 11. a6-a7 Te1-e8†** (oder 11. ...
Te7 12. Kb8 und so weiter) **12. Ka8-b7
Te8-e7† 13. Kb7-a6 Te7-e8 14. Tb6-b8
Te8-e6† 15. Ka6-b5** und gewinnt.

Ein wichtiger Trick im Turmendspiel

Die Umgehung des Turmes ist im Turmendspiel ein wichtiger Trick, den es oft zu beachten gilt.

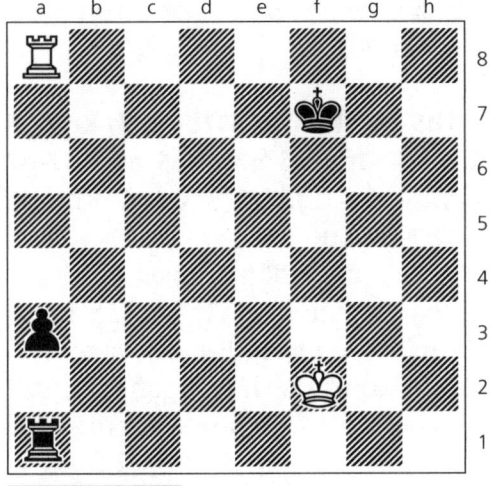

Diagramm 192

Angenommen, Schwarz am Zug spielt **1. ... a3-a2?** Er macht den Schlupfwinkel a2 für seinen König zu und Weiß darf jetzt auf keinen Fall den Leichtsinnsfehler begehen: **2. Kf2-e2??** Mit **2. ... Ta1-h1!** erfolgt die Umgehung! Mit **3. Ta8xa2** (sonst a2-a1D) **Th1-h2†** wird der weiße Turm erobert.

In der Diagrammstellung 192 hält Weiß nach **1. ... a3-a2?** nur mit **2. Kf1-g2!** unentschieden. Danach bleibt der weiße König immer auf den Feldern g2 und h2 stehen. Wie das vorige Beispiel zeigte, kann Schwarz nicht mehr gewinnen, weil der Schlupfwinkel a2 verstopft wurde.

Der Drang der Türme auf die 7. Reihe

»Türme gehören auf die 7. bzw. 2. Reihe« ist ein allen Meistern bekannter Leitsatz, der besonders von Großmeister Nimzowitsch in seinen originellen Schriften propagiert wurde.

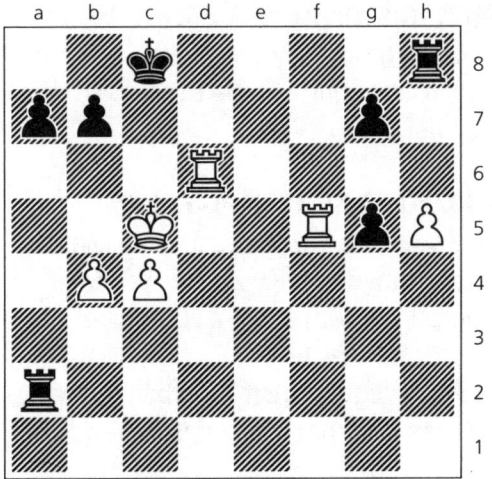

Diagramm 193

Weinstein-Enklaar, IBM-Turnier 1975

Schwarz hat soeben auf a2 einen Bauern mit seinem Turm geschlagen. Jetzt drängt auch Weiß mit seinen Türmen auf die 7. Reihe. Die nächsten Züge lauten **34. Td6-g6 Ta2-h2 35. Tf5-f7.**

Das Nehmen des Bg5 ist ganz unwichtig, es wäre sogar ein Zeitverlust, der den Gewinn vergeben würde. Gewinn? Ja, denn die Besetzung der 7. Reihe im Verein mit dem eigenen vorgedrungenen König gegen die schwarze Königsstellung auf der Grundreihe siegt im Angriff.

35. ... Th2xh5 36. Tg6xg7 b7-b6† 37. ... Kc5-b5

Etwas besser wäre für Schwarz 36. ... g5-g4† 37. Kc5-d4 g4-g3 38. Tf7-c7† Kc8-d8 39. Tc7xb7 und Schwarz verliert zunächst beide Bauern am Damenflügel infolge der fortgesetzten Mattdrohung durch die weißen Türme auf b8/a8.

37. ... a7-a5 38. Tf7-c7† Kc8-b8 39. Tc7-b7† Kb8-c8 40. Kb5-a6!

Sogar der König dringt ein und nimmt am Mattangriff teil, die Drohung ist Ka6-a7 nebst Tb7-b8††.

40. ... Th5-h6 41. Ka6-a7 1:0.

Schwarz gab angesichts der Mattdrohung ab dem 40. Zug auf. Totaler Triumph der Türme auf der 7. Reihe.

Eine richtige Turmstellung hält auch zwei Bauern in Schach, wie das folgende Beispiel zeigt.

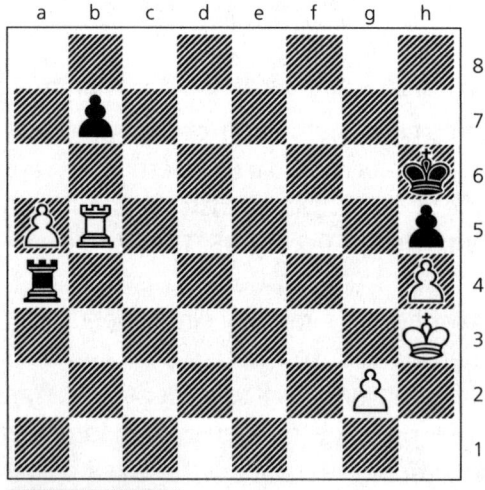

Diagramm 194

Schwarz am Zug

Schwarz kann nicht verhindern, dass sein schöner Bb7 demnächst mit Schach fallen wird. Aber er verfügt über die aktive Turmstellung hinter dem weißen Freibauern. Das rettet für ihn die Partie, obwohl er zwei Bauern weniger hat.

1. ... Ta4-a3† 2. g2-g3 Ta3-a2!

Damit wird der weiße König vom Spiel ausgeschlossen.

3. Tb5-b6† Kh6-g7 4. Tb6xb7† Kg7-g6 5. Tb7-b6† Kg6-h7 6. a5-a6 Kh7-g7 7. Tb6-b7† Kg7-h6 8. a6-a7 Kh6-g6 9. Tb7-d7 Kg6-h6

Weiß konnte nicht gewinnen. Denn falls g3-g4, so stets Ta2-a3† und der Bauer fällt mit h5xg4. In der Partie befreite Weiß seinen König durch Preisgabe des Ba7, aber auch das änderte nichts am Remis.

Am einfachen Turmendspiel gescheitert

Bei der Schacholympiade in Nizza 1974 kam das folgende lehrreiche Turmendspiel vor (Diagramm 195). Obwohl Schwarz ein Remis hätte halten können, verlor er durch einen falschen Königszug.

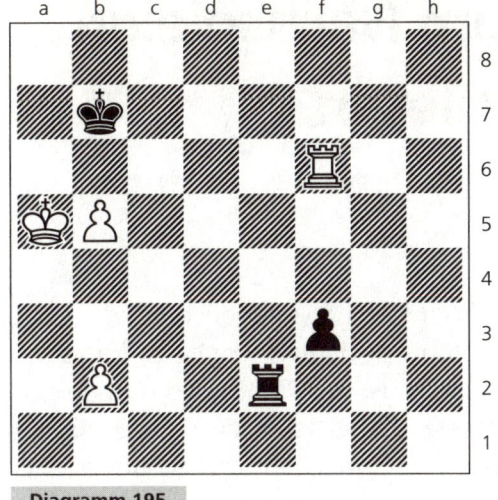

Diagramm 195

Bessenay – Juliao (Schwarz am Zug)

1. ... Te2xb2 2. Tf6-f7† Kb7-c8??
Schon der Verlustzug! Unentschieden wäre durch 2. ... Kb7-b8 entstanden, Behauptung des Umwandlungsfeldes! 3. Ka5-b6 Tb2-c2 4. Tf7xf3 Tc6-c8 und es gibt für den Angreifer in solcher Position keinerlei Möglichkeit mehr zum Weiterkommen. Jetzt aber wird der schwarze König von der 8. Reihe abgedrängt.

3. Tf6xf3 Tb2-a2†
Zu spät käme nun 3. ... Kc8-b8 4. Ka5-b6 Tb2-c2 5. Tf3-f8† Tc2-c8 6. Tf8xc8† Kb8xc8 7. Kb6-a7 und der Bauer hat freie Bahn zur Umwandlung.

4. Ka5-b6 Ta2-b2 (oder 4. ... Ta2-h2 5. Tf3-f8† gewinnt!) **5. Tf3-f6† Kc8-d7 6. Tf8-a8 Tb2-b1 7. Ta8-b8! Tb1-b2 8. Kb6-a7 Tb2-b1** (oder 8. ... Ta2† 9. Kb7 nebst b6 und so weiter) **9. b5-b6 Tb1-b2 10. Tb8-h8 Tb2-b1 11. b6-b7 Tb1-a1† 12. Ka7-b8 Ta1-b1 13. Th8-h2 Tb1-a1 14. Th2-d2† Kd7-e7** (Kc6? 15. Kc8 und der schwarze Turm verfügt über kein Schachgebot in der c-Linie) **15. Td2-d5?**

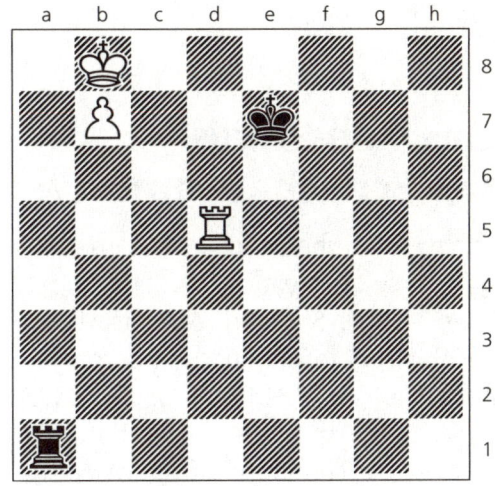

Diagramm 196

Stellung nach 15. Td2–d5?

Der systemgerechte Zug wäre 14. Td2-d4! gewesen. Dann hätte die Brücke für den weißen König so funktioniert: 14. ... Ke7-e6 15. Kb8-c7 Ta1-c1† 16. Kc7-b6 Tc1-b1† 17. Kb6-c6 Tb1-c1† 18. Kc6-b5 Tc1-b1! 19. Td4-b4 und der Bauer läuft zur 8. Reihe.

15. ... Ke7-e6 16. Kb8-c8 Ta1-c1† 17. Kc8-d8 Tc1-b1 18. Td5-d7 Tb1-b2 19. Kd8-c8 Tb2-b1 20. Td7-c7
Umgeht die letzte Falle 20. b7-b8D?? Tb1xb8† nebst Ke6xd7 remis. So aber musste Schwarz aufgeben.

Was für das ganze Schachspiel gilt – für die Turmendspiele gilt die Feststellung ganz besonders: Man lernt bei ihnen nie aus – auch nicht als Meister!

Meisterpartien zum Nachspielen und Nachlesen

Das Geheimnis des Schachautomaten

Der berühmte Schachautomat, der die Welt ein halbes Jahrhundert lang in Staunen versetzte, wurde 1769 von dem ungarischen Baron von Kempelen in Preßburg gebaut. Der 110x75x65 cm große Kasten hatte die Form eines Schreibtisches, auf dem eine kleine Türkenfigur vor einem Schachbrett aufgebaut war. Vor dem Spiel wurde den Besuchern das Innere des Kastens gezeigt, in dem tausende Rädchen, Walzen und Kettchen zu sehen waren. Spiegelwände täuschten mehrere Räume vor.

Und auf Täuschung beruhte auch der ganze Automat! In seinem Inneren war immer ein Mensch verborgen, der natürlich stets von kleiner Statur sein musste. Die berühmten Schachmeister Lewis und Mouret haben oft im Schachautomaten gespielt, das wurde aber erst viel später bekannt. Jahrzehntelang konnten selbst Wissenschaftler das Geheimnis des Automaten nicht entdecken.

Einmal aber, als auf einem Jahrmarkt wieder eine Vorstellung stattfand, schlug ein ganz schlauer Zuschauer Feueralarm: »Feuer! Feuer!« Die Menge zerstob in alle Richtungen und der Mechaniker Mälzel aus Regensburg, dem der Automat damals gehörte, musste schleunigst die Tür öffnen, um seinen Spieler herauszulassen. Später lüftete auch der amerikanische Schriftsteller E. A. Poe in einem scharfsinnigen Artikel das Geheimnis des im Kasten spielenden Menschen. Von da an verlor das technische Wunderwerk an Interesse.

Der Schachautomat musste einmal nachgebaut werden, kam zuletzt über den großen Teich und verbrannte 1854 bei einer Feuersbrunst in einem Museum in Philadelphia.

Viele berühmte Menschen jener Zeit spielten gegen den Automaten, so die russische Kaiserin Katharina, die Kaiserin Maria Theresia und auch Napoleon Bonaparte, als er im Jahre 1809 im Schloss Schönbrunn in Wien weilte.

Weiß: Napoleon
Schwarz: Der Schachautomat

1. e2-e4   e7-e5
2. Dd1-f3   Sb8-c6
3. Lf1-c4   Sg8-f6

Seine Majestät versuchte es mit dem Schäfermatt, aber mit solchen Tricks war dem geübten Spieler im Automaten nicht beizukommen.

4. Sg1-e2	Lf8-c5	16. d2-d3	Lc5xf2
5. a2-a3	d7-d6	17. Te1-h1	Dg4xg3†
6. 0-0	Lc8-g4	18. Kg2-f1	Lf2-d4
		19. Kf1-e2	Dg3-g2†
		20. Ke2-d1	Dg2xh1†
		21. Kd1-d2	Dh1-g2†
		22. Kd2-e1	Sh3-g1
		23. Sb1-c3	Ld4xc3†

Der Automat kündigte jeden Zug mit einem Glockenzeichen an. Dann bewegte der Türke seinen Zauberstab auf dem Kasten und führte den Zug aus. Der Spieler im Automat hatte ein kleines Magnetschachbrett vor sich, auf das er alle geschehenen Züge übertrug. Die draußen gemachten Züge konnte er an einer sinnreichen Vorrichtung ablesen.

(auch 23. ... Sg1-f3† hätte zu Matt im nächsten Zug geführt)

24. b2xc3 Dd2-e2††

Bekam der in der Maschine eingezwängte Meister auch ein kaiserliches Honorar? Darüber berichtet die Chronik nichts. Die Partie dürfte allerdings der historischen Wahrheit entsprechen, denn viele der vom Automaten gespielten Partien sind aufgezeichnet und später gedruckt worden.

7. Df3-d3	**Sf6-h5**
8. h2-h3	**Lg4xe2**
9. Dd3xe2	**Sh5-f4**
10. De2-e1	**Sc6-d4**
11. Lc4-b3	**Sf4xh3†**

Viel besser als dieser Bauerngewinn wäre 11. ... Dd8-g5! 12. g2-g3 Sd4-f3† 13. Kg1-h1 Dg5-h5 14. h3-h4 Dg5-g4 nebst Matt gewesen.

12. Kg1-h2

Nimmt Weiß den Springer, so geht durch Sd4-f3† die Dame verloren.

12. ...	**Dh8-h4**
13. g2-g3	**Sd4-f3†**
14. Kh2-g2	**Sf3xe1†**

Ebenso stark wäre 14. ... Dh4-g4 mit Mattabsichten gewesen.

15. Tf1xe1 Dh4-g4

Vielleicht in der Hoffnung, der Automat begehe einen Fehler (oder auch nur, weil es einem Feldherrn so schwer fällt, die weiße Fahne zu hissen?), spielte Napoleon bis zum Matt weiter:

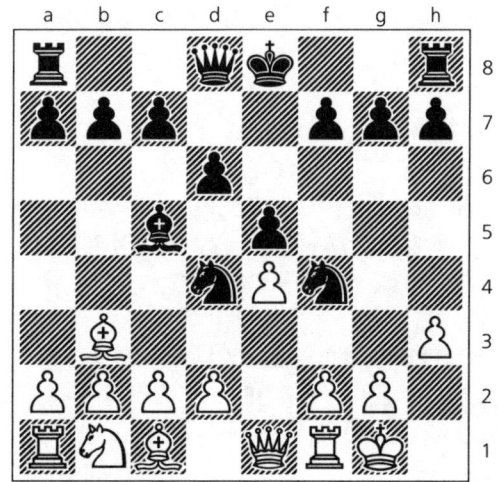

Diagramm 197

Der Schachautomat vor dem 11. Zug

Die »Immergrüne« Partie

Neben der »Unsterblichen« Partie ist die »Immergrüne« Partie die zweite von Adolph Anderssen gespielte Partie, die zu den Evergreens der Schachliteratur zählt.

Weiß: A. Anderssen
Schwarz: J. Dufresne
Berlin 1852 (Evans-Gambit)

1. e2-e4	e7-e5
2. Sg1-f3	Sb8-c6
3. Lf1-c4	Lf8-c5
4. b2-b4	Lc5xb4
5. c2-c3	Lb4-a5
6. d2-d4	e5xd4
7. 0-0	d4-d3

Als besser gilt 7. ... La5-b6 8. c3xd4 d7-d6.

8. Dd1-b3	Dd8-f6
9. e4-e5	Df6-g6

Das Schlagen 9. ... Sc6xe5 verliert nach 10. Tf1-e1 d7-d6 11. Lc1-g5 Df6-f5 12. Sf3xe5 d6xe5 13. Db3-b5†.

10. Tf1-e1	Sg8-e7
11. Lc1-a3	b7-b5

Schwarz sollte a7-a6 oder auch 0-0 spielen.

12. Db3xb5	Ta8-b8
13. Db5-a4	La5-b6

Erzwungen, denn 13. ... 0-0? würde nach 14. La3xe7 eine Figur einbüßen.

14. Sb1-d2	Lc8-b7
15. Sd2-e4	Dg6-f5
16. Lc4xd3	Df5-h5

Schwarz will dem Damenverlust Sf6† begegnen, doch kommt dieses Schach trotzdem. Anderssen selbst gab an, dass Weiß auch auf andere Art hätte eine Figur gewinnen können: 17. Sg3 Dh6 18. Lc1 De6 19. Lc4 Sd5 20. Sg5 Dg4 21. Te4 Sc3: 22. Lf7:† Kd8 23. Tg4: Sa4: 24. Ta4: und so weiter. Dann wäre die Schachwelt allerdings um ein Juwel ärmer!

17. Se4-f6+	g7xf6
18. e5xf6	Th8-g8

Auch Schwarz droht nun mit Dh5xf3!

19. Ta1-d1!

Ignoriert die schwarze Drohung! Dieser stille Vorbereitungszug zu dem späteren Damenopfer wurde auch lange Zeit später noch in den höchsten Tönen gelobt:

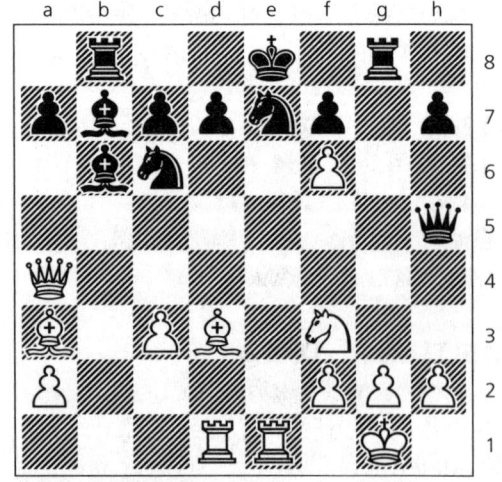

Diagramm 198

Stellung nach 19. Ta1-d1!

»Einer der feinsten und tief durchdachtesten Züge, die je gespielt worden sind.« Auch wenn dies sicher etwas zu hoch gegriffen ist, handelt es sich unbestritten um eine kombinatorische Glanzleistung.

19. ... Dh5xf3
20. Te1xe7† Sc6xe7
Oder 20. ... Ke8-d8 21. Te7xd7† Kd8-c8 (wenn 21. ... Kd7, dann 22. Le2† mit Damenverlust) 22. Td7-d8† Sc6xd8 (auf 22. ... Td8: folgt einfach gf3) 23. Da4-d7† mit demselben Schluss wie in der Partie vorher.

21. Da4xd7†!!
Dieses brillante Damenopfer ist die Krönung der »Immergrünen« Partie.

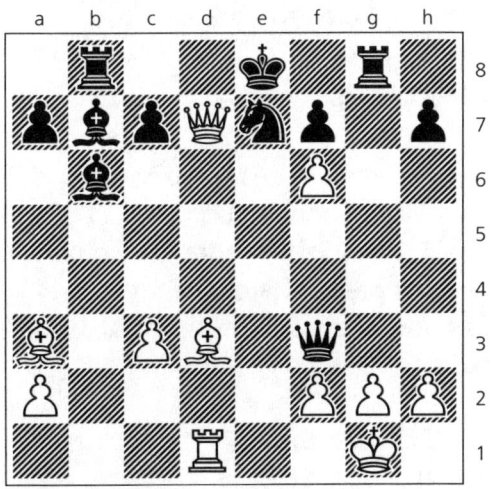

Diagramm 199

Stellung nach 21. Da4xd7!!

21. ... Ke8xd7
22. Ld3-f5+ Kd7-e8
(Wenn 22. ... Kc6, so setzt 23. Ld7 matt.)

23. Lf5-d7+ Ke8-d8
24. La3xe7††

Später versuchten Analytiker nachzuweisen, dass 19. ... Tg4 die Partie für Schwarz gerettet hätte, doch haben neue Analysen ergeben, dass die weiße Stellung auch dann gewonnen bleibt.

Ein Tipp zum Nachspielen

Für den fortgeschrittenen Schachfreund ist es sehr empfehlenswert, nicht immer nur Übungsbeispiele zu wählen, in denen Weiß gewinnt. Man muss die Sache auch »andersherum« ansehen lernen. So leidet die Optik nicht darunter und das ewige Vorurteil, es sei ein Vorteil, mit Weiß zu spielen, wird nicht untermauert. Wir haben in der Praxis ja ebenso oft Schwarz! Und dann findet sich der Spieler eher zurecht, der nicht immer nur Übungsbeispiele für Weiß nachgespielt hat. Noch besser ist es, wenn man alle Beispiele einmal so nachspielt, dass man sich selbst die schwarze Seite aufstellt! Das ist als Übung für Fortgeschrittene gedacht, denn es gilt ja auch die Bezeichnung für die Felder zu kennen. Beim Nachspielen von Partien hat man nur zu leicht und gedankenlos Weiß vor sich.

Morphys Glanzpartie in der Pariser Oper

Bei seinem Auftreten in Europa im Jahr 1858 wurde Paul Morphy von seinen französischen Gastgebern zu einem Besuch der Pariser Oper eingeladen. In der Loge des Herzogs Karl von Braunschweig wurde zu den Klängen des »Barbier von Sevilla« eine denkwürdige Partie gespielt:

Weiß: P. Morphy
Schwarz: Herzog Karl
von Braunschweig/Graf Isouard
Paris 1858 (Philidor-Verteidigung)

1. e2-e4	e7-e5
2. Sg1-f3	d7-d6
3. d2-d4	Lc8-g4
4. d4xe5	Lg4xf3
5. Dd1xf3	d6xe5

Tausendmal am Tag wird diese fehlerhafte Eröffnung noch heute gespielt. Anstelle von 3. ... Lc8-g4 ist 3. ... Sg8-f6 der richtige Zug.

6. Lf1-c4	Sg8-f6
7. Df3-b3	Dd8-e7
8. Sb1-c3	

Stärker als der Bauerngewinn 8. Db3xb7, weil sonst Schwarz mit De7-b4† durch Damentausch den Angriff brechen könnte.

8. ...	c7-c6
9. Lc1-g5	b7-b5
10. Sc3xb5	c6xb5

11. Lc4xb5†	Sb8-d7
12. 0-0-0	

Droht Lg5xf6 und Td1xd7 mit Gewinn.

12. ...	Ta8-d8
13. Td1xd7	Td8xd7
14. Th1-d1	De7-e6

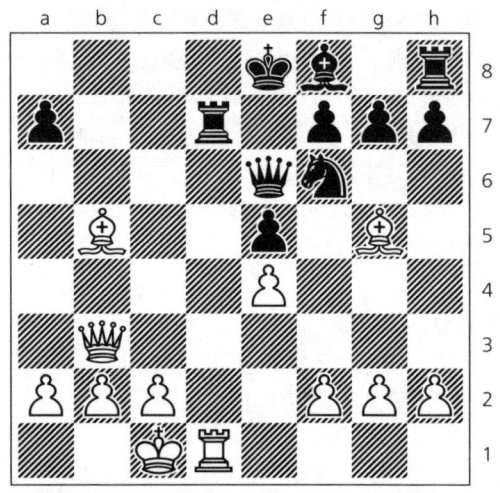

Diagramm 200

Stellung nach 14. ... De7-e6

Die Dame muss aus der Fesselung heraus. Weiß konnte jetzt mit 15. Lg5xf6 g7xf6 16. Lb5xd7† (oder 16. Db3xe6†) das geopferte Material vorteilhaft zurückgewinnen. Doch Morphy sah weiter voraus.

15. Lb5xd7†	Sf6xd7
16. Db3-b8†	Sd7xb8
17. Td1-d8††	

Ein ewig schöner Mattschluss.

Der Homer des Schachspiels: Karl Schlechter

Der Wiener Karl Schlechter, einer der erfolgreichsten Schachmeister um die Jahrhundertwende, bestach durch unauffälliges Spiel. Eindrucksvoll dennoch zum Beispiel seine Gewinnpartie als Nachziehender in einem Stichkampf in München 1900.

Schmächtig von Gestalt, war Schlechter am Schachbrett ein Riese. Sein Wettkampf mit Weltmeister Lasker endete 1910 unentschieden mit +1 −1 =8 (das bedeutete, eine Partie gewonnen, eine verloren und acht remis).

Der anspruchslose Schlechter starb übrigens an Unterernährung kurz nach Ende des Ersten Weltkrieges in Budapest.

Weiß: H. N. Pillsbury
Schwarz: K. Schlechter
München 1900 (Russische Partie)

Im Turnier von München 1900 hatten Maróczy, Pillsbury und Schlechter gemeinsam den 1.–3. Preis geteilt. Der ungarische Großmeister verzichtete, während Pillsbury und Schlechter einen Stichkampf auf vier Partien spielten, der unentschieden endete (+1−1=2).

1. e2-e4	e7-e5
2. Sg1-f3	Sg8-f6
3. d2-d4	Sf6xe4
4. Lf1-d3	d7-d5
5. Sf3xe5	Sb8-c6
6. Se5xc6	b7xc6
7. Dd1-e2	Dd8-e7
8. 0-0	g7-g6
9. Ld3xe4	De7xe4

Weiß sollte jetzt besser 10. Dd2 spielen. Der geniale Amerikaner dachte aber, er könnte eventuell die schwarzen Bauernschwächen ausnutzen.

10. De2xe4†	d5xe4
11. Tf1-e1	f7-f5
12. f2-f3	Lf8-g7
13. c2-c3	0-0
14. Lc1-f4	c6-c5!

Ein Meisterzug! Alle Schleusen gegen die weiße Stellung werden damit geöffnet. Es ist nicht relevant, dass die schwarzen Bauern zersplittert sind. Wichtig ist die bessere Stellung der Figuren, wie schon Tarrasch in seinen Lehren hervorhob.

15. d4xc5	Ta8-b8

Kombiniert auf den Diagonalen und Linien brechen Türme und Läufer in die weiße Stellung ein.

16. Te1-e2	Lc8-a6
17. Te2-f2	e4-e3!

Noch ein Bauernopfer, das Weiß annehmen muss. Danach öffnet sich aber auch noch die vitale e-Linie

18. Lf4xe3	Tf8-e8
19. Le3-d2	

Es muss ja Te1† nebst Matt verhindert werden, weil auch der Läufer a6 stark mitspielt.

19. ...   Tb8xb2

Schwarz holt die Ernte ein. Bald wird nicht mehr danach gefragt, wer einen Bauern mehr oder weniger hat.

20. Sb1-a3   Lg7-f8
21. Ld2-e3

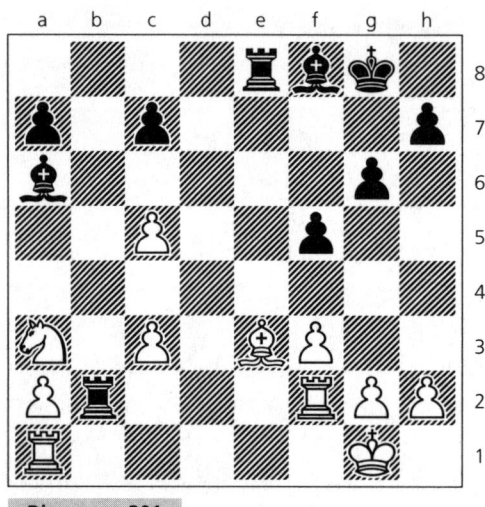

Diagramm 201

Stellung nach 21. Ld2-e3

21. ...   Te8xe3

Ein klassisches Qualitätsopfer, das den Angriff festhält.

22. Tf2xb2   Lf8xc5
23. Kg1-h1   Lc5xa3

Und Weiß wurde im 35. Zug matt gesetzt.

Noch heute ein Lehrbeispiel dafür, dass man sich bei sehr guter Entwicklung weder um isolierte Doppelbauern noch um Bauernverlust zu kümmern braucht. Die Parole lautet: Linienöffnung um jeden Preis und so rasch wie möglich, damit

Weiß keine Zeit bleibt, seine Figuren vom Damenflügel ins Spiel zu bringen.

Der Unterlegene in dieser Partie zählt zu den stärksten Schachspielern aller Zeiten. Als 23-jähriger Neuling kam er aus Amerika nach Hastings und hat dort vor den Weltmeistern Lasker, Tarrasch und Steinitz eines der größten Schachturnieren, die es je gab, gewonnen. Mit 34 Jahren verstarb er auf tragische Weise.

Rubinsteins »Unsterbliche«

Akiba Rubinstein war einer der größten Schachspieler aller Zeiten. Er zog sich 1932 völlig vom Schach zurück, als sich geistige Zerrüttungserscheinungen bei ihm zeigten. 1961 starb er in einem Sanatorium in Belgien im Alter von 81 Jahren – man hatte nicht gewusst, dass er überhaupt noch lebte.

Weiß: G. Rotlewi
Schwarz: A. Rubinstein
Lodz 1907 (Damenbauernspiel)

1. d2-d4	**d7-d5**
2. Sg1-f3	**e7-e6**
3. e2-e3	**c7-c5**
4. c2-c4	**Sb8-c6**
5. Sb1-c3	**Sg8-f6**
6. d4xc5	**Lf8xc5**
7. a2-a3	**a7-a6**
8. b2-b4	**Lc5-d6**
9. Lc1-b2	**0-0**

10. Dd1-d2   Dd8-e7
11. Lf1-d3

Die Wegnahme des Bd5 wäre natürlich Frevel, weil Schwarz nach zweimaligem Tausch auf d5 mit Le6 und Td8 entscheidenden Entwicklungsvorsprung erhalten würde.

11. ...   d5xc4
12. Ld3xc4   b7-b5
13. Lc4-d3   Tf8-d8
14. Dd2-e2   Lc8-b7
15. 0-0   Sc6-e5

Schwarz hat die Rolle des Anziehenden übernommen und ist zwei Tempi voraus, eine Folge des 8. und 10. Zuges von Weiß.

16. Sf3xe5   Ld6xe5

Droht bereits Lh2† nebst Dd6† und Dd3:

17. f2-f4   Le5-c7
18. e3-e4   Ta8-c8
19. e4-e5   Lc7-b6+

Sogleich macht sich bei Weiß die durch e4/f4 gelockerte Stellung nachteilig bemerkbar.

20. Kg1-h1   Sf6-g4!

Der Auftakt zum Königsangriff, der bei der aktiven Stellung aller schwarzen Figuren auf den Zentrallinien durchschlagen muss. So verliert zum Beispiel 21. Dg4: Td3: wegen der Drohungen Tc3: oder Td2! Oder auch 21. Se4 Td3: 22. Dd3: Dh4 23. h3 Le4: 24. De4: Dg3 25. hg4: Dh4†† nach bereits bekannten Mustern.

21. Ld3-e4   De7-h4
22. g2-g3

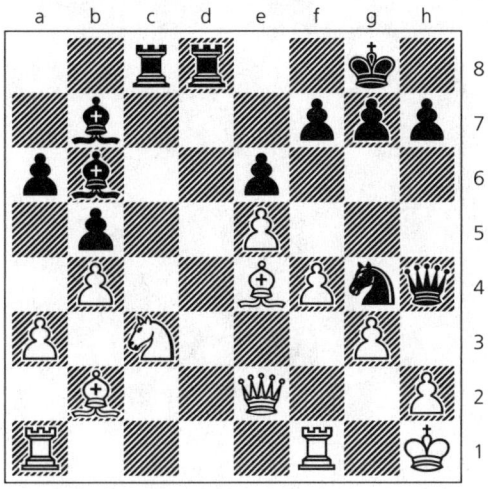

Diagramm 202

Stellung nach 22. g2-g3

Schwarz, dessen Figuren eine optimale Aufstellung auf allen Linien und Schrägen eingenommen haben, kann sogar die Dame stehen lassen. Nicht nur das – es wird sofort ein Qualitätsopfer dargeboten!
Eine interessante Variante wäre:

22. h2-h3 Tc8xc3! 23. Lb2xc3 (oder 23. Lb7:? Th3:† nebst matt) Lb7xe4 24. De2xg4 Dh4xg4 25. h3xg4 Td8-d3 mit Gewinn. Die anderen Möglichkeiten nach etwa 23. Dg4: möge der Leser selbst herausfinden.

22. ...   Tc8xc3
23. g3xh4

Oder 23. Lb2xc3 Lb7xe4† beziehungsweise 23. Le4xb7 Tc3xg3 24. Tf1-f3 Tg3xf3 25. Lb7xf3 Sg4-f2† 26. Kh1-g1 Sf2-e4† 27. Kg1-f1 Td8-d2 usw.

23. ...   Td8-d2!!

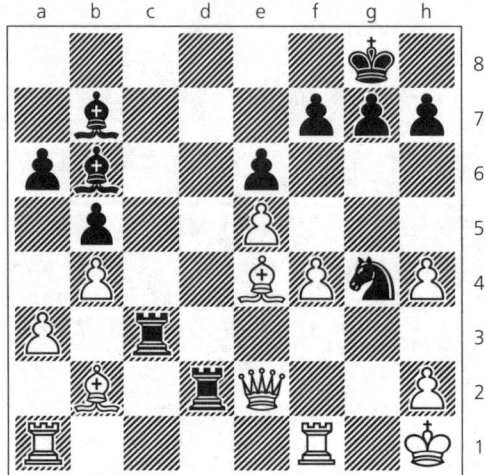

Diagramm 203

Stellung nach 23. ... Td8-d2!!

Die Dame ist fort, vier Figuren »hängen«, und doch erzwingt Rubinstein das Matt.

24. De2xd2   Lb7xe4†
25. Dd2-g2   Tc3-h3!!

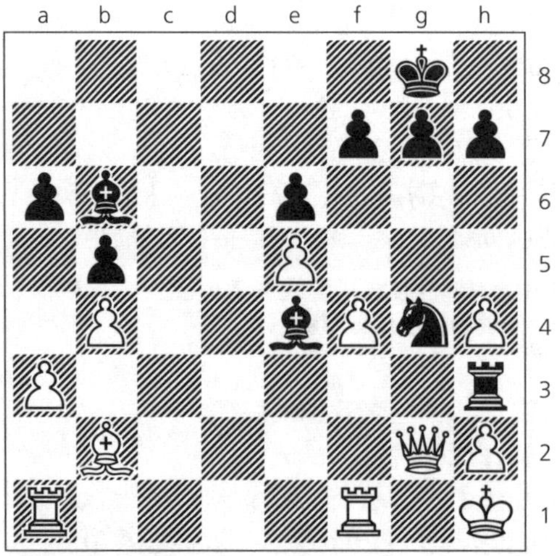

Zum Schluss noch ein stiller Zug von großer Schönheit, der ein eigenes Diagramm verdient; Th2: matt ist undeckbar (26. Tf3 Lf3:).

Nicht die Materie, sondern der Geist entscheidet

Weiß: R. Réti
Schwarz: Dr. S. Tartakower
1910 (Caro-Kann-Verteidigung)

1. e2-e4	**c7-c6**
2. d2-d4	**d7-d5**
3. Sb1-c3	**d5xe4**
4. Sc3xe4	**Sg8-f6**
5. Dd1-d3	**e7-e5**
6. d4xe5	**Dd8-a5†**
7. Lc1-d2	**Da5xe5**
8. 0-0-0	**Sf6xe4**

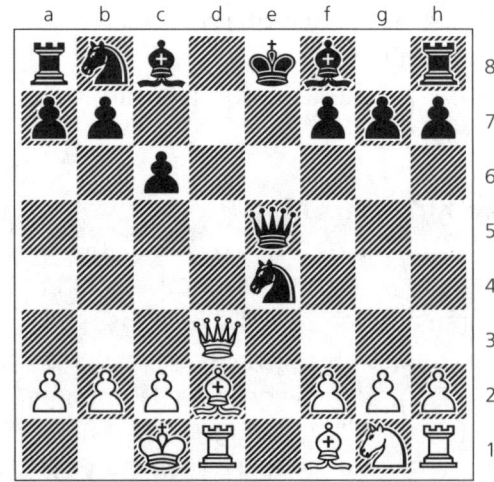

Diagramm 204

Stellung nach 25. ... Tc3-h3!!

Diagramm 205

Stellung nach 8. ... Sf6xe4

Natürlich nimmt die Dame nicht, wegen Te1 mit Damenverlust. Jetzt beabsichtigt Schwarz, die Figur auf e4 wieder zurückzugeben und den König durch die kurze Rochade in Sicherheit zu bringen. Aber es folgt ein unerhörter Blitzschlag!

9. Dd3-d8† Ke8xd8
10. Ld2-g5† Kd8-c7
Falls 10. ... Kd8-e8, so 11. Td1-d8††.

11. Lg5-d8††
Eine der schönsten Kombinationen der Schachliteratur.

Das Genie der Praxis: José Raoul Capablanca

José Raoul Capablanca, 1888 in Havanna geboren, wurde im Volksmund die »Schachmaschine« genannt. Der elegante Kubaner, von seinem Heimatland nach Studium und großen Schacherfolgen in den diplomatischen Status des auswärtigen Dienstes erhoben, war das Schachgenie der Praxis. Lange bevor Capablanca die Weltmeisterschaft gewann, zählte er bereits zu den besten Spielern der Welt, und selbst nach der Niederlage gegen Aljechin 1927 blieb er bis 1936 unter den ersten drei der Weltschachelite.

Capablancas Partien bestechen durch ihre scheinbare Einfachheit, und in der Tat: Er war ein Meister der Vereinfachung. Obwohl er bis dahin kein Schachbuch gelesen hatte und die Züge nur von seinem Vater beim Zuschauen erlernt hatte, gewann er schon im Alter von 20 Jahren einen Wettkampf gegen den damals besten Schachspieler der USA, Frank Marshall (+8 –1).

Hier eine für Capablancas Stil typische Partie.

Weiß: E. Bogoljubow
Schwarz: J. R. Capablanca
Bad Kissingen 1928 (Damenindische Verteidigung)

1. d2-d4 Sg8-f6
2. c2-c4 e7-e6
3. Sg1-f3 b7-b6
4. Sb1-c3 Lc8-b7
5. Lc1-g5 Lf8-e7
6. e2-e3 Sf6-e4
7. Lg5xe7 Dd8xe7
8. Sc3xe4 Lb7xe4
Am genauesten ist jetzt für Weiß 9. Lf1-e2 0-0 10. 0-0 d7-d6 11. Sf3-d2

9. Sf3-d2 Le4-b7
10. Lf1-e2 De7-g5
11. Le2-f3 Lb7xf3
12. Dd1xf3 Sb8-c6
13. Df3-g3 Dg5xg3
Bogoljubow gewann am Ende dieses berühmte Turnier vor Capablanca. Er spielte auf Remis und war mit dem Damentausch einverstanden.

14. h2xg3 Ke8-e7
15. g3-g4 h7-h6
16. a2-a3 a7-a6
17. Ke1-e2 Th8-b8
18. Sd2-e4 b6-b5

19. c4-c5	d7-d5
20. c5xd6+	c7xd6
21. f2-f4	Tb8-c8

Der Optimist Bogoljubow sah in der Stellung keine Gefahr, daher unterliefen ihm einige Flüchtigkeitsfehler. Richtig wäre jetzt 22. The1 gewesen, vor allem aber musste 23. Tac1 anstelle von 23. Kd3? kommen.

22. f4-f5	Sc6-a5
23. Ke2-d3	Sa5-c4
24. Ta1-b1	d6-d5
25. Se4-c3	

Keineswegs besser wäre 25. Se4-c5 e6-e5 26. e3-e4 d5xe4† 27. Sc5xe4 Tc8-d8 und so weiter.

25. ...	Tc8-c6
26. f5xe6	f7xe6
27. g4-g5	h6xg5
28. Th1-h5	Ke7-f6
29. Th5-h3	Ta8-c8

Der Exweltmeister verstärkt den Druck auf die weiße Stellung am Damenflügel ständig. Es droht 30. ... Sb2: oder 30. ... Sa3:. Allmählich werden Weiß Hände und Füße gefesselt.

30. Sc3-a2	a6-a5
31. Th3-f3†	Kf6-g6
32. g2-g4	Sc4-d6

So sieht sein Plan aus: Den Turm nach c2 und den Springer nach e4 führen.

33. Sa2-c3	b5-b4
34. a3xb4	a5xb4
35. Sc3-d1	Tc6-c2
36. Tf3-f2	b4-b3

37. Tb1-a1	Sd6-e4
38. Tf2-e2	Tc8-c6
39. Ta1-b1	

Dem Weißen drohen schon die Züge auszugehen; bald wird der Zugzwang vollkommen.

39. ...	e6-e5
40. Tb1-a1	Tc6-c4
41. Ta1-a5	

Und bereits folgt der Mattschluss!

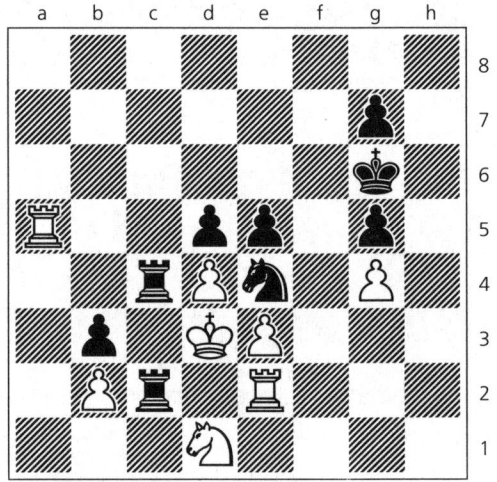

Diagramm 206

Stellung nach 41. Ta1-a5

41. ...   **Se4-c5†** 0:1

Matt im nächsten Zug durch e5-e4††. Freilich, »Bogol« konnte die Niederlage verschmerzen; er siegte in Bad Kissingen knapp vor Capablanca.

Spielmanns Opfer

Der Wiener Meister Rudolf Spielmann, 1883 bis 1942, gehört in die Ära der Tarrasch, Lasker, Rubinstein, Réti, Capablanca, Maróczy, Mieses, Nimzowitsch, Bogoljubow, zu der Reihe unsterblicher Meister. Der Name Spielmann gilt als Synonym für Angriff, für wagemutiges Spiel. Der untersetzte, fröhliche Österreicher war von kleiner Statur und trug deshalb besonders hohe Absätze. Als er in Hastings während des traditionellen Schachkongresses einmal eine Simultanvorstellung gab, erzählte er: »In einer Partie wollte ich auf h8 opfern. Aber ich konnte nicht über den Tisch reichen bis auf dieses Eckfeld meines Gegners. So musste ich schon auf h6 opfern und gewann trotzdem.« Spielmann war der Einzige, der auf Turnieren Capablanca zweimal besiegen konnte. Das ist keinem anderen Meister je gelungen.

Ein einmalig schöner Partieschluss gelang ihm in der folgenden Partie.

Weiß: R. Spielmann
Schwarz: B. Hönlinger
Wien 1922 (Caro-Kann-Verteidigung)

1. e2-e4	c7-c6
2. d2-d4	d7-d5
3. Sb1-c3	d5xe4
4. Sc3xe4	Sg8-f6
5. Se4-g3	

Nicht der beste Zug. Die heutige Theorie geht von 5. Sf6:† aus, wonach Weiß sowohl nach ef6: als auch nach gf6: etwas besser steht.

5. ...	e7-e6
6. Sg1-f3	c6-c5
7. Lf1-d3	Sb8-c6

Auf 7. ... cd4 8.Sd4 kann Schwarz wegen dem Abzugsschach 9. Lb5† mit Damenverlust nicht auf d4 schlagen.

8. d4xc5	Lf8xc5
9. a2-a3	0-0
10. 0-0	b7-b6
11. b2-b4	Lc5-e7
12. Lc1-b2	Dd8-c7

12. ... Lb7 war eindeutig vorzuziehen!

13. b4-b5	Sc6-a5
14. Sf3-e5	Lc8-b7
15. Se5-g4	Dc7-d8
16. Sg4-e3	Sf6-d5
17. Dd1-h5	

Nützt durch das Eingreifen der Dame auf dem schönen Angriffsplatz den Fehler sofort aus. Richtig war 16. ... Tc8.

17. ...	g7-g6
18. Se3-g4!	

Die Dame muss also nicht zurück. Es droht Sg4-h6††!

18. ...	Le7-f6
19. Sg4xf6†	Sd5xf6

Weiß hat dadurch ein wichtiges Ziel erreicht, dass der schwarzfeldrige Läufer von Schwarz verschwunden ist. Im Fall von 19. ... Df6:? 20. Lf6: gh5: 21. Sh5: hätte Schwarz einen Bauern bei schlechter Stellung verloren.

20. Dh5-h6	Ta8-c8
21. Ta1-d1	Dd8-e7

135

22. Tf1-e1   Sf6-e8

Der nächste Springerzug war auf keine Weise zu verhindern.

23. Sg3-f5!   De7-c5

Die Annahme des Springeropfers führt ebenfalls zur Katastrophe: 23. … g6xf5 24. Ld3xf5 f7-f6 25. Lf5xe6† Kg8-h8 26. Td1-d7 und die Dame geht verloren, weil sonst Dh6xh7†† kommt.

24. Te1-e5   Lb7-d5

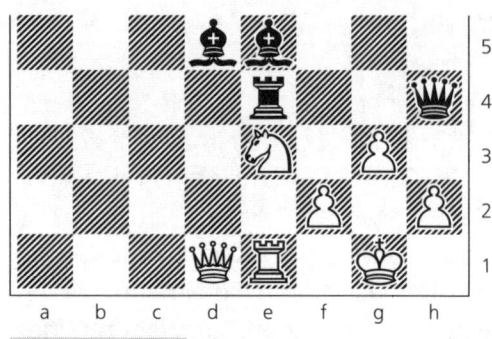

Diagramm 208

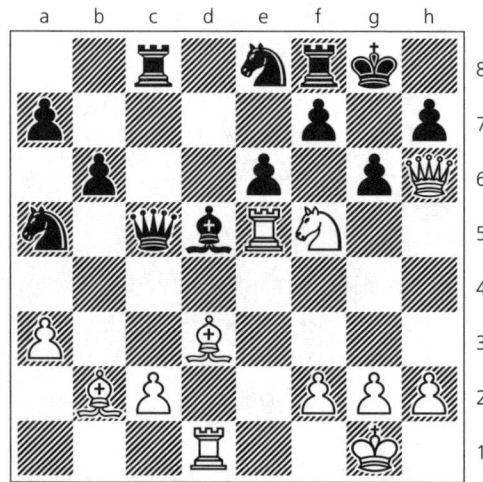

Diagramm 207

Stellung nach 24. … Lb7-d5

25. Sf5-e7† 1:0

Und jetzt muss mancher Leser vielleicht erst mal schauen, weshalb Schwarz breits zu diesem Zeitpunkt die Waffen streckte. Versuchen Sie zunächst einmal, selber hinter das Mattgeheimnis zu kommen!

Und dann schauen Sie das folgende Mattschema an (Diagramm 209):

Schwarz am Zug erzwingt Matt in drei Zügen! Und damit wäre auch das Geheimnis um den Partieschluss Spielmann-Hönlinger gelöst.

1. … Dh4xh2†!! 2. Kg1xh2 Te4-h4†. Der Bauer g3 ist vom Läufer gefesselt, er kann dem kecken Turm also nichts anhaben. **3. Kh2-g1 Th4-h1††!**

Laskers Schönheitspreis von Moskau 1935

Aus seiner deutschen Heimat vertrieben und seiner Habe von den neuen Machthabern beraubt, musste Dr. Emanuel Lasker im Alter von 67 Jahren noch einmal neu beginnen. 1935 landete der »große alte Mann des Schachs« in Moskau, wo er an der Akademie der Wissenschaften arbeiten konnte. Aber sein Gönner kam im Laufe der stalinistischen Prozesse ums Leben und 1936 musste Lasker wieder einmal emigrieren. Er ging nach Amerika, wo er 1941 im Alter von 73 Jahren starb.

Als Lasker, nach einer Pause von rund sieben Jahren, 1934 in Zürich erstmals wieder den Turniersaal betrat, rechnete man nicht mehr damit, dass der ehemalige Weltmeister unter den neuen Koryphäen wie Aljechin, Dr. Euwe und Flohr würde bestehen können. Aber der 66-jährige schlug sich blendend und war die Sensation des Turnieres. Noch größer aber war sein Erfolg 1935 in Moskau, als er hinter den gemeinsamen Siegern Botwinnik und Flohr den dritten Preis unter 20 Teilnehmern errang. Hinter ihm lag der legendäre Exweltmeister Capablanca auf Rang vier!

Ausgerechnet gegen den alten Rivalen Capablanca, der noch immer zur allerersten Garnitur zählte, gewann Lasker den 1. Schönheitspreis!

Weiß: E. Lasker
Schwarz: J. R. Capablanca
Moskau 1935 (Französische Verteidigung)

1. e2-e4	e7-e6
2. d2-d4	d7-d5
3. Sb1-c3	Lf8-b4
4. Sg1-e2	d5xe4
5. a2-a3	Lb4-e7
6. Sc3xe4	Sg8-f6
7. Se2-c3	Sb8-d7

Capablanca hätte besser 7. ... 0-0 8. Se4-Sg3 Sb8-Sc6 gespielt.

8. Lc1-f4	Sf6xe4
9. Sc3xe4	Sd7-f6
10. Lf1-d3	0-0
11. Se4xf6†	Le7xf6

12. c2-c3	Dd8-d5
13. Dd1-e2	c7-c6

13. ... Dd5xg2 war natürlich nicht im Sinne des Sicherheitsspielers Capablanca und wird einfach mit 14. Ld3-e4 Dg2-h3 15. Lf4xc7 beantwortet.

14. 0-0	Tf8-e8
15. Ta1-d1	Lc8-d7

Das Eingeständnis, dass der schwarze Damenläufer eingesperrt bleiben muss, die Eröffnungsbehandlung auf Seiten von Schwarz also minderwertig war. Verfehlt ist natürlich 15. ... e6-e5 16. d4-xe5 Lf6xe5 wegen 17. Ld3xh7†

16. Tf1-e1

Rabinowitsch war der Auffassung, dass 16. Lf4-e5! vielleicht noch stärker gewesen wäre; es drohte dann 17. c3-c4 nebst De2-e4. 16. ... Ld6xe5 verbietet sich nun wegen 17. d4xe5 und gegen den »Abzug« des Ld3 mit Materialgewinn gibt es keine Verteidigung. Deshalb hätte Schwarz auf 16. Lf4-e5 mit 16. ... Ld6-e7 zurückweichen müssen. Dann aber hätte sich die Möglichkeit geboten, mit 17. Dc2 h6 (oder g6) 18. b4! die schwarze Dame ernstlich zu bedrohen. Aber solch forcierte Wendungen waren nicht Laskers Stil, er erreichte sein Ziel auf andere Weise.

16. ...	Dd5-a5
17. De2-c2	g7-g6

Die Wahl, welche Schwächung des Königsflügels erträglicher ist, fällt schwer. Auf 17. ... h7-h6 hätte Dc2-e2-e4 folgen können.

18. Lf4-e5	**Lf6-g7**
19. h2-h4!	

Dies ist das Signal zum direkten Königsangriff.

19. ...	**Da5-d8**
20. h4-h5	**Dd8-g5**
21. Le5xg7	**Kg8xg7**
22. Te1-e5	**Dg5-e7**

Nach 22. ... Dh6 würde die schwarze
Dame im Zentrum fehlen.

23. Td1-e1	**Te8-g8**
24. Dc2-c1	**Ta8-d8**
25. Te1-e3	**Ld7-c8**
26. Te3-h3	**Kg7-f8**
27. Dc1-h6†	**Tg8-g7**
28. h5xg6	**h7xg6**

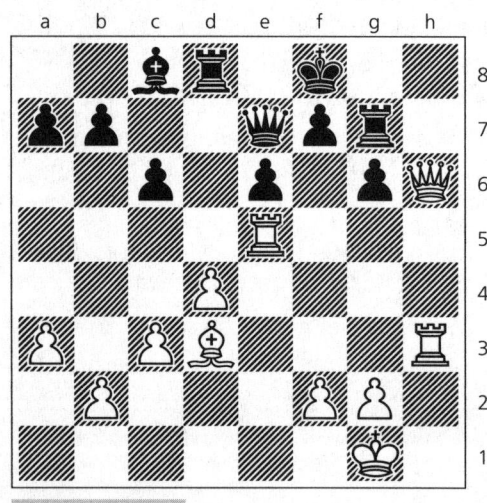

Diagramm 209

Stellung nach 28. ... h7xg6

29. Ld3xg6

Ein schönes, entscheidendes Opfer. Die
Annahme verbietet sich wegen 29. ...
f7xg6 30. Dh6-h8† Kf8-f7 31. Th3-f3†.

29. ...	**De7-f6**
30. Te5-g5	**Kf8-e7**

Gegen die Drohung Tf3 gab es sonst nur
30. ... Td8-d5 mit der Falle 31. Th3-f3
Df6xf3 32. g2xf3 Td5xg5† 33. Dh6xg5
Tg7xg6 und Schwarz gewinnt. Aber
Weiß zieht nach 30. ... Td5 natürlich 31.
Tg5xd5 c6xd5 32. Dh6-h8† Kf8-e7 33.
Dh8xc8 Df6xg6 34. Dc8-c7†.

31. Th3-f3	**Df6xf3**
32. g2xf3	**Td8-g8**

Noch die beste Chance des Schwarzen.

33. Kg1-f1	**Tg7xg6**
34. Tg5xg6	**Tg8xg6**
35. Dh6-h2	

Einfacher war der Sieg nach 35. Dh6-f4!,
weil dann die Drohung 36. Df4-c7† Lc8-
d7 37. Dc7xb7 nicht so leicht wie in der
Partie pariert werden konnte.

35. ...	**Ke7-d7**
36. Dh2-f4	**f7-f6**
37. c3-c4	**a7-a6**
38. Df4-h4	**Tg6-g5**

Geschieht zur Rettung des Turmes 38. ...
Kd7-d6, so folgt 39. Dh4-h7 Tg6-g5 40.
c4-c5† Kd6-d5 41. Dh7-e7 usw.

39. Dh4-h7†	**Kd7-d8**
40. Dh7-h8†	**Kd8-c7**
41. Dh8xf6	**Tg5-f5**

Weiß unternimmt nun durch zwei Dutzend Züge gar nichts zur Realisierung
seines Vorteils. Dr. Lasker will den für ihn
besonders wertvollen Gewinn nicht
durch einen Ermüdungsfehler verscher-
zen. Er spielt also auf Abbruch der Partie.

42. Df6-g7†	Lc8-d7
43. Kf1-e2	Kc7-c8
44. Dg7-h8†	Kc8-c7
45. Dh8-h2†	Kc7-c8
46. Dh2-d6	Tf5-h5
47. Ke2-e3	Th5-f5
48. Ke3-e4	Tf5-h5
49. Dd6-f8†	Kc8-c7
50. Df8-f4†	Kc7-c8
51. Df4-d6	Th5-f5
52. Ke4-e3	Tf5-h5
53. Ke3-d3	Th5-f5
54. Kd3-e2	Tf5-h5
55. Dd6-f8†	Kc8-c7
56. Df8-f4†	Kc7-c8
57. Df4-d6	Th5-f5
58. Dd6-g3	Tf5-h5
59. Dg3-g8†	Kc8-c7
60. Dg8-g3†	Kc7-c8
61. Dg3-g6	Th5-f5
62. Dg6-g8†	Kc8-c7
63. Dg8-g3†	Kc7-c8
64. Dg3-g6	aufgegeben.

Das heißt: Hier wurde die Partie abgebrochen und von Capablanca bei der Wiederaufnahme ohne weiteren Kampf aufgegeben.

Das Gewinnmanöver des Weißen hätte sein können:

64. ...	Kc8-c7
65. Dg6-g3†	Kc7-c8
66. Ke2-d3	Tf5-h5
67. Kd3-c3	Th5-f5
68. Kc3-b4	Tf5-h5
69. c4-c5	Th5-d5
70. Kb4-a5	Td5xd4
71. Ka5-b6	

und nun fallen die Bauern b7 und a6.

Eine Partie macht die Runde um die Welt

Kurt Richter, der von 1900 bis 1969 in Berlin lebte, wurde respektvoll von den Schachfreunden der »Scharfrichter von Berlin« genannt. Dabei war Richter, Autor vieler lehrreicher Schachbücher, ein feinsinniger und stiller Mensch.

Weiß: K. Richter
Schwarz: Alexandrescu
Olympiade München 1936
(Französische Verteidigung)

1. e2-e4	e7-e6
2. d2-d4	d7-d5
3. Sb1-c3	d5xe4
4. Sc3xe4	Sb8-d7
5. Sg1-f3	Sg8-f6
6. Se4xf6†	

In Betracht kam auch 6. Lc1-g5, was nach 6. ... Lf8-e7 7. Se4xf6† Schwarz die Wahl beim Wiederschlagen lässt.

6. ...	Sd7xf6
7. Lc1-g5	Lf8-e7
8. Lf1-d3	c7-c5

Verfrüht. Als beste Fortsetzung wird b7-b6 nebst Lc8-b7 angesehen.

9. 0-0	0-0

Schwarz hätte die Gelegenheit zu c5xd4 nicht versäumen sollen. Weiß wäre statt der Rochade der sofortige Tausch auf c5 dienlicher gewesen.

10. d4xc5	Dd8-a5

11. Tf1-e1 Da5xc5
12. Sf3-e5 h7-h6
Der Nachteil der von Schwarz gewählten Variante liegt in der Entwicklungsrückständigkeit seines Damenflügels.

13. b2-b4
Gerade darum erhält jeder Zeitgewinn, wenngleich unter Opfern, doppeltes Gewicht.

13. ... Dc5xb4
14. Ta1-b1 Db4-a5
15. Lg5-d2 Da5xa2
Schwarz nimmt trotzig auch noch die zweite Herausforderung an. Das bekommt ihm nicht gut, während er nach dem bescheideneren Da5-c7 sich viel hartnäckiger hätte verteidigen können.

16. Te1-e3 Da2-d5
17. Tb1-b5 Dd5-d6
18. Te3-g3 Kg8-h8

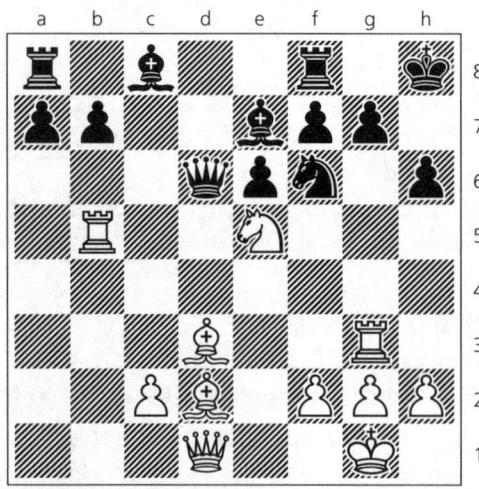

Diagramm 210

Stellung nach 18. ... Kg8-h8

19. Tg3xg7!
Ein haargenau berechnetes Doppelopfer krönt eine Partieführung von geradezu künstlerischer Geschlossenheit.

19. ... Kh8xg7
20. Ld2xh6† Kg7-g8
Auf 20. ... Kg7-h8 hätte Weiß mit 21. Lh6xf8 (drohend Se5xf7†) siegreich fortgesetzt. Auf 20. ... Kg7xh6 jedoch wäre er in ein Mattnetz geraten: 20. ... Kg7xh6 21. Dd1-d2† Kh6-g7 22. Dd2-g5† Kg7-h8 23. Dg5-h4† Kh8-g7 24. Se5-g4 Sf6-h5 25. Tb5-g5†.

21. Dd1-f3 Sf6-e8
Um das nach Df3-g3† auf g7 drohende Matt zu decken.

22. Df3-g4† Kg8-h8
23. Lh6-g7† Se8xg7
24. Dg4-h3† Le7-h4
25. Dh3xh4† Sg7-h5
26. Dh4xh5† Kh8-g7
27. Dh5-g5† aufgegeben.

Nicht zuletzt dem hervorragenden Abschneiden von Kurt Richter war es zu verdanken, dass Deutschland bei der Olympiade in München 1936 hinter Ungarn und Polen die Bronzemedaille gewann. Richter starb in Ost-Berlin am 30. Dezember 1969.
(Anmerkungen:»Kurt Richters beste Partien« von A. Brinckmann)

Französische Katastrophe

Diese Partie hat eine interessante Vorge-schichte. In einem der Qualifikationstur-niere zur Deutschen Schachmeister-schaft in Aachen musste Michel eine Niederlage in 13 Zügen von demselben Partner hinnehmen. Er war in eine Eröff-nungsfalle des bekannten Berliner Fern-schachmeisters geraten. Die Partie sollte die süße Revanche bringen!

Weiß: P. Michel
Schwarz: B. Koch
Aachen 1935
(Französische Verteidigung)

1. e2-e4	e7-e6
2. d2-d4	d7-d5
3. Sb1-c3	Sg8-f6
4. Lc1-g5	Lf8-e7
5. e4-e5	Sf6-d7
6. Lg5xe7	Dd8xe7
7. Dd1-g4	

Eine Zeitlang war hier Dd2 in Mode. Die beiderseitige Strategie liegt auf der Hand: Weiß erstrebt Königsangriff und Schwarz Gegenspiel am Damenflügel.

7. ...	0-0
8. Sg1-f3	c7-c5
9. Lf1-d3	f7-f5
10. e5xf6	Sd7xf6
11. Dg4-h4	Sb8-c6
12. d4xc5	

Die schwarze Dame wird vom Königs-flügel abgelenkt.

12. ...	De7xc5
13. 0-0-0	Ta8-b8

Schwarz hat schon keine rechten Züge mehr. Doch war dem Entwicklungszug Ld7 trotzdem eindeutig der Vorzug zu geben.

14. Th1-e1	Sc6-b4
15. Sf3-g5	Sb4xd3†
16. Td1xd3	Dc5-c6
17. Td3-e3	Tf8-e8
18. Te3-f3	Dc6-c7

Dd7 scheint besser zu sein, verstellt aber den Läufer c8.

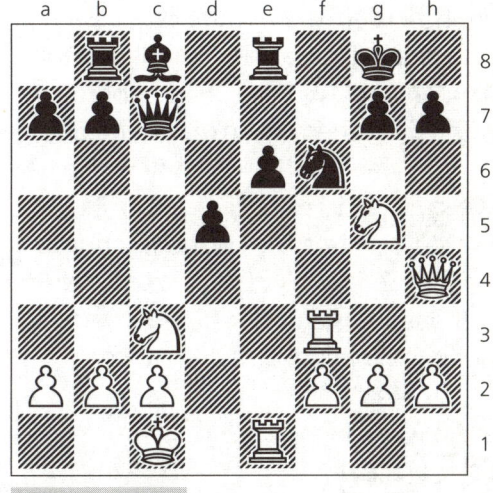

Diagramm 211

Stellung nach 18. ... Dc6-c7

19. Sc3xd5!!

Ein altbekanntes, immer wiederkehren-des Motiv: die Überlastung von Figuren. Nimmt der Sf6, setzt Dh4xh7 gleich matt; und auf 19. ... e6xd5 hat Weiß die Wahl zwischen a.) Dh4xh7†! oder b.) Te1xe8† nebst Matt.

Erinnerungen an Klaus Junge

Der Hamburger Klaus Junge wurde schon im Alter von 19 Jahren 1941 Erster bis Zweiter in der Deutschen Meisterschaft – der Weltmeister Dr. Aljechin prophezeite ihm eine große Zukunft. Aber der Krieg bereitete auch diesem hoffnungsvollen Leben ein Ende: Noch in den letzten Kriegstagen fiel Klaus Junge. Von seinem kühnen Stil berichtet uns die folgende Partie.

In diesem Spiel erscheint ein Zug von Weiß, bei dem man glaubt, es müsse sich um einen Druckfehler handeln. Ohne Anmerkung würde man überhaupt nichts verstehen, wenn man den 26. Zug von Schwarz auf dem Brett sieht! Ein Beweis für die Feststellung von Exweltmeister Petrosjan: »Überraschungen sind im Schach niemals auszuschließen. Der Meister kann nur bemüht sein, sie auf ein Minimum zu beschränken.«

Weiß: von Hennig
Schwarz: K. Junge
Hamburg 1940 (Damenbauernspiel)

1. d2-d4	d7-d5
2. e2-e3	Sg8-f6
3. Sb1-d2	

Die Damenbauereröffnung war eine Spezialität v. Hennigs.

3. ...	c7-c5
4. c2-c3	c5xd4
5. e3xd4	Lc8-f5
6. Sg1-f3	e7-e6
7. Lf1-b5†	Sb8-d7
8. 0-0	Lf8-d6
9. Sf3-e5	a7-a6
10. Lb5xd7†	Sf6xd7
11. f2-f4	h7-h6

Ein friedlicher Aufbau beiderseits. Aber Junge vermied hier die kurze Rochade, weil er gleich einen großen Tanz aufzuführen gedachte!

12. a2-a4	g7-g5!
13. g2-g4	Lf5-h7
14. Dd1-f3	g5xf4
15. Df3xf4	Sd7xe5
16. d4xe5	Ld6-c5†
17. Kg1-g2	Dd8-c7
18. b2-b4	

Da Schwarz offensichtlich lang rochieren wird, will Weiß schnell am Damenflügel stürmen.

18. ...	Lc5-a7
19. c3-c4	Lh7-d3
20. Lc1-b2	d5xc4

Aus gutem Grunde lehnt Schwarz die Wegnahme der Qualität ab; er hat ganz andere Pläne im Auge.

21. Tf1-f3	0-0-0
22. b4-b5	c4-c3
23. Ta1-c1	c3xd2!

Eine Riesenüberraschung für den Gegner. Hat denn diese Opferkombination nicht ein großes Loch?

24. Tc1xc7†	Kc8xc7
25. Tf3xd3	Td8xd3
26. Df4-c4†	

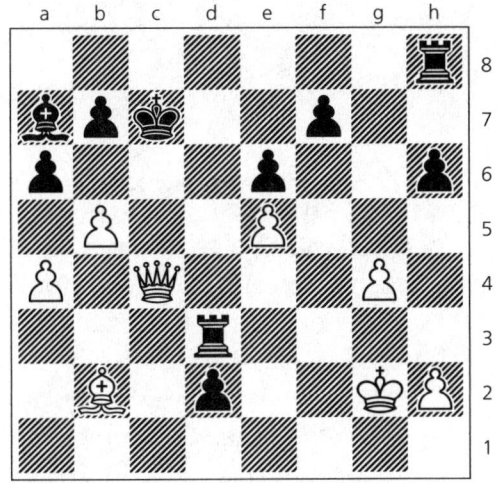

a b c d e f g h

Diagramm 212

Stellung nach 26. Df4-c4†

Das scheint für Schwarz das Ende zu sein. Geht er mit dem König auf die d-Linie, fällt der Turm mit Schach und anschließend auch der d-Bauer. Nach Kb8 aber geschieht Dd3: und Schwarz kann den Fall des Freibauern ebenfalls nicht verhindern.

Und doch hat Schwarz in der Vorausberechnung einen Zug weiter gesehen:

26. ...   La7-c5!!
Das Ei des Kolumbus! Wenn nun 27. Dc4xc5†, so Kc7-d7 28. Lb2-d4 (um d1D mit Dauerschach Dd6† und so weiter zu parieren), so Th8-c8! Deshalb versuchte Weiß noch Folgendes:

27. Dc4xd3   Th8-d8
28. Lb2-d4   Td8xd4
Die schwarze Kombination mit dem bildschönen 26. Zug Lc5!! lässt erkennen, was für ein Talent Klaus Junge war.

Die »Arche-Noah-Falle«

So heißt sie, weil sie schon uralt ist. Aber noch immer nicht bekannt genug, um nicht auf einer Schacholympiade aufzutauchen.

Weiß: Dworzynski (Polen)
Schwarz: Keres (SU)
Olympiade Moskau 1956
(Spanische Partie)

1. e2-e4   e7-e5
2. Sg1-f3   Sb8-c6
3. Lf1-b5   a7-a6
4. Lb5-a4   d7-d6
5. d2-d4
Nachhaltiger ist 5. c3!

5. ...   b7-b5
6. La4-b3   Sc6xd4
7. Sf3xd4   e5xd4
Diese Stellung stand schon oft auf dem Brett. Es ist längst bekannt, dass nun das sofortige Dd4: ein schwerer Fehler ist; vor dem Schlagen auf d4 muss Weiß den Zug 8. a4! einschalten.

8. Dd1xd4?   c7-c5
Damit gewinnt Schwarz eine Figur. Der Spieler der polnischen Ländermannschaft am 4. Brett wusste dies offenbar nicht.

9. Dd4-d5   Lc8-e6
10. Dd5-c6+   Le6-d7
11. Dc6-d5   c5-c4

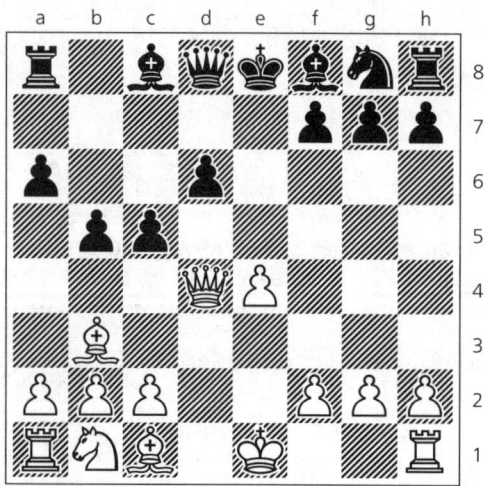

Diagramm 213

Stellung nach 8. ... c7-c5

Der Feuerkopf: Michail Tal

Bei der Schacholympiade in München 1958 betrat ein 22-jähriger »Feuerkopf« mit pechschwarzem Haar die westliche Schachszene: der Lette Michail Tal. Er war der Liebling der Zuschauer. Der argentinische Großmeister Pilnik sagte von Tal, der bemerke etwas in zwei Sekunden, wozu der Weltmeister Botwinnik eine halbe Stunde brauche.

Wenn auch der »Spiegel« damals etwas ironisch meinte, die russischen Meister würden in ihren Hemden ohne Krawatten wie Gärtnerburschen aussehen, musste er doch zugeben, dass sie nicht nur bei Olympiaden hervorragendes Können zeigen. Titelfoto damals: Ein bestechend gutes Bild von Großmeister David Bronstein mit in seiner Brille blitzenden Schachfiguren!

Michail Tal holte sich schon zwei Jahre später den Weltmeistertitel. Aber »Mischa«, wie ihn jeder nannte, lebte auf leichtem Fuß! Im Revanchewettkampf ein Jahr darauf nahm ihm Botwinnik den Titel wieder ab. Früher zählte Tal zu den beliebtesten Gästen auf allen europäischen Turnieren. Auch in Deutschland hatte Mischa viele Freunde. Die letzten Jahre seines Lebens (leider verstarb er bereits 1992 im Alter von 56 Jahren) verbrachte er in Köln! Sein Witz und seine Schlagfertigkeit waren bekannt und beliebt. Als sein Freund, der damals 19-jährige Robert Fischer, der russischen Weltmeisterin Nona Gaprindaschwili 1962

Da man einem Keres keine Figur vorgeben konnte, verzichtete Weiß schon hier auf die Fortsetzung des Kampfes und gab die Partie auf (0:1).

Die Schachliteratur ist voll von solchen und ähnlichen Fehlern und es gibt Bücher, die ausschließlich Eröffnungsfallen behandeln. Der Fehler bleibt trotzdem unsterblich. Also wird auch die »Arche-Noah-Falle« immer wieder ihre Opfer fordern.

Der Este Paul Keres, dem dieser Sieg in den Schoß fiel, zählte von 1938 bis 1975 zur absoluten Weltelite. Die Chance zum Kampf um die Weltmeisterschaft blieb ihm wegen des Kriegsausbruchs 1939 versagt und auch später blieb ihm das Pech treu. Dennoch ist der allseits beliebte Keres zu den Großen des Schachspiels zu zählen.

einen Wettkampf mit Springervorgabe(!) anbot, falls sie den Einsatz von 3000 Dollar aufbringe, kommentierte Tal: »Fischer ist Fischer, aber Springer ist Springer!« Womit er deutlich seine Zweifel daran zum Ausdruck brachte, dass selbst Amerikas Schachgenie »Bobby« Fischer einer Meisterin wie Nona eine Figur vorgeben kann.

In der letzten Runde des Interzonenturniers Amsterdam 1964 legte Tal ein Trumpfass auf den Tisch.

Weiß: M. Tal
Schwarz: G. Tringow
Amsterdam 1964
(Moderne Verteidigung)

1. e2-e4   g7-g6
2. d2-d4   Lf8-g7
3. Sb1-c3   d7-d6
4. Sg1-f3   c7-c6
5. Lc1-g5   Dd8-b6
Dazu hat Weiß mit seinem Läuferausfall nach g5 eingeladen.

6. Dd1-d2   Db6xb2
Der bulgarische Großmeister und Sieger des Zonenturniers in Kecskemét von 1964 greift zu. Weiß erhält jedoch für den Bauern starke Kompensation.

7. Ta1-b1   Db2-a3
8. Lf1-c4   Da3-a5
9. 0-0   e7-e6?
Danach weist die schwarze Stellung zu viele Schwächen auf (Bd6, eingesperrter Läufer c8). Besser wäre der erneute Damenzug 9. ... Da5-c7 gewesen.

10. Tf1-e1   a7-a6
»Zeitverlust« – so mag mancher Nachspielende jetzt sagen. Damit geschähe dem Schwarzen bitteres Unrecht, denn der Zug ist dringend notwendig zur Vorbereitung von Sd7. Bei sogleich 10. ... Sd7? gewinnt Weiß durch den verblüffenden Zug 11. Sb5! Schwarz muss nicht nur den Bd6 zurückgeben, sondern verliert bei schlechter Stellung auch die Rochade (Sd6:†).

11. Lg5-f4   e6-e5
Wegen dieser Antwort, mit der sich Schwarz zu konsolidieren scheint, schaut Tals elfter Zug nicht gut aus. Doch der geniale Angriffsspieler Tal hatte viel weiter gesehen.

12. d4xe5   d6xe5
13. Dd2-d6!!

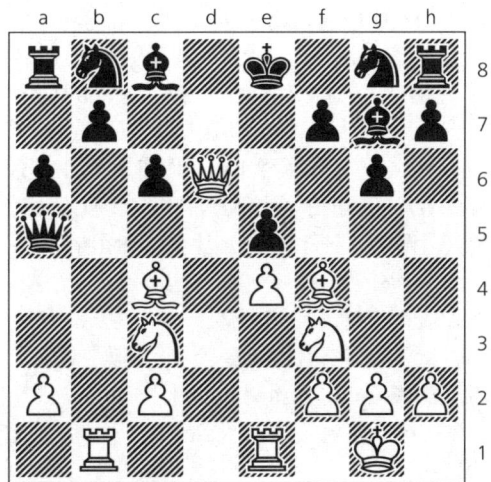

Diagramm 214

Stellung nach 13. Dd2-d6!!

Im Stile Morphys. Weiß kümmert sich nicht um den hängenden Lf4, sondern lässt noch eine zweite Figur im Stich. Was Schwarz auch nehmen mag – er bleibt ohne Rettung. Die wichtigsten Möglichkeiten sind:

a.) 13. ... e5xf4 14. Sc3-d5! (auch das musste Tal voraussehen!) und gegen die Drohung Sc7† hilft nur c6xd5 15. e4xd5† Lc8-e6 16. d5xe6 f7-f6 17. Tb1xb7 und alles bricht zusammen;

b.) 13. ... Lg7-f8 14. Dd6xe5† Da5xe5 15. Sf3xe5 (droht Se5xf7) Lc8-e6 – die einzige Antwort, da auf f6 16. Sf7 gewinnt – 16. Lc4xe6 f7xe6 17. Tb1xb7;

c.) 13. ... Da5-d8 14. Lc4xf7† mit Damenverlust.

Tringow stürzt sich daher, gleich einem geschlagenen Führer seiner Legionen, in das eigene Schwert.

13. ...   Da5xc3
14. Te1-d1   Sb8-d7
Elegant gewinnt auf 14.... Lg7-f6 15. Lf4-g5 Lf6-e7 16. Dd6-d8†. Wenn nach 15. Lg5 aber Sb8-d7 folgt, so 16. Lg5xf6 Sg8xf6 17. Lc4xf7† Ke8xf7 18. Sf3-g5† Kf7-g7 19. Dd6-e7† Kg7-h6 20. Sg5-f7† Kh6-h5 21. Tb1-b3 und so weiter.

15. Lc4xf7†   Ke8xf7
16. Sf3-g5†   Kf7-e8
17. Dd6-e6† aufgegeben.
Weil matt in zwei Zügen, Sf7† und Dd6††.

Angenommen, Schwarz hätte bei 11. Lf4 den tollen Zug 13. Dd6 vorausgesehen – wozu natürlich selbst ein Groß-

meister nicht verpflichtet ist – hätte Tal dann nach dem richtigen Verteidigungszug Dc7 sein Bauernopfer rechtfertigen können?

Nach dem Gesetz, das Morphy als erster richtig erkannt hatte, nämlich dem Übergewicht einer raschen Entwicklung gegen eine unterentwickelte Stellung, musste Weiß in allen Fällen gewinnen. Nur darf er vor den geeigneten Maßnahmen nicht zurückschrecken. Und die heißen bei 11. Lg5-f4 Da5-c7 12. e4-e5 d6-d5. (Der Schrei nach weiteren Opfern, aber d6xe5 13. Sf3xe5 verliert gleich.). Also mutig 13. Lc4xd5 c6xd5 14. Sc3xd5 e6xd5 15. e5-e6 Dc7-d8 (15. ... Dc7-c6 16. e6xf7† Ke8xf7 17. Sf3-g5† Kf7-f8 18. Dd2-b4†) 16. e6xf7† Ke8xf7 17. Sf3-g5† Kf7-f8 18. Tb1xb7! mit Gewinn.

Auch das Damenopfer 17. ... Dd8xg5 18. Lf4xg5 Sg8-f6 würde nach 19. Dd2-a5! auf die Dauer verlieren: Th8-f8 20. Lg5xf6 Lg7xf6 21. Da5xd5† Kf7-g7 22. Tb1xb7† mit hoffnungsloser Lage.

In den nur 17 Zügen dieser Partie entfaltet sich ein ungeahnter Reichtum an Ideen und kombinatorischen Wendungen vor dem Auge des Nachspielenden.

Auf dem Weg zur Weltmeisterschaft: Bobby Fischer

Robert Fischer räumte 1971 drei Kandidaten aus dem Weg, bevor er 1972 zum Zweikampf mit Weltmeister Boris Spasski in Reykjavik antreten durfte. Alle drei Widersacher, den Russen Mark Taimanow, den Dänen Bent Larsen und den russischen Exweltmeister Tigran Petrosjan schlug das Schachgenie aus den Vereinigten Staaten vernichtend. Kein Wunder, dass die drei sich während der Wettkämpfe in Vancouver, in Denver und in Buenos Aires krank melden mussten. Gegen Taimanow und Larsen siegte Fischer jeweils mit 6:0 Punkten! Nur Petrosjan kam mit einer 2½:6½-Niederlage etwas besser davon. Selbst in der Sowjetunion, dem Mekka der Schachspieler, wurde die Leistung des damals 28-jährigen Herausforderers um den Weltmeistertitel bewundernd anerkannt.

Weiß: B. Larsen
Schwarz: R. Fischer
Denver 1971 (Sizilianische Verteidigung)

Lange bewegte sich das Geschehen in ruhigen positionellen Bahnen. Dann, im 37. Zug, macht Larsen einen gravierenden Fehler. Er liegt aber so versteckt, dass ihn nur wenige Meister bemerkt hätten. Fischer aber schlug sofort zu, sein schnelles Auge entdeckte jede Schwäche des Gegners.

1. c2-c4	c7-c5
2. Sg1-f3	g7-g6
3. d2-d4	c5xd4
4. Sf3xd4	Sb8-c6
5. e2-e4	Sg8-f6

Erst durch Zugumstellung ist die Sizilianische Verteidigung entstanden.

6. Sb1-c3	d7-d6
7. Lf1-e2	Sc6xd4
8. Dd1xd4	Lf8-g7
9. Lc1-g5	

Üblich ist 9. Dd3, 9. Dd2 oder 9. Le3.

9. ...	h7-h6
10. Lg5-e3	0-0
11. Dd4-d2	Kg8-h7
12. 0-0	Lc8-e6
13. f2-f4	Ta8-c8
14. b2-b3	Dd8-a5
15. a2-a3	a7-a6
16. f4-f5	Le6-d7
17. b3-b4	Da5-e5
18. Ta1-e1	Ld7-c6
19. Le3-f4	Sf6xe4
20. Sc3xe4	De5xe4
21. Le2-d3	De4-d4†
22. Kg1-h1	Tc8-e8
23. Lf4-e3	Dd4-c3
24. Le3xh6	Dc3xd2
25. Lh6xd2	Lg7-e5
26. Ld2-f4	Le5xf4
27. Tf1xf4	g6xf5
28. Tf4xf5	Kh7-g7

Weiß bekommt seinen geopferten Bauern zurück, und die Partie müsste nun eigentlich remis enden. Larsen aber lag bereits mit einem Zähler in Rückstand und versucht, im Endspiel etwas herauszuholen. Doch auch darin hat Fischer im Laufe der Weltmeisterschaftsausscheidungen mehrere brillante Leistungen vollbracht.

29. Tf5-g5†	Kg7-h6
30. h2-h4	e7-e6
31. Te1-f1	f7-f5
32. Tf1-b1	Tf8-f7
33. b4-b5	a6xb5
34. c4xb5	Lc6-d7
35. g2-g4	Te8-a8

Im weißen Lager haben sich einige Bauernschwächen eingestellt. Auf der a-Linie wird überraschend das Schicksal der Partie entschieden.

36. g4xf5	e6xf5
37. Ld3-c4	

Weiß ist ahnungslos! Aber wer wäre es nicht ebenso?

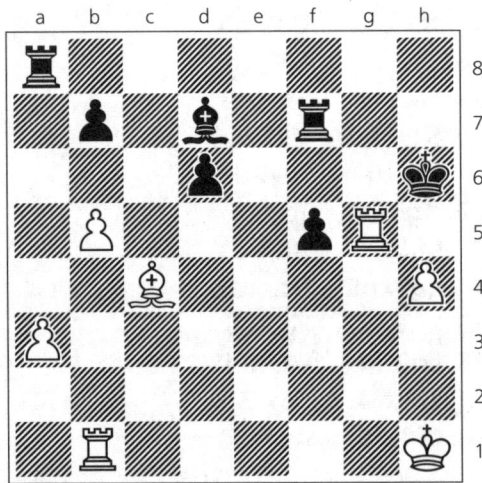

Diagramm 215

Stellung nach 37. Ld3-c4

Wie so oft in Meisterpartien, passierte bisher nichts Entscheidendes. Wenn der Gegner keine Fehler macht, kann auch ein Weltmeister nicht gewinnen. Und so wäre die Partie bis zu diesem Stand nicht wert, hier festgehalten zu werden, wenn nicht …

37. …	Ta8-a4!!

Man denkt zuerst an einen Druckfehler. Dieser glänzende und unerwartete Zug besiegelt indes das Schicksal des Gegners. Nimmt der Läufer den Tf7, so folgt Th4:†, und dem Tg5 ist der Stuhl weggezogen. Schwarz hätte einen wichtigen Bauern gewonnen. Falls aber 38. Tb4, dann tauscht Schwarz und spielt Tf7-e7-e5 mit Eroberung der weißen Bauern am Damenflügel. Freilich sind das für einen Amateur nur klitzeklein erscheinende »Vorteile«, aber dem Meister genügen sie oft zum Gewinn.

38. Tb1-c1	Ld7xb5

Der zweite Florettstoß! Man sieht, wie Larsen durch den Turmzug Fischers geschockt worden war. Egal, was Weiß nimmt, den Turm oder den Läufer, er wird stets den Bh4 und anschließend den Tg5 dafür geben müssen.

39. Lc4xf7	Ta4xh4†
40. Kh1-g2	Kh6xg5
41. Lf7-d5	Lb5-a6

Die Partie wurde hier nach 40 Zügen nicht etwa abgebrochen. Fischer hatte so rasch gespielt, dass beide Partner jetzt noch 14 Züge bis zum Ablauf der regulären Spielzeit ausführen konnten.

42. Tc1-d1	Th4-a4
43. Ld5-f3	Ta4xa3
44. Td1xd6	Ta3-a2†
45. Kg2-g1	

Bei 45. Kg2-g3? f5-f4† gerät der König in ein Mattnetz.

45. ...	Kg5-f4
46. Lf3-g2	Ta2-b2
47. Td6-d7	b7-b6
48. Td7-d8	La6-e2
49. Lg2-h3	Le2-g4

So hat Fischer auch den Läufer wieder gut ins Spiel gebracht. Weiß ist hoffnungslos verloren.

50. Lh3-f1	Lg4-f3
51. Td8-b8	Lf3-e4
52. Lf1-a6	Kf4-e3
53. Tb8-c8	Tb2-b1†
54. Kg1-h2	Ke3-f4 0-1

Das Matt ist undeckbar.

Die sechste Partie der Weltmeisterschaft 1972

Bei der WM 1972 standen sich das exzentrische amerikanische Schachgenie Bobby Fischer und der russische Titelverteidiger Boris Spasski gegenüber. Die sechste Partie dieses Wettkampfes zeigt Fischer in Hochform.

Weiß: R. Fischer
Schwarz: B. Spasski
Rykjavik 1972

1. c2-c4

Nach neun Minuten Verspätung. Den Zug 1. c4 hatte Fischer erst einmal, und zwar in seiner Partie gegen Polugajewski im Interzonenturnier 1970, angewandt.

1. ...	e7-e6
2. Sg1-f3	d7-d5
3. d2-d4	Sg8-f6
4. Sb1-c3	Lf8-e7
5. Lc1-g5	0-0
6. e2-e3	h7-h6
7. Lg5-h4	b7-b6

Die von Spasski bevorzugte Tartakower-Variante des Damengambits. Damit hat er in seiner Laufbahn kaum eine Partie verloren.

8. c4xd5	Sf6xd5
9. Lh4xe7	Dd8xe7
10. Sc3xd5	e6xd5
11. Ta1-c1	Lc8-e6
12. Dd1-a4	c7-c5
13. Da4-a3	Tf8-c8
14. Lf1-b5	

Ein neuer Zug Fischers. Bisher wurde 14. Lf1-e2 gespielt mit der Folge. 14. ... Kg8-f8 (auch De7-f8 und 14. ... a7-a5 waren schon da) 15. d4xc5 b6xc5 16. 0-0 Sb8-d7 17. Tf1-d1 Tc8-b8 und Ausgleich. Fischer hatte aber in allen Eröffnungen neue Ideen zur Hand. Er spielte sehr schnell und verbrauchte weniger Bedenkzeit als Spasski.

14. ...	a7-a6
15. d4xc5	b6xc5
16. 0-0	Ta8-a7?

Gut war De7-a7!

17. Lb5-e2   Sb8-d7
18. Sf3-d4   De7-f8

Besser war 18. ... Sd7-f6 19. Sd4-b3 c5-c4 20. Da3xe7 Ta7xe7 21. Sb3-d4 mit geringfügigen Vorteilen für Weiß.

19. Sd4xe6   f7xe6
20. e3-e4   d5-d4?

Ein allgemein getadelter Zug des Weltmeisters. Fischers Züge 14. Lb5, 18. Sd4 und besonders 20. e4 sind von großer Feinheit. Der Punkt d5 wird aus den Angeln gehoben. Auf 20. ... c5-c4 ist 21. Le2-g4 lästig. Bei 20. ... d5xe4 war wohl 21. Tc1-c4 geplant.

21. f2-f4   Df8-e7
22. e4-e5   Tc8-b8

Für den Weltmeister gab man nichts mehr an dieser Stelle. Die Schachmaschine Fischer lief jetzt unfehlbar.

23. Le2-c4   Kg8-h8
24. Da3-h3   Sd7-f8
25. b2-b3   a6-a5
26. f4-f5   e6xf5
27. Tf1xf5   Sf8-h7

Spasski ist schon seit vielen Zügen ein geschlagener Mann. Fallen wie 28. Tf7?? Sg5! kommen nicht an.

28. Tc1-f1   De7-d8
29. Dh3-g3   Ta7-e7
30. h2-h4   Tb8-b7
31. e5-e6   Tb7-c7
32. Dg3-e5   Dd8-e8
33. a2-a4   De8-d8
34. Tf1-f2   Dd8-e8
35. Tf2-f3   De8-d8

36. Lc4-d3   Dd8-e8
37. De5-e4

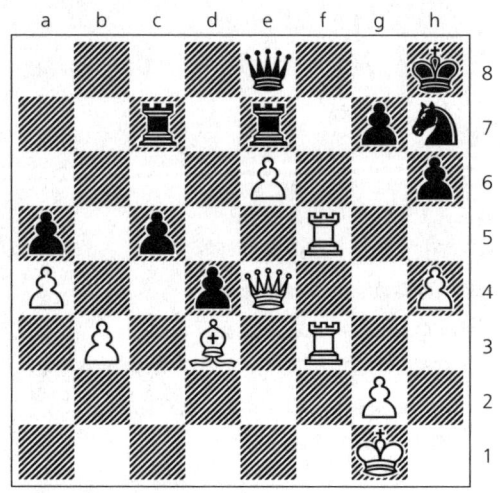

Diagramm 216

Stellung nach 37. De5-e4

Droht doppeltes Turmopfer auf f8 nebst De4-h7††. Daher geht nicht 37. ... Te7-xe6?

37. ...   Sh7-f6
38. Tf5xf6   g7xf6
39. Tf3xf6   Kh8-g8
40. Ld3-c4   Kg8-h8

Nun hätte auch 41. De5 oder 41. Tf7 gewonnen.

41. De4-f4 aufgegeben

Eine viel bewunderte Partie Fischers. »Kristallklar und im Stil Capablancas«, schrieb die »Neue Zürcher« dazu. Der Herausforderer ging mit diesem Sieg im Wettkampf mit 3½ : 2½ Punkten in Führung – ein wichtiger Schritt auf dem Weg zum Titelgewinn.

Zur Geschichte des Schachspiels

Die Anfänge des Schachs im Orient

Die ältesten literarischen Quellen über die Entstehung des Schachspiels deuten auf das Jahr 570 n. Chr., nachgewiesen und festgelegt von dem englischen Orientalisten H. Murray (1868–1955) und dem deutschen Gelehrten und Diplomaten Tassilo von Heydebrand und der Lasa (1818–1899). Aber erst im 7. Jahrhundert wird das Schachspiel zum ersten Mal erwähnt, und zwar von dem indischen Dichter Bana am Hofe des Königs Sriharscha von Kanjakubdscha (606–647). In seinen Versen ist von friedlichen Kriegen die Rede, den die zwei Heere des Tschaturanga führten. Von den zwei Armeen mit den vier Waffengattungen – Elefanten, Pferde, Kriegswagen und Fußvolk – spielten je zwei Parteien gegeneinander: Rot und Gelb gegen Schwarz und Grün. Der Zug wurde durch einen Würfel mit vier Ziffern bestimmt. Als Kriegsziel galt das Schlagen der gegnerischen Könige, früher einfach die Eroberung aller Steine.

Von Indien kam das Schachspiel nach Persien. Aus dem Namen Tschaturanga – in Sanskrit: Tschatur = vier, anga = ein Teil – entstand das persische Tschatrang, später das arabische Schatrandsch. Der Name Schach hat seinen Ursprung in dem persischen Wort Schah = König. Nach der Eroberung Persiens durch die Araber im 7. Jahrhundert wurde das Schach in den folgenden zwei Jahrhunderten in allen Ländern entlang des Mittelmeers eingeführt, vor allem in Sizilien und Spanien. Die ursprünglichen arabischen Bezeichnungen der einzelnen Figuren sind zum Teil in Abwandlungen erhalten geblieben. Der König hieß *Al-Schach, Al-Firzan* die Dame. Das kommt von *Dama* = Spielstein, es bedeutet aber auch Wesir oder Rat. *Al-Fil* war der Elefant, unser Läufer; *Al-Faras* der Springer oder Reiter; *Al-Roch* der Turm und *Al-Beizaq* der Bauer. Im Englischen heißt der Turm heute noch *Rook,* im Italienischen der Läufer *Alfiere* und im Spanischen *Alfila.* Im Russischen wird die Dame *Fierz* genannt, von Wesir stammend. Die Bezeichnung »Matt« rührt vom arabischen »Tod« oder »gestorben« her.

Der persische Dichter Firdausi († 1020) erwähnt in seinem Königsbuch »Schahname« die Herkunft des Schachspiels aus Indien. Es wird darin von den friedlichen Kriegen der vier Heere des Tschaturanga berichtet – die einzigen Kriege, die zu jener Zeit in Indien stattgefunden haben sollen. Das Spiel sei im 6. Jahrhundert aus Indien nach Persien gekommen. Die Figuren waren Rukh, Rosse, Elefant, Rat, Schah und das Fußvolk der Bauern.

Seit den Zeiten von Harun-al Raschid, der als Kalif von Bagdad im Jahre 809 starb, hatte man neben Hofastrologen auch Hofschachmeister. Die arabischen Schachmeister stellten eine Theorie des Spiels auf, sie fertigten die ersten Schachaufgaben – Mansuben – und spielten gleichzeitig mehrere Partien, auch schon Partien ohne Ansicht des Brettes, also »blind«.

Von 833 bis 842 regierte in Bagdad Kalif Mutasim Billah; er war ein Gönner des Spiels und Verfasser von heute noch existierenden Mansuben. Der Arzt Abul-Abbas, 899 in Bagdad gestorben, war Verfasser eines Schachbuches; weitere Schachschriftsteller waren zur Zeit der Blüte der arabischen Schachkultur Al-Adli und Lajlaj († 930). Der mit Abstand berühmteste Schachmeister jener Zeit aber war As-Suli, er starb 946. Erst aus etwas späterer Zeit datiert die Überlieferung des neupersischen Annalendichters Firdausi.

Das Matt der Dilaram

Die Mansuben – Probleme der arabischen Meister – waren eng an die Spielendungen der praktischen Partie angelehnt. Wir finden daher auch Figuren, die für die Darstellung der Idee überflüssig sind. Bekannt ist das Matt der arabischen Prinzessin Dilaram, von Al-Adli 950 n. Chr. überliefert.

Einst schaute die Prinzessin einer Partie ihres Vaters zu, der mit seinem Gegner um einen hohen Geld- und Landgütereinsatz spielte. Der König war in eine verlorene Position auf dem Schachbrett geraten, als seine Tochter plötzlich Rettung sah.

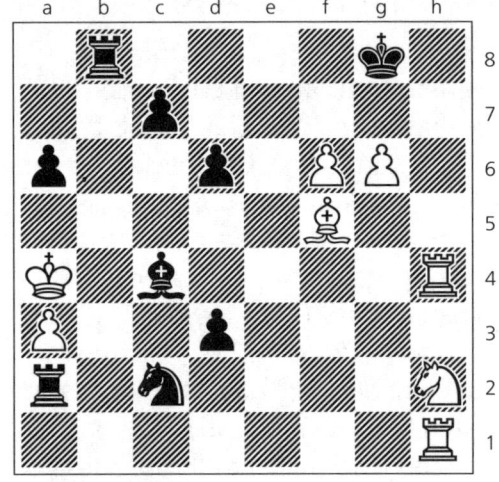

Diagramm 217

Dilaram rief ihrem Vater zu: »Opfere deine Türme auf h8, und als Lohn wirst du den hohen Einsatz gewinnen!« Der König erkannte den klugen Rat seiner Tochter und spielte:

1. Th4-h8† Kg8xh8 2. Sh2-g4† Kh8-g8 3. Th1-h8†! Kg8xh8 4. g6-g7† Kh8-g8 5. Sg4-h6††.
Eine Mansube nach den alten Spielregeln, aber die Zugfolge stimmt auch nach den neuen Regeln.

Die Reform des Schachspiels im 15. Jahrhundert

In Sizilien und Spanien, wohin die Mauren und Sarazenen bei ihrem Einfall im 9. Jahrhundert das Schachspiel gebracht hatten, entwickelte sich eine europäische Schachliteratur. Die Handschrift »Über das Schachspiel und andere Spiele« aus dem Jahre 1283 wurde auf Veranlassung von König Alfons X., dem Weisen, geschrieben. Man nimmt an, dass der König die Einleitung selbst entworfen hat (Escorial-Bibliothek). Größte Bedeutung erlangte nach Ansicht des Historikers von der Lasa die in lateinischer Sprache verfasste Schrift des italienischen Mönches Jacobus de Cessolis aus dem Jahre 1276. Sie steht in der Übersetzung von der Lasas noch heute in vielen europäischen Bibliotheken.

Die Reformierung des Schachspiels von etwa 1492 an wird auf spanische und italienische Schachmeister zurückgeführt. Die gewaltigen Veränderungen, die sich damals im Bewusstsein der Menschen vollzogen, gaben auch für die Reformierung des Schachspiels den Anstoß. Das Denken des Mittelalters wurde überwunden, in Europa entstand ein neues Weltbild. Kolumbus entdeckte Amerika; die Schiffe der portugiesischen und spanischen Seefahrer lösten sich von den Küsten und segelten auf die Weltmeere hinaus. Spanische und italienische Schachmeister trafen sich in dem Bemühen, auch das Schachspiel dem Zeitgeist anzupassen. Es entstand die schrittgewaltige Dame, die den Wesir ablöste. Aber auch der Läufer durfte jetzt über die ganze Diagonale schreiten.

Die Umwandlung der Bauern auf der letzten Reihe in Figuren wurde eingeführt. Die unbeschränkte und freie Umwandlung der Bauern setzte sich in Deutschland erst zwischen 1830 bis 1840 durch. Es war das Verdienst des preußischen Offiziers Rudolph von Bilguer, der die freie Umwandlung in Berliner Schachkreisen durchsetzte. Ludwig Bledow, der Schachtheoretiker und Gründer der ersten deutschen Schachzeitung, hatte bis dahin streng an der alten Regel festgehalten, dass ein Bauer nur in ein bereits geschlagenes Stück verwandelt werden durfte. Von jetzt an galt die Regel: Ein Bauer, der die letzte Reihe erreicht, kann in eine beliebige Figur der gleichen Farbe umgewandelt werden, also auch in eine zweite Dame, einen Turm, dritten Springer oder Läufer.

Das Spiel des Damiano

Der portugiesische Meister Damiano, von Beruf Apotheker, verfasste im Jahre 1512 ein Schachbuch, das bereits Partiebeispiele und Eröffnungsvarianten nach den neuen Regeln enthielt.

Wir finden darin diese alte Eröffnungsfalle:

**1. e2-e4 e7-e5 2. Sg1-f3 f7-f6
3. Sf3xe5 f6xe5 4. Dd1-h5+ g7-g6
5. Dh5xe5†**

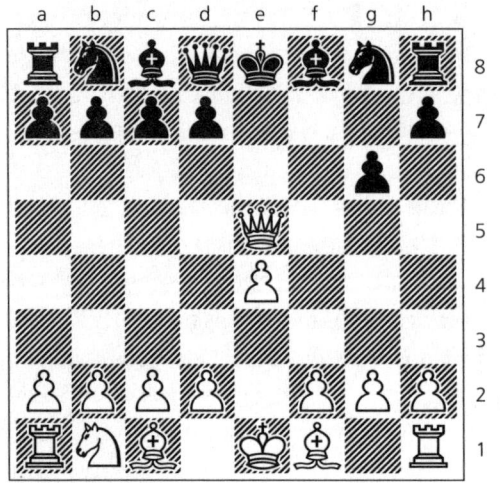

Diagramm 218

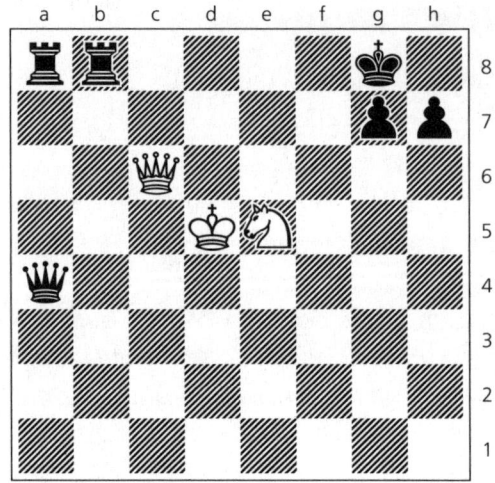

Diagramm 219

Die Neuheit für die damalige Schachkunst waren die jetzt möglichen langen Kreuz- und Querzüge der Dame. Mit der gezeigten Variante, die Weiß durch ein Springeropfer im 3. Zug in Gewinnstellung bringt, führt in den Lehrbüchern den Lernenden in die Eröffnung und Kombinationskunst ein. Es wird als »Spiel des Damiano« bezeichnet.

Die spanischen und italienischen Meister

Der junge spanische Meister Juan Lucena war eigentlich Geistlicher, verdiente sein Geld aber als professioneller Schachspieler. Er gab 1497 ein Buch mit den neuen Regeln heraus, das den Übergang vom arabischen zum modernen Schach zeigt. Wir finden darin zum ersten Mal das »erstickte Matt«.

1. Dc6-e6† Kg8-h8 2. Se5-f7† Kh8-g8 3. Sf7-h6† Kg8-h8
Es folgt das typische Damenopfer auf dem Feld neben dem König, dessen Bewegungsfreiheit »erstickt« wird: **4. De6-g8† Tb8xg8 5. Sh6-f7††.**
Der spanische Priester Ruy Lopez de Segura schrieb das bedeutende Buch »Libro de la invención liberal arte del juego del Ajedrez«, »Erfindung und Kunst des Schachspiels«. Von ihm stammt die »Spanische Partie« (1. e4 e5 2. Sf3 Sc6 3. Lb5), Lopez hält die Antwort 2. ... d7-d6 für besser.

Ruy Lopez kreuzte in Rom und in Madrid auf den ersten Schachturnieren der modernen Geschichte die Klinge mit italienischen und spanischen Meistern. Er gewann 1560 in Madrid ein Turnier und erhielt von König Philipp II. eine goldene Kette und die Pfründe einiger Pfarrämter zum Geschenk. Da er als Erster seine Züge begründete, nennt man Ruy Lopez auch den Vater der Schachtheorie.

Eine Partie vom Turnier in Madrid 1575

In einem Fünfmeisterturnier in Madrid 1575, das als erstes internationales Schachturnier nach neuen Regeln angesehen werden muss, siegte der Italiener Leonardo da Cutri, auch Il Puttino (= der Kleine) genannt. Zuerst ließ der Italiener den spanischen Vorkämpfer gewinnen, angeblich um ihn in Sicherheit zu wiegen. Leonardo gewann als Siegespreis 1000 Goldstücke. Der Italiener wurde von seinem Landsmann Polerio begleitet – schon damals ein Sekundant also? Hier eine Partie, vom Beginn des Turniers.

Weiß: Ruy Lopez
Schwarz: Leonardo da Cutri

1. e2-e4 e7-e5 2. f2-f4 d7-d6 3. Lf1-c4 c7-c6 4. Sg1-f3 Lc8-g4 5. f4xe5 d6xe5 6. Lc4xf7† Ke8xf7 7. Sf3xe5†

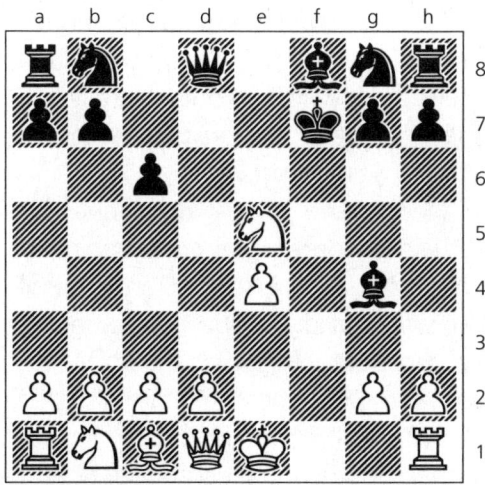

Diagramm 220

Stellung nach 7. Sf3xe5†

Weiß gewinnt nicht nur die geopferte Figur zurück, sondern hat dazu auch zwei Bauern erobert.

7. ... Kf7-e8 8. Dd1xg4 Sg8-f6 9. Dg4-e6† Dd8-e7 10. De6-c8† De7-d8 11. Dc8xd8† Ke8xd8 12. Se5-f7† aufgegeben.

Von Polerio sind aus der Zeit von 1560 bis etwa 1635 mehrere Abhandlungen bekannt, darunter »Polerios Eckenspiel«, das zeigt, wie Dame und König gegen Dame und König in einer bestimmten Eckstellung gewinnen.

Auf die italienischen Meister geht der Spielanfang der Italienischen Partie zurück, des »Giuoco piano«, d. h. so viel wie »ruhiges Spiel«. Der Kalabrese Gioacchino Greco verfasste 1619 in Rom ein Schachbuch mit dem Titel »Tratto del nobilssiomo giuoco degli Scacchi«. In der Italienischen Partie wird der neue Zug 7. Sc3 eingeführt.

1. e2-e4 e7-e5 2. Sg1-f3 Sb8-c6 3. Lf1-c4 Lf8-c5 4. c2-c3 Sg8-f6 5. d2-d4 e5xd4 6. c3xd4 Lc5-b4+ 7. Sb1-c3 Weiß erlaubt Schwarz auf e4 zu schlagen: **7. ... Sf6xe4,** wonach **8. 0-0** folgt, eine heute noch angewandte Spielweise. Greco kam auf seinen Reisen nach Spanien, Frankreich und England. In Paris hatte er als Berufsspieler 5000 Scudi gewonnen, doch auf einer Reise durch England fiel er Räubern in die Hände und wurde alles los. Später folgte er der Einladung eines spanischen Granden nach Westindien, wo er im Jahre 1634 ums Leben kam.

Als Fallenspiel des Greco wurde etwa 1620 die folgende Eröffnung bekannt:

1. e2-e4 b7-b6 2. d2-d4 Lc8-b7 3. Lf1-d3 f7-f5 4. e4xf5 Lb7xg2 5. Dd1-h5+ g7-g6 6. f5xg6 Sg8-f6

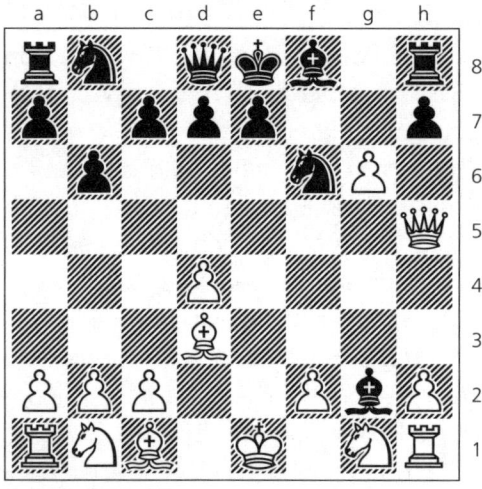

Diagramm 221

Weiß setzt in 2 Zügen matt

7. g6xh7† Sf6xh5 8. Ld3-g6††

Die Eröffnung ist für Schwarz spielbar mit 6. ... Lf8-g7! 7. g6xh7† Ke8-f8 8. h7xg8†D Kf8xg8 nebst Lh1: und so fort.

Das erste deutsche Schachbuch erschien 1616 in Leipzig. Es ist eine Übersetzung des Buches von Ruy Lopez aus dem Spanischen von Gustavus Selenus. Hinter dem Pseudonym verbarg sich Herzog August der Jüngere zu Braunschweig-Wolfenbüttel (1579–1666). »Das Schach- oder König-Spiel« war der deutsche Titel.

Das Schach des 18. und 19. Jahrhunderts

Vom 14. bis 17. Jahrhundert waren Italiener und Spanier tonangebend im Schach, im 18. und 19. Jahrhundert trat eine Änderung ein.

Fast hundert Jahre nach Greco traten die drei italienischen Meister aus Modena auf den Plan: Ercole del Rio, Giambattista Lolli und Domenico Ponziani. Sie untersuchten Eröffnungen, Mittelspiele und Endspiele und schrieben zahlreiche Bücher, die zwischen 1750 und 1770 erschienen. In den Schachaufgaben und Partieschlüssen von del Rio wird erstmals das Patt als Rettung zum Remis angeführt. Das Königsgambit wird untersucht. In der Spanischen Partie wird der Zug 3. ... a7-a6 eingeführt.

Von Ponziani stammt die »Ponziani-Eröffnung« 1. e2-e4 e7-e5 2. Sg1-f3 Sb8-c6 3. c2-c3.

Weiß will ein starkes Bauernzentrum mit d2-d4 aufbauen. Der englische Meister Howard Staunton analysierte später diese Eröffnung und nannte sie »Englisches Springerspiel«.

Noch stand aber in der praktischen Partie das Figurenspiel, die Kombination im Vordergrund. Erst der Franzose Philidor wies auf die große Bedeutung der Bauernstruktur für Eröffnung und Mittelspiel hin. Die Bauernstellung bildet das Skelett vor allem der geschlossenen Stellungen. Später untersuchten Steinitz und Nimzowitsch die Besonderheiten von Bauernketten und stellten Leitsätze auf.

Die große Schachepoche in Frankreich wurde zunächst bestimmt von dem französischen Musiker und Opernkomponisten François André Danican Philidor, der von 1726 bis 1795 lebte. Sein Standardwerk »Analyse des Schachspiels« erschien erstmals 1749 in England und muss als Lehrbuch der folgenden Generationen angesehen werden. Sein Leitsatz: »Die Bauern sind die Seele des Schachspiels.«

Im berühmten Schachcafé in Paris, Café de la Régence, Mittelpunkt des europäischen Schachgeschehens über lange Zeit, errang Philidor Ruhm als bester Schachspieler der Welt. Man kann Philidor durchaus als ersten Schachweltmeister bezeichnen, da er die besten englischen Spieler jener Tage und auch den Syrer Philipp Stamma aus Aleppo besiegen konnte (1747).

Philidor gab Schachvorstellungen in Frankreich, Holland, England und in Deutschland. Seine grundlegenden Untersuchungen des Endspiels Turm und Läufer gegen Turm haben noch heute ihre Geltung. Von einer Reise nach Potsdam 1751 zum Hofe Friedrich des Großen berichtet der berühmte Schweizer Mathematiker Leonhard Euler. Er habe den großen Schachmeister Philidor nicht antreffen können, da dieser wieder bald habe abreisen müssen. Philidor habe wegen einer mit ihm reisenden Freundin Anstoß bei den preußischen Offizieren erregt. In Frankreich setzte König Ludwig XV. ihm ein festes Jahresgehalt aus. Die Bedeutung Philidors als Musiker und Schachpionier ist unbestritten.

Im Café de la Regence traf Philidor auch mit Robespierre am Schachbrett zusammen. 1790 musste Philidor nach England fliehen. Das neue Regime in Frankreich verweigerte ihm die Rückkehr. Getrennt von seiner Familie und verarmt starb er 1795 in London, von den Engländern mit hohen Ehren zu Grabe getragen.

Neben Philidor spielte in Frankreich und England der Syrer Stamma eine bedeutende Rolle. Von ihm erschien 1737 eine Sammlung von 100 Problemen und Spielendungen. Davon ein Beispiel:

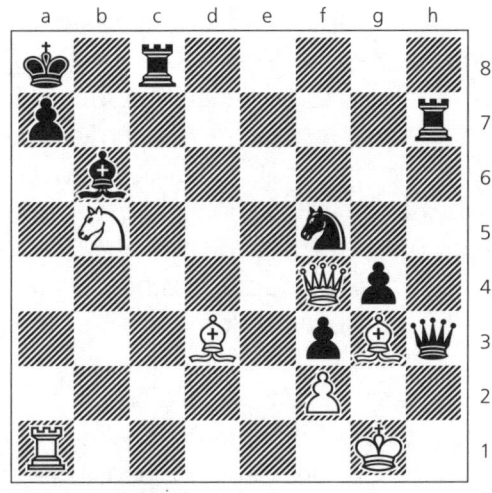

Diagramm 222

Weiß, der hoffnungslos auf Verlust zu stehen scheint, kann die Lage retten und sogar das Matt in vier Zügen erzwingen:

1. Ld3-e4† Th7-b7 2. Df4-b8†! Tc8xb8 3. Ta1xa7†! Lb6xa7 4. Sb5-c7††.
Hier beachte man, dass Weiß nicht mit 1. De4† Tb7 2. Lf1 die Situation bereinigen kann wegen 2. ... Dg3:††!

Die algebraische Notation der Züge geht auf Philipp Stamma zurück. Er benutzte als erster die Buchstaben a bis h und die Zahlen 1 bis 8 zum Aufschreiben der Züge. Bis dahin war die beschreibende Notation üblich, wie sie teils noch heute in englischsprachigen und lateinamerikanischen Ländern angewandt wird. Aber in allen neueren Büchern aus diesen Ländern ist man auch längst zur algebraischen Notation übergegangen, die ein geschichtliches Verdienst Stammas bleibt.

Die Nachfolger von Philidor in England waren Lewis und Cochrane, in Frankreich Deschapelles und La Bourdonnais. Sie trafen sich 1821 in Paris zu einem Turnier. Der einarmige General Napoleons, Deschapelles, stammte aus einer adligen Familie und behauptete, er habe das Schachspiel innerhalb weniger Tage nur vom Zusehen erlernt. Bis 1841 beherrschte er die Schachszene in Frankreich. Da Deschapelles immer jedem Gegner »Bauer und Zug« als Zeichen seiner Überlegenheit vorgab, bestand er auch in dem Turnier in Paris auf dieser Vorgabe seinen Gegnern gegenüber. Der Engländer Lewis siegte trotzdem nur mit +1 =2 gegen Deschapelles. Eine Partie gegen Cochrane mit der erwähnten Vorgabe verlief wie folgt:

Vorgabe von Bauern und Zug

Weiß: Cochrane
Schwarz: Deschapelles (ohne Bf7)
Paris 1821

1. e2-e4	–
2. d2-d4	Sb8-c6

Genau genommen gibt Schwarz zwei Züge vor, nämlich den Anzug als Weißer und einen Zug zusätzlich. Deshalb hieß es auch immer: Vorgabe von Bauer und 2 Zügen.

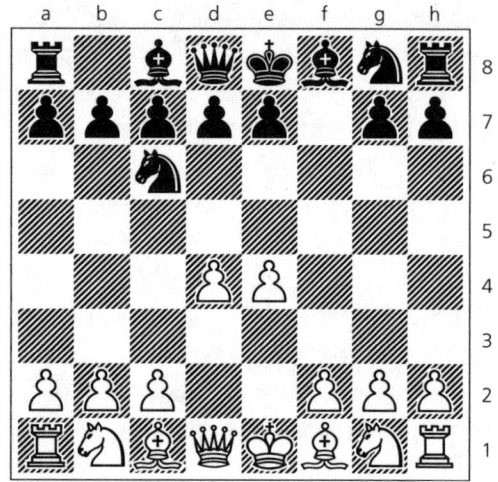

Diagramm 223

3. f2-f4	d7-d5
4. e4-e5	Lc8-f5
5. c2-c3	e7-e6
6. Lf1-d3	Sg8-h6
7. Sg1-e2	Dd8-h4†
8. g2-g3	Dh4-h3
9. Ke1-d2	Lf5xd3

Es ist interessant zu beobachten, wie geschickt der Vorgabespieler operiert, nur gestützt auf Dame und Springer. Ganz klar ist schon damals das psychologische Moment erkennbar, dass nämlich der Gegner des großen Meisters unter einem gewissen Zwang spielt und seine sonstige Spielstärke nicht frei entfalten kann.

10. Kd2xd3	Dh3-f5†
11. Kd3-d2	Sh6-g4
12. Kd2-e1	Df5-e4
13. Th1-g1	Sg4xh2

So fällt der Bh2 doch. Weiß hätte also besser mit 12. Dc2 die schwarze Dame abgedrängt. Nun behauptet sie ihre lästige Position in der weißen Stellung.

14. Sb1-d2	De4-d3
15. Ke1-f2	Sh2-g4†
16. Kf2-e1	Dd3-e3
17. Sd2-f1	De3-f2†
18. Ke1-d2	Df2-f3
19. Kd2-c2	Sg4-f2
20. Dd1-d2	Df3-e4†

Der »Wanderkönig« wird an den Rand gedrängt, wo nach wenigen Zügen sein Schicksal besiegelt ist. Die Vorgabe hat Schwarz längst wettgemacht.

21. Kc2-b3	Sc6-a5†
22. Kb3-a4	Sa5-c4
23. Dd2-e1	De4-c2†
24. b2-b3	Sf2-d3

Damals wurden Wettkampfpartien rascher als heute gespielt. So nahm der Wettkampf zwischen Deschapelles und Lewis auf drei Partien nur vier Stunden in Anspruch. Darauf ist zurückzuführen, dass Schwarz hier übersah, dass er mit 24. ... a7-a6 oder c7-c6 das Matt im nächsten Zuge erzwingen konnte.

25. Sf1-e3	Sc4xe3
26. De1-d2	Sd3-b2†
27. Ka4-b5	c7-c6†
28. Kb5-a5	Se3-c4†
29. b3xc4	Sb2xc4††

1824 wurde zwischen den Schachklubs von London und Edinburgh eine Reihe von Korrespondenzpartien begonnen, sie dauerten bis 1828. Die damals angewandte Eröffnung 1. e2-e4 e7-e5 2. Sg1-f3 Sb8-c6 3. d2-d4 e5xd4 wird heute noch als »Schottische Partie« bezeichnet. Der Ire MacDonnell und der Franzose La Bourdonnais begannen 1834 in London eine Wettkampfserie um einen hohen Einsatz, die von der Presse lebhaft unterstützt wurde. Ohne Beschränkung der Bedenkzeit wurden insgesamt 88 Partien gespielt, die nach verschiedenen Unterbrechungen ein halbes Jahr dauerten. La Bourdonnais siegte mit insgesamt +44−30=14. Wie es damals im Spielraum des vornehmen Londoner Klubs zuging, schildert der englische Schachmeister und Schriftsteller G. Walker:

»Ich erinnere mich persönlich, wie ich den Eintritt eines meiner Landsleute in den Klubraum beobachtete, als MacDonnell und La Bourdonnais gerade eine ihrer verwickelten Stellungen hatten. Unser Freund wechselte zuerst Händedrücke mit den beiden, schob dann seinen Körper zwischen sie und blickte bedächtig aufs Brett, seine Hände mitten zwischen die Figuren stemmend. Erst nachdem er ein Dutzend Fragen wie: »Ist das heute Ihr erstes Spiel?« – »Dieser Turm scheint mir in des Teufels Küche zu sein!« – »Wer ist am Zuge?« – an seine unglücklichen Opfer gerichtet hatte, gab er gütig zu, dass das Spiel wieder seinen Fortgang nehme, wofür ihm beide Gegner (mit stillem Ingrimm) zweifellos verbunden waren.« Fünfzig Partien dieses Wettkampfs wurden veröffentlicht und dienten dem Schachpublikum und den angehenden Meistern zur Weiterbildung. Französisch, Damengambit und Sizilianisch standen als Eröffnung bereits auf hoher theoretischer Stufe.

Im Jahre 1839 wurde von La Bourdonnais die erste Schachzeitung mit dem Namen »Le Palamède« gegründet. In England folgte 1841 die von Howard Staunton geleitete »Chess Players Chronicle« und in Deutschland 1846 die erste Nummer der »Deutschen Schachzeitung« in Berlin. Diese deutsche Schachzeitung wurde von dem Berliner Schachkreis angeregt, dem unter Führung von Ludwig Bledow weitere sechs Meister angehörten.

Im Jahre 1840 waren es immer noch die Franzosen und die Engländer, die im Schach die Vorherrschaft hatten. In Paris wurde 1843 der Wettkampf zwischen dem französischen Meister Saint Amant und dem englischen Shakespeareforscher Howard Staunton ausgefochten. Staunton siegte mit $+11 -6 = 4$ und die Engländer nahmen danach für Staunton die »Championship of the World« in Anspruch. Damit war zum ersten Mal in der Schachgeschichte von einem Weltmeistertitel die Rede.

Das erste internationale Schachturnier

Im Vertrauen auf den Sieg von Staunton organisierten die Engländer 1851 aus Anlass einer Kunst- und Gewerbeausstellung in London das erste internationale Schachturnier. Es wurden Spieler aus Russland, Ungarn, Deutschland, Frankreich und England eingeladen. Es war das erste Turnier seit dem Jahre 1575 in Madrid. Der deutsche Meister und Schriftsteller Dufresne schrieb später, niemals hätte man das Turnier organisiert und die deutschen Vertreter eingeladen, wenn man nur im Entferntesten geahnt hätte, dass Staunton nicht der Sieger sein würde. Die Berliner Schachgesellschaft um Bledow entschloss sich, den Breslauer Gymnasiallehrer Adolph Anderssen zu entsenden und finanzierte ihm die Reise nach London. Er wurde von dem Berliner Karl Mayet begleitet, der ebenfalls beim Turnier mitspielte. Dieses Turnier gilt als Meilenstein in der Schachgeschichte und wird als ein bleibendes Verdienst von Howard Staunton angesehen.

Gespielt wurde in einzelnen Wettkämpfen nach Auslosung der Partner. Aus drei Partien mussten zwei Siege erzielt werden, um die nächste Runde zu erreichen; in der nächsten Runde mussten es vier Punkte aus sieben Partien sein. Anderssen gewann zunächst $2^1/_2 : {}^1/_2$ gegen Kieseritzky und der aus Livland stammende Meister musste ausscheiden, was der sportlich-faire

Deutsche offen bedauerte. Staunton hatte inzwischen seinen Landsmann Brodie mit 2:0 bezwungen. In der 2. Runde gewann Anderssen gegen den Ungarn Szén mit 4:2, Staunton gegen Horwitz 4½:2½, ebenso erreichten Wyvill und Williams die nächste Runde, beide Engländer. Der Favorit Staunton traf in der 3. Runde auf Anderssen, der den Engländer überraschend mit 4:1 Punkten aus dem Wettbewerb warf. In der Schlussrunde besiegte der Mathematiklehrer aus Breslau den Engländer Wyvill mit 4½:2½ Punkten – und ein bis dahin unbekannter Schachspieler aus Deutschland wurde Sieger des ersten internationalen Schachturnieres!

Anderssen erhielt als Preis 2000 Taler. Er schilderte den Verlauf des Turnieres seinen Berliner Freunden während des Turniers brieflich. Anderssen, 1818 geboren, war damals 33 Jahre alt. Aus einem seiner Berichte entnehmen wir: »Die Partien wurden auf niedrigen Tischen und Stühlen ausgetragen. Die zu kleinen Tische wurden von den Schachbrettern an den Seiten überragt. Neben den Spielern saßen Sekretäre, die alle Züge zu notieren hatten.«

Es war ein weiter Weg zum Turnierkomfort der heutigen Tage! Anderssen schreibt in einem Brief:

»Für den englischen Spieler ist allerdings eine bequeme Einrichtung überflüssig. Kerzengerade sitzt er auf seinem Stuhl, steckt die Daumen in beide Westentaschen und sieht, bevor er zieht, eine halbe Stunde regungslos aufs Brett. Hunderte Seufzer hat sein Gegner ausgestoßen, wenn er endlich seinen Zug ausführt.«

Williams benötigte einmal 2½ Stunden für einen Zug. Sein Gegner war inzwischen eingeschlafen und musste geweckt werden, als er am Zug war!

Die Begeisterung in Deutschland über den Sieg Anderssens war natürlich groß. Wenn auch die Engländer seinen Sieg schmälerten, gab es doch genug objektive Stimmen, die das Verdienst des Deutschen gebührend würdigten. In Deutschland schossen in der Folge Schachklubs wie Pilze aus dem Boden, überall wurden Turniere und Kongresse veranstaltet. Anderssen zählte zu den größten Meistern in der zweiten Hälfte des 19. Jahrhunderts, seine glänzenden Kombinationen sind unvergessen. Obwohl die von Anderssen während des Londoner Turniers gegen Kieseritzky gewonnene »Unsterbliche« Partie – als freie Partie gespielt! – nicht fehlerfrei ist, wird sie unter diesem Ehrennamen in der Literatur geführt.

Die »Unsterbliche« Partie

Weiß: A. Anderssen
Schwarz: L. Kieseritzky
London 1851 (Königsgambit)

1. e2-e4   e7-e5
2. f2-f4   e5xf4
Es galt als Ehrensache, jedes Gambit anzunehmen. Dagegen war die Kunst der Verteidigung damals noch schwach entwickelt.

3. Lf1-c4   Dd8-h4†
4. Ke1-f1   b7-b5

Ein damals übliches Gegenopfer, um den Läufer von Punkt f7 abzulenken und um den Zug Lb7 zu ermöglichen.

5. Lc4xb5   Sg8-f6
6. Sg1-f3   Dh4-h6
7. d2-d3   Sf6-h5

Das also war der Sinn von Dh6: Mit der Drohung Sg3† soll der Gegner überlistet werden.

8. Sf3-h4   Dh6-g5
9. Sh4-f5   c7-c6
10. g2-g4   Sh5-f6
11. Th1-g1   c6xb5

Das feine Figurenopfer bringt die schwarze Dame in eine gefährliche Abseitsstellung.

12. h2-h4   Dg5-g6
13. h4-h5   Dg6-g5
14. Dd1-f3   Sf6-g8

Der traurige Rückzug ist notwendig, weil Lf4: mit Damenverlust drohte.

15. Lc1xf4   Dg5-f6

Alle Züge der damaligen Zeit mussten etwas drohen; hier z. B. auf b2. Angebracht war Rückzug nach d8.

16. Sb1-c3   Lf8-c5

Wieder ein Angriffszug (diesmal auf den Tg1) anstelle von Lb7.

17. Sc3-d5

Die Partie wurde nicht im großen Turnier gespielt, sondern als freie Partie in Lon-

don 1851. Sonst hätte Anderssen wohl den wirksameren Zug 17. d4! gemacht, wonach 18. Sd5 zwingend gewonnen haben würde. Doch auch Anderssen war dem Zug der Zeit verhaftet, er wollte schön und mit Opfern spielen.

17. ...   Df6xb2
18. Lf4-d6   Lc5xg1

Später wurde herausgefunden, dass Schwarz mit 18. ... Da1:† 19. Ke2 Db2! sich wahrscheinlich hätte retten können.

19. e4-e5

Unterbricht die Wirkung der Dame unter Opfer des zweiten Turmes.

19. ...   Db2xa1†
20. Kf1-e2   Sb8-a6
21. Sf5xg7†   Ke8-d8
22. Df3-f6†

Ein Damenopfer, das den Nachspielenden heute noch entzückt.

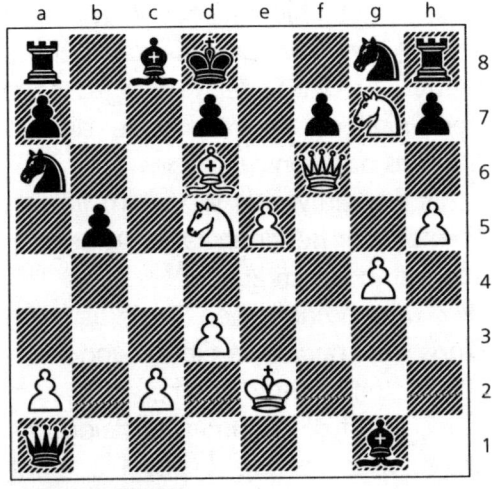

Diagramm 224

Stellung nach 22. Df3-f6†

22. ... **Sg8xf6**
23. Ld6-e7††

Die »Unsterbliche« Partie, trotz ihrer zahlreichen Fehler. Denn ihre Fehler sind die Fehler, die der Zeitgeist macht; ihre unsterbliche Schönheit liegt in den unsterblichen Gedanken von Anderssens Geist.« (R. Réti)
(Aus »Unvergessene Schachpartien I« von Th. Schuster)

Anderssen wird inoffizieller Weltmeister

Anderssen gewann auch die nächsten großen Turniere: London 1862 aus Anlass der Weltausstellung, Hamburg und Barmen 1869, und zuletzt noch das große Turnier von Baden-Baden 1870. Der russische Dichter Turgenjew gehörte in Baden-Baden der Turnierleitung an!

Mit einem Schlag wurde das Tor in die Zukunft weit aufgestoßen. Das erste internationale Turnier von London 1851 wurde zum Beginn einer Serie von großen Schachturnieren, die in immer dichterer Folge bis in die Gegenwart reichen. Die genialen Kombinationen Anderssens wirken auch heute noch so frisch wie am ersten Tag. Er wurde allgemein als Weltmeister betrachtet, auch wenn es diesen Titel offiziell noch nicht gab.

Die Einführung der Schachuhr

Seit über zwanzig Jahren existierten in England und Deutschland die ersten Eisenbahnen, aber auf dem Turnier in London 1851 wurde noch ohne Schachuhren gespielt, also ohne Beschränkung der Bedenkzeit. Weil die Missstände zu groß wurden – einzelne Partien zogen sich bis zu 20 Stunden hin – wurden erste Schachuhren eingeführt. Sie erwiesen sich aber bei den Turnieren in London 1862 und 1866 als zu umständlich in der Handhabung. In Baden-Baden wurden 1870 erstmals normale Uhren verwendet, nämlich Schwarzwalduhren. Die Bedenkzeit betrug 1 Stunde für 20 Züge.

Erst die Einführung der Schachuhr, die in ihrer heutigen Form erstmals im Jahre 1871 in der Schachgesellschaft Albertea in Leipzig verwendet wurde, ermöglichte eine reibungslose Kontrolle der beiderseitigen Bedenkzeit. Der Uhrmacher Herzog befestigte zwei Wecker nebeneinander auf einem Brett und verband sie mit einem beweglichen Hebel. Hatte ein Spieler seinen Zug gemacht, drückte er den Hebel an seiner Uhr; dadurch wurde das eigene Uhrwerk abgestellt und die Uhr des Gegners begann zu laufen. Jeder Spieler besaß so seine eigene Bedenkzeit und konnte sie von der Uhr ablesen. Obwohl die Schwarzwalduhren Digitaluhren weichen mussten, ist das Prinzip jener ersten Schachuhr immer noch gültig.

In der Regel beträgt die Bedenkzeit 2 Stunden für die ersten 40 Züge, danach für die nächsten weiteren 20 Züge eine Stunde und dann eine halbe Stunde für den Rest der Partie. Damit wurden vom Weltschachbund die lästigen Hängepartien (bei denen sich der Spieler Rat bei besseren Spielern oder auch neuerdings bei Computern holen kann) abgeschafft und die Partie in einer Sitzung entschieden. Bei Weltmeisterschaften werden jedoch nach wie vor 2½ Stunden für 40 Züge mit Hängepartie nach 5 Stunden festgesetzt, was das schachliche Niveau deutlich anhebt.

Die Bedenkzeit wird aber nicht für den einzelnen Zug limitiert, sie kann von den Spielern beliebig aufgeteilt werden. Wer in der Eröffnung rascher spielt als 3–4 Minuten im Schnitt pro Zug, hat später im Mittel- oder Endspiel mehr Zeit. Es muss nur nach Ablauf von vier Stunden der 40. Zug ausgeführt worden sein; vier Stunden deswegen, weil ja jeder Spieler zwei Stunden Bedenkzeit hat. Wer den 40. Zug nicht erreicht hat, wenn auf seiner Uhr der Zeiger »fällt«, hat die Partie wegen »Zeitüberschreitung« verloren.

Die Dominanz der sowjetischen Schachspieler

Waren bis zum Ersten Weltkrieg die west- und mitteleuropäischen Staaten (GB, F, D, PL) tonangebend im Schach, so feierten in der Zeit zwischen den Kriegen die USA ihre größten Erfolge (4 Olympiasiege). Seit dem Ende des Zweiten Weltkrieges dominierten die Sowjets die Schachszene. Sie gewannen ab 1952 nahezu alle Schacholympiaden und stellten – mit Ausnahme des Amerikaners Robert Fischer (1972–75) – auch alle Einzelweltmeister. Schach war in der Sowjetunion eine der beliebtesten Sportarten und wurde aus Imagegründen (Dominanz über den Rivalen USA) besonders gefördert. Angesichts der hohen Zahl von Spielern, die ihre Auslandsaufenthalte zum Überlaufen in den Westen nutzten, erließ man Reisebeschränkungen und übte eine strenge politische Kontrolle aus, so dass nur wenige (politisch angepasste) Spitzenspieler weltweit antreten konnten. Doch mit Perestroika und Glasnost wurde die Szene in heftigste Bewegung versetzt. Der Rest des Eisberges kam ins Schmelzen und kontrolliert heute das gesamte Spitzenschach. Rund 60 % der Top 100 stammen aus Ländern der ehemaligen Sowjetunion. Nimmt man die anderen Länder des ehemaligen Ostblocks hinzu, erhöht sich der Anteil auf über 75 %. Viele Spieler siedelten in den Westen über. So besteht die komplette israelische Nationalmannschaft und auch ein Großteil der amerikanischen aus ehemaligen sowjetischen Spielern. Auf der Schacholympiade kommt es heutzutage bei Spitzenbegegnungen vornehmlich zu Kämpfen zwischen ehemaligen Sowjetrepubliken.

Die Schachweltmeisterschaften von 1866 bis 1996

Unter den Experten herrscht keine Übereinstimmung darüber, wann mit der Aufzählung der Schachweltmeister begonnen werden sollte: Ob bei Anderssen und Morphy oder erst bei Steinitz. Manche vertreten die Auffassung, man könne den Franzosen Philidor den ersten Weltmeister nennen. Doch dürften Philidor und auch der Engländer Staunton kaum dafür in Betracht kommen, denn Philidor hat zum Beispiel nie gegen die damals führenden italienischen Meister gespielt.

Der deutsche Schachmeister Max Blümich veröffentlichte folgende Liste:

Adolph Anderssen, Deutschland	1851–1857
Paul Morphy, USA	1857–1860
Adolph Anderssen, Deutschland	1860–1866
Wilhelm Steinitz, Österreich	1866–1894
Emanuel Lasker, Deutschland	1894–1921
J. R. Capablanca, Kuba	1921–1927
Dr. A. Aljechin, Russland	1927–1935
Dr. Max Euwe, Holland	1935–1937

1. Weltmeister Wilhelm Steinitz (Österreich)

Jahr	Ort	Gegner	gew.	verl.	remis
1866	London	Anderssen (D)	+ 8	– 6	=0
1872	London	Zukertort (PL/GB)	+ 7	– 1	=4
1886	N. Y., St. Louis, New. Orl.	Zukertort (PL/GB)	+10	– 5	=5
1889	Havanna	Tschigorin (RUS)	+10	– 6	=1
1892	Havanna	Tschigorin (RUS)	+10	– 8	=5
1894	N. Y., Philadelph., Montreal	Lasker (D)	+ 5	–10	=4

2. Weltmeister Emanuel Lasker (Deutschland)

Jahr	Ort	Gegner	gew.	verl.	remis
1896	Moskau	Steinitz (A)	+10	–2	=5
1907	N. Y., Philadelph., Washgt.	Marshall (USA)	+ 8	– 0	=7

Jahr	Ort	Gegner	gew.	verl.	remis
1908	Düsseldorf, München	Tarrasch (D)	+ 8	– 3	=5
1909	Paris	Janowski (PL/F)	+ 2	– 2	=0
1909	Paris	Janowski (PL/F)	+ 7	– 1	=2

Die beiden Wettkämpfe mit Janowski spielte Lasker nicht eindeutig um die Weltmeisterschaft. Die hohe Börse für den Weltmeister brachte Janowskis Mäzen, der französische Magier Pierre Nardus, auf. Fehlendes Geld war auch bei dem Ungarn Maróczy und dem Polen Rubinstein die Ursache, dass diese beiden starken Meister nicht zu einem Match mit Lasker kamen.

Jahr	Ort	Gegner	gew.	verl.	remis
1910	Wien/Berlin	Schlechter (A)	+1	–1	=8
1910	Berlin	Janowski (PL/F)	+8	–0	=3

In all diesen Zweikämpfen zählten Remispartien nicht. Es kam jeweils nur auf die Gewinnpartien an, die von Lasker meistens auf acht festgesetzt wurden.

Es folgte eine Pause von elf Jahren, die bedingt war durch Laskers Taktieren und danach durch den Ersten Weltkrieg.

Jahr	Ort	Gegner	gew.	verl.	remis
1921	Havanna	Capablanca (C)	+0	–4	=10

3. Weltmeister José Raoul Capablanca (Kuba)

Jahr	Ort	Gegner	gew.	verl.	remis
1927	Buenos Aires	Aljechin (F)	+3	–6	=25

4. Weltmeister Dr. Alexander Aljechin (Frankreich)

Beim nächsten Match sollten auch Remispartien zählen, doch musste der Sieger dann sechs Gewinnpartien aufweisen. Aljechin hatte den Wettkampf auf 30 Partien beschränkt. Die 34 Partien – davon 25 remis – von 1927 gegen Capablanca hatten ihn abgeschreckt.

Jahr	Ort	Gegner	gew.	verl.	remis
1929	Wiesbaden und sechs andere Städte in D und den NL	Bogoljubow (D)	+11	−5	=9
1934	Baden-Baden, Stuttgart Mannheim und neun andere Städte	Bogoljubow (D)	+ 8	−3	=15
1935	Amsterdam und neun andere Städte in den NL	Euwe (NL)	+ 8	−9	=13

5. Weltmeister Dr. Max Euwe (Niederlande)

Jahr	Ort	Gegner	gew.	verl.	remis
1937	Den Haag und sieben andere Städte in den NL	Aljechin (F)	+4	−10	=11

Damit gewann Aljechin den Titel zurück. Der Krieg verhinderte einen möglichen Zweikampf um den Titel zwischen Aljechin und dem Esten Keres. Nach Kriegsende machte Botwinnik sein Anrecht auf einen Titelkampf geltend. Aljechin war unterdessen jedoch der Zusammenarbeit mit Deutschland angeklagt worden. Mit 54 Jahren schied er 1946 in der Emigration aus dem Leben.

Plötzlich war eine Fülle von Weltmeisterschaftsanwärtern im Gespräch. Der Weltschachbund veranstaltete daher 1948 in Den Haag und Moskau ein fünfrundiges Turnier unter fünf Kandidaten um den Titel.

Jahr	Ort	Gegner		gew.	verl.	remis
1948	Den Haag/Moskau	1. Botwinnik (SU)	14	+10	−2	=8
		2. Smyslow (SU)	11			
		3. Keres (SU)	10,5			
		4. Reshevsky (USA)	10,5			
		5. Euwe (NL)	4			

6. Weltmeister Michail Botwinnik (Sowjetunion)

Es folgten nun jeweils alle drei Jahre Wettkämpfe um den Titel. Kandidatenturniere bestimmten den jeweiligen Herausforderer. Die sowjetischen Bewerber behielten fortan ein deutliches Übergewicht.

Jahr	Ort	Gegner	gew.	verl.	remis
1951	Moskau	Bronstein (SU)	+5	−5	= 14

Später, eigentlich viel zu spät, wurde kritisiert, wieso bei dem Gleichstand nach 24 Partien der Weltmeister seinen Titel bereits erfolgreich verteidigt haben sollte. Weshalb nicht Weiterspiel bis zur Entscheidung? Auch dieses Vorrecht hatte Botwinnik mit Hilfe des einflussreichen sowjetischen Schachverbandes zu seinen Gunsten zementieren lassen.

Jahr	Ort	Gegner	gew.	verl.	remis
1954	Moskau	Smyslow (SU)	+7	−7	= 10

Wieder war das Match unentschieden 12 : 12 ausgegangen. Botwinnik hatte also gemäß den Regeln seinen Titel erfolgreich verteidigt.

Jahr	Ort	Gegner	gew.	verl.	remis
1957	Moskau	Smyslow (SU)	+3	−6	= 13

Diesmal wurden nur 22 Partien von den möglichen 24 benötigt, um den neuen Weltmeister zu etablieren. Smyslow siegte mit 12,5 : 9,5 Punkten. Seine Freude darüber sollte aber nur ein Jahr währen.

7. Weltmeister Wassili Smyslow (Sowjetunion)

Jahr	Ort	Gegner	gew.	verl.	remis
1958	Moskau	Botwinnik (SU)	+5	−7	= 11

Nach 23 Partien hatte Botwinnik den Titel wieder zurückgeholt.

Jahr	Ort	Gegner	gew.	verl.	remis
1960	Moskau	Tal (SU)	+2	−6	= 13

8. Weltmeister Michail Tal (Sowjetunion)

Der 24-jährige Lette aus Riga siegte bereits nach 20 Partien mit 12,5 : 8,5 Punkten. Es war die Krönung der bis dahin schon glänzenden Schachlaufbahn Tals. Der neue Weltmeister hätte nun eine schöpferische Pause benötigt, die ihm die Regeln des Rückwettkampfes aber nicht erlaubten.

Jahr	Ort	Gegner	gew.	verl.	remis
1961	Moskau	Botwinnik (SU)	+5	−10	=6

Mit dem klaren Sieg von 13 : 8 hatte sich der alte Weltmeister zum zweiten Mal in einem Rückkampf den Titel erspielt – oder zugeschanzt? Nun griff aber die FIDE ein. Es wurde nicht nur das unsportliche Vorrecht des Weltmeisters abgeschafft, sondern man ließ auch die Kandidatenturniere fallen. Der Herausforderer sollte in nach geografischen Zonen aufgeteilten Kandidatenwettkämpfen (Zonen- und Interzonenturnieren) ermittelt werden. Der junge amerikanische Weltmeisterschaftskandidat Robert Fischer klagte nicht ganz unberechtigt über die Manipulationen der russischen Kandidaten untereinander, die jegliche westliche Konkurrenz auszuschalten versuchten.

Jahr	Ort	Gegner	gew.	verl.	remis
1963	Moskau	Petrosjan (SU)	+2	−5	=15

9. Weltmeister Tigran Petrosjan (Sowjetunion)

Der armenische Weltmeister, 1929 in Tiflis geboren, wurde in der UdSSR zum »Sportler des Jahres« gewählt. Sein an Capablanca erinnernder Stil, der vor allem Sicherheit bevorzugt, brachte ihm in der Folge den Ruf des »besten Torwarts im Schach« ein. Botwinnik aber war nun endgültig ausgebootet. Er beteiligte sich fortan nicht mehr an Weltmeisterschaftsqualifikationen.

Jahr	Ort	Gegner	gew.	verl.	remis
1966	Moskau	Spasski (SU)	+4	−3	=17
1969	Moskau	Spasski (SU)	+4	−6	=13

10. Weltmeister Boris Spasski (Sowjetunion)

Im zweiten Anlauf gelang dem Leningrader Boris Spasski der große Wurf: Er entriss seinem Landsmann den Titel. Der sympathische Weltmeister stand jedoch 1972 vor einer unlösbaren Aufgabe, als er im »Wettkampf des Jahrhunderts« in Reykjavik auf Robert Fischer traf, der sich in Topform befand.

Jahr	Ort	Gegner	gew.	verl.	remis
1972	Reykjavik	Fischer (USA)	+3	−7	=11

11. Weltmeister Robert James Fischer (USA)

Dreißig Jahre wollte Amerikas Schachgenie und Enfant terrible den Weltmeistertitel behalten. Aber eine merkwürdige Veränderung ging in dem 29-jährigen Robert Fischer vor. Hatte bisher sein Leben nur aus der Hingabe zum Schach bestanden und in dem leidenschaftlichen Bestreben, den Russen den Weltmeistertitel zu entreißen, so zog er sich jetzt völlig vom Schach zurück. Er bestritt weder ein Turnier, noch nahm er für die USA an der Schacholympiade 1974 teil. Vielmehr erklärte er bei dieser Gelegenheit, wenn der Weltschachbund seine Bedingungen für ein WM-Match nicht annehme, gebe er den Titel kampflos zurück. Dabei blieb es trotz aller Bemühungen von Seiten der Amerikaner und des FIDE-Präsidenten Dr. Euwe um den genialen Amerikaner. Fischer zog sich angeblich zu Meditationen einer christlich-jüdischen Sekte in Pasadena zurück und übereignete dieser auch seine kompletten Einnahmen aus dem WM-Match. Die 100 000 Dollar waren in der damaligen Zeit eine hohe Summe. Übrigens das erste Mal, dass es für eine Weltmeisterschaft einen nennenswerten Preisfonds gab. Nachdem sich Fischer weigerte, seinen Titel gegen den Russen Karpow zu verteidigen, musste die FIDE 1975 nach Ablauf einer verlängerten Frist den Weltmeistertitel erstmals am grünen Tisch vergeben.

Jahr	Ort	Gegner	gew.	verl.	remis
1975	Amsterdam	Karpow (SU) kampflos Weltmeister			

12. Weltmeister Anatoli Karpow (Sowjetunion)

Anatoli Karpow erwies sich als würdiger Weltmeister, auch wenn er seinen Titel nicht im Zweikampf mit Fischer erringen durfte. In zwei Titelkämpfen unterlag ihm sein Landsmann Viktor Kortschnoj, der jedoch schon 1976 in den Westen geflüchtet war. 1978 setzte sich Kortschnoj als Herausforderer durch, nachdem er der Reihe nach seine ehemaligen Landsleute Petrosjan, Polugajewski und zuletzt Spasski bezwingen konnte. Der Traum Viktor Kortschnojs hatte sich erfüllt: In der UdSSR zugunsten des Lieblings der Schachfunktionäre, Anatoli Karpow, in den Hintergrund geschoben, erkämpfte sich »Viktor der Schreckliche« im freien Westen seine Chance auf den Weltmeistertitel. Aber der Zweikampf in Baguio auf den Philippinen, bei dem es auf 6 Gewinnpartien ging, verlief zunächst sehr einseitig. Weltmeister Karpow führte nach der 27. Partie bereits mit 5 : 2 Punkten. Der Wettkampf, der von den Delegationen beider Seiten in einer feindseligen Atmosphäre ausgefochten wurde und drei Monate lang Schlagzeilen in der Weltpresse produzierte, nahm dann eine erregende Wende. Nach einer Pause holte Kortschnoj mit drei Gewinnpartien zum 5 : 5-Gleichstand auf. Die Schachwelt stand Kopf! Doch nach 92 Tagen und 32 Partien setzte Karpow, dann wieder souverän, den Schlusspunkt zum 6 : 5-Erfolg.

Dieser Weltmeisterschaftskampf hatte die hässliche Fratze der »psychologischen« Kriegsführung gezeigt. Die Sowjets verfügten in Baguio über ein Team von 17 Personen, das in ständiger Fehde mit dem kleinen Häufchen auf Kortschnojs Seite stand – Schach als Krieg der Ideologien!

Jahr	Ort	Gegner	gew.	verl.	remis
1978	Baguio	Kortschnoj (staatenlos)	+6	−5	= 21

Es grenzte fast an ein Wunder – abermals konnte sich der bereits 50 Jahre alte Viktor Kortschnoj gegenüber den jüngeren Rivalen durchsetzen. Wieder standen ihm seine Landsleute Petrosjan und Polugajewski in den Kandidatenzweikämpfen im Wege, wie schon drei Jahre zuvor. Zuletzt erreichte der Deutsche Robert Hübner das Kandidatenfinale von Meran. Ein bisher nicht gekannter Schachboom brach in Deutschland aus – seit den Zeiten Laskers stand wieder ein Deutscher im Wettkampf um die Schachkrone oder zumindest dicht davor. Aber wie schon 1970 in Sevilla gegen Exweltmeister Petrosjan versagten auch diesmal die Nerven des sensiblen deutschen Großmeisters. Nach einer 3,5 : 2,5-Führung in Gewinnstellung brach Hübner ein – er stellt einen Turm gratis ein! Vorbei alle Träume (der deutschen Öffentlichkeit – Hübner spielte als Einzelgänger nur für sich!). Zuletzt brach Hübner beim Rückstand von 3,5 : 4,5 den Wettkampf vorzeitig ab, Kortschnoj hatte zum zweiten Mal das Weltmeisterschaftsfinale erreicht.

Die Vorzeichen in Ost und West ließen für Meran 1981 nichts Gutes erwarten. Nur mühsam konnten die Veranstalter die Atmosphäre im erneuten Finale Karpow – Kortschnoj glätten. Sie hatten 3,5 Millionen Mark investiert, allein die Börse betrug 900 000 Mark, die im Verhältnis 5 : 3 für Sieger und Verlierer geteilt wurden. Insider wussten aber, dass außerdem Schwarzgelder in sechsstelliger Höhe an die beiden Kontrahenten bezahlt worden sind (dafür, dass Meran von beiden akzeptiert worden war).

In Meran 1981 wurde der Zweikampf um die Weltmeisterschaft für den Herausforderer zu einem bösen Debakel, für Weltmeister Karpow aber zu einem eindeutigen Triumph. Kortschnoj, nur noch ein Schatten früherer Tage, lag bereits nach der 9. Partie mit 1 : 4 zurück. Mit dem Sieg in der 14. Partie zog der Weltmeister auf 5 : 1 davon, Kortschnoj war ein gebrochener Mann. Umso mehr muss man ihm Bewunderung zollen, dass er noch bis zur 18. Partie Widerstand leistete, bevor Karpow den Fangschuss anbringen konnte. Der Sicherheitsspieler Karpow, unzweifelhaft in den vorhergehenden Jahren von 1974 bis 1981 die Nr. 1 auf den Weltturnieren, war verdient Weltmeister – ob man nun seinen kühlen und sachlichen Stil mochte oder nicht.

Jahr	Ort	Gegner	gew.	verl.	remis
1981	Meran	Kortschnoj (Schweiz)	+6	−2	= 10

Für die WM 1984 qualifizierte sich das neue Wunderkind des sowjetischen Schachs, der erst 21-jährige Gary Kasparow. Es dauerte nicht lange, da führte der Titelverteidiger Anatoli Karpow fast uneinholbar mit 5:0. Doch er schaffte es nicht, denn ein Remis folgte dem anderen, und im Januar 1985 war immer noch nichts entschieden. Als dann der Herausforderer drei Partien hintereinander gewann, wurde der Moskauer Schachmarathon plötzlich wegen Überlänge abgebrochen. Anscheinend fürchtete man ein Debakel Karpows. Neue Regeln wurden eingeführt und sorgen nun dafür, dass die Schach-WM nach spätestens 24 Partien beendet ist. Neuer Weltmeister wird seitdem, wer zuerst 6 Punkte hat oder uneinholbar mit 12,5 Punkten führt. Bei Gleichstand nach 24 Partien bleibt der alte Weltmeister im Amt.

Jahr	Ort	Gegner	gew.	verl.	remis
1984	Moskau	Kasparow (SU)	+5	−3	= 40(!)

Ein Jahr später kam es an gleicher Stelle zu einer Neuauflage des Matchs Karpow – Kasparow. Der Kampf ging über die Maximallänge von 24 Partien und am Ende kam es ganz knapp zu einer Wachablösung.

Jahr	Ort	Gegner	gew.	verl.	remis
1985	Moskau	Kasparow (SU)	+3	−5	= 16

13. Weltmeister Gary Kasparow (Sowjetunion/Russland)

Der damals 22-jährige Kasparow ging damit als jüngster Weltmeister in die Schachgeschichte ein und bestätigte in den Folgejahren, dass er den Titel zu recht trug. Seit Bobby Fischer 1972 das Schach in die Öffentlichkeit brachte, kam es zu einem regelrechten Schachboom. Der Name Robert gehörte sogar zeitweise in den USA zu den populärsten Kindernamen. Doch der Aufstieg dieser Sportart, zusammen mit der Öffnung der Grenzen in Osteuropa, führte unweigerlich zu einem härteren Wettbewerb. Trotzdem gelang es Kasparow, sich bis heute unangefochten als Weltmeister zu behaupten, wenn auch immer nur mit hauchdünnem Vorsprung vor dem abgelösten Karpow. Diese beiden Ausnahmespieler bestritten bis 1990 drei weitere Kämpfe um die Krone, ohne dass es Karpow gelang, den Thron wieder zu besteigen. Es ist immer höchst spannend, einem Match dieser beiden Schachgiganten beizuwohnen. Sie sind wie Feuer und Wasser, Vertreter verschiedener Schachphilosophien. So steht Karpow für das ruhige, risikolose Positionsspiel, während Kasparow immer den offenen Kampf sucht. Er strebt dynamische Stellungen an, in denen seine taktische Begabung voll zur Geltung kommt. Im Gegensatz zu Karpow möchte Kasparow nicht nur die Partie gewinnen, sondern »seinen Gegner zerstören«. Er gilt zweifelsfrei als der Spieler mit der besten Eröffnungsvorbereitung. Sein fotografisches Gedächtnis kommt ihm dabei sehr zugute.

Jahr	Ort	Gegner	gew.	verl.	remis
1987	Leningrad/London	Karpow (SU)	+5	−4	=17
1988	Sevilla	Karpow (SU)	+4	−4	=16

Das knappste Match von allen! Kasparow musste die letzte Partie gewinnen, um ein 12:12 zu erreichen und aufgrund der Sonderregel (der Herausforderer muss zeigen, dass er besser ist!) Weltmeister zu bleiben.

Jahr	Ort	Gegner	gew.	verl.	remis
1990	Lyon/New York	Karpow (SU)	+4	−3	=17

Wiederum ging der Kampf über die volle Distanz und Kasparow setzte sich erneut mit dem Minimalergebnis durch.

Wie ebenbürtig sich die beiden Kontrahenten sind, zeigt das totale Ergebnis aller jemals gegeneinander gespielten Partien (bis einschließlich 1996):

86 Punkte für Kasparow aus 165 Partien! Was nur +7 (sieben Partien mehr gewonnen als verloren) entspricht.

Im Laufe der Jahre entwickelte sich Kasparow zu einer medienwirksamen Figur. Ein amerikanischer Fernsehsender kürte ihn sogar zum Sportler des Jahres. Es gelang ihm, Schach vermehrt ins Fernsehen zu bringen. Aus Unzufriedenheit mit dem Weltschachbund FIDE gründete er 1992 seine eigene Schachorganisation PCA (Professional Chess Association). Mit Hilfe eines potenten Sponsors (Intel) stellte er einen eigenen WM-Zyklus auf die Beine. Seitdem gibt es im Schach zwei Weltmeister, da die FIDE ihn ausschloss und weiterhin eine eigene Weltmeisterschaft ausrichtete.

PCA-Zyklus:

Da nicht alle Spitzenspieler zur PCA überliefen (obwohl eine Teilnahme an den Weltmeisterschaften beider Organisationen gestattet ist), gelang es überraschend dem Engländer Nigel Short, einem ehemaligen Wunderkind des britischen Schachs, sich das Recht für die Herausforderung Kasparows zu erkämpfen. Im Match (diesmal auf 20 Partien begrenzt) war er jedoch ohne Chance.

Jahr	Ort	Gegner	gew.	verl.	remis
1993	London	Short (GB)	+6	−1	= 13

1. PCA-Weltmeister Gary Kasparow (Russland)

Die nächste Nagelprobe fand zwei Jahre später statt. Mit dem Inder Viswanathan Anand stand ein wesentlich härterer Brocken auf dem Programm und zunächst verlief das Match völlig ausgeglichen, der Herausforderer ging sogar 1 : 0 in Führung. Doch dann wendete sich das Blatt. Aufgrund seiner Unerfahrenheit in Zweikämpfen schien der Inder psychisch zusammenzubrechen. Kasparow erzielte 4,5 Punkte aus 5 Partien und ging erneut als klarer Sieger hervor:

Jahr	Ort	Gegner	gew.	verl.	remis
1995	New York	Anand (IND)	+4	−1	= 13

FIDE – Zyklus:

Mit dem Ausscheiden Kasparows erlitt der Weltschachbund einen gewaltigen Imageverlust. Doch man war gewillt, einen harten Kurs zu fahren und richtete weiterhin eine Weltmeisterschaft aus. Da der Weltmeister abhanden gekommen war, galt es, einen neuen zu krönen. Es kam zu einem Kampf zwischen Karpow und Jan Timman. Der Holländer gehörte seit Jahrzehnten zur Weltspitze, doch galt der Exweltmeister als Favorit. Nach großen Anfangsschwierigkeiten wurde der Russe seinem Ruf gerecht und siegte am Ende klar mit 12,5 : 8,5.

Jahr	Ort	Gegner	gew.	verl.	remis
1993	Holland/Jakarta	Timman (NL)	+5	−1	= 15

Weltmeister Anatoli Karpow

Nach vielen Unruhen in der FIDE kam es 1996 zu einer Titelverteidigung. Die erste Hälfte des Kampfes fand in drei verschiedenen holländischen Städten (Zwolle, Arnheim und Amsterdam) statt. Qualifiziert hatte sich diesmal ein junger russischer Emigrant, der nun unter amerikanischer Flagge antrat: Gata Kamski. Der Amerikaner galt als härtester Arbeiter im Spitzenschach mit einer ausgezeichneten psychischen Disziplin. Emotionale Regungen waren bei ihm nicht anzutreffen, so dass er auch schon mit einer Maschine verglichen wurde. Als Aufsteiger der Jahre 1994/95 hatte er mit überraschend hohen Siegen in den Qualifikationsturnieren beeindruckt. Im Finale, das in Elista, der Hauptstadt von Kalmückien, einer autonomen Republik in Russland, stattfand, war er gegen den Altmeister jedoch chancenlos. Drei Monate später erklärte er, anscheinend von der Niederlage tief gezeichnet, seinen Rücktritt vom Turnierschach.

Jahr	Ort	Gegner	gew.	verl.	remis
1996	Elista	Kamski (USA)	+6	–3	=9

Seit nunmehr 13 Jahren wird das Weltschach von den Ausnahmespielern Karpow und Kasparow dominiert. Zwar sind in der letzten Zeit einige junge Spieler (z. B. Kramnik, Anand oder Iwantschuk) bedrohlich nahe herangekommen und eine Wachablösung scheint in Reichweite, doch muss man darauf wohl noch eine Weile warten. Nachdem die PCA mehr und mehr mit finanziellen Schwierigkeiten zu kämpfen hat und die FIDE bereit ist, den verlorenen Sohn Kasparow mit offenen Armen zu empfangen, ist mit einer Neuauflage der »K&K-Monarchie« zu rechnen. Für 1997 ist die Vereinigung von PCA und FIDE im Gespräch, womit es nur noch einen Weltmeister geben kann. Dementsprechend wird der nächste WM-Kampf unweigerlich Karpow-Kasparow lauten.

Der Text dieses Buches entspricht den Regeln
der neuen deutschen Rechtschreibung

Die Deutsche Bibliothek – CIP-Einheitsaufnahme

Schach : Grundzüge – Taktik – Partien / hrsg. von Siegfried Schwarz.
Überarb. von Jörg Hickl. – Niedernhausen/Ts. : Bassermann, 1997
   ISBN 3-8094-0309-1

ISBN 3 8094 0309 1

© 1997 by Bassermann'sche Verlagsbuchhandlung, 65527 Niedernhausen/Ts.
Die Verwertung der Texte und Bilder, auch auszugsweise, ist ohne Zustimmung des Verlags urheber-
rechtswidrig und strafbar. Dies gilt auch für Vervielfältigungen, Übersetzungen, Mikroverfilmung
und für die Verarbeitung mit elektronischen Systemen.

Umschlaggestaltung und Titelbild: Peter Udo Pinzer
Layout: Lohse-Design, Büttelborn
Redaktion: Falk Steins
Herstellung: Jürgen Domke

Dieser Band basiert auf »Schach. Einführung – Taktik – Musterspiele«
von Max Weiß.

Die Ratschläge in diesem Buch sind von Herausgeber und Verlag sorgfältig erwogen und geprüft,
dennoch kann eine Garantie nicht übernommen werden. Eine Haftung des Herausgebers bzw. des
Verlags und seiner Beauftragten für Personen-, Sach- und Vermögensschäden ist ausgeschlossen.

Satz: Grunewald Satz & Repro GmbH, Kassel
Gesamtkonzeption: Bassermann'sche Verlagsbuchhandlung, D-65527 Niedernhausen/Ts.

817 2635 4453 6271